2022년 이후,

한국교육을 말하다

교육대전환의 시기, 쟁점과 전망

에듀니티

2022년 이후, 한국교육을 말하다

교육대전환의 시기, 쟁점과 전망

초판 1쇄 발행 | 2022년 8월 30일

지은이 | 이광호

발행인 | 김병주
COO | 이기택 **CMO** | 임종훈 **뉴비즈팀** | 백헌탁, 이문주, 백설
행복한연수원 | 이종균, 이보름
에듀니티교육연구소 | 조지연 **경영지원** | 박란희
책임편집 | 임종훈 | **디자인** | 인투

펴낸 곳 | (주)에듀니티
도서문의 | 070-4342-6110
일원화 구입처 | 031-407-6368 (주)태양서적
등록 | 2009년 1월 6일 제300-2011-51호
주소 | 서울특별시 종로구 인사동5길 29 태화빌딩 9층
출판 이메일 | book@eduniety.net
홈페이지 | www.eduniety.net
페이스북 | www.facebook.com/eduniety
인스타그램 | www.instagram.com/eduniety/
www.instagram.com/eduniety_books/
포스트 | post.naver.com/eduniety

문의하기

투고안내

ISBN | 979-11-6425-129-2 (03370)
값은 뒤표지에 있습니다.

프롤로그

2022년 한국교육이 경험한 세 번의 사건(event)

2022년 한국 교육계는 세 번의 커다란 '사건'을 맞이했다. 3월 9일의 대통령선거와 6월 1일의 교육감 선거, 그리고 법률에 의해 7월 21일로 예정되었던 국가교육위원회 출범이 그것이다. 우리 교육의 큰 방향을 가늠할 세 개의 사건이 거의 3~4개월 사이에 집중적으로 일어난 셈이다.

후대의 역사가들이 2022년 세 번의 사건을 어떻게 평가할지는 모른다. 다만, 현재를 살아가는 우리에게 2022년은 '혼돈의 해'로 기억될 가능성이 크다.

윤석열 정부는 애초에 교육에 관심이 별로 없는 것처럼 보였다. 그러다 갑자기 '반도체 인재'를 꺼내 들며, 교육계를 발칵 뒤집어 놓았다. 지방교육재정교부금을 손대면서 교육감들의 반발을 샀고, 수도권 대학 정원을 확대할 거라는 소문에 지방대학들이 똘똘 뭉쳐 반기를 들었다. 거기에 대학 등록금 인상 가능성도 열어 놓았다. 한마디로 '판도라의 상자'를 연 것이다.

윤석열 정부가 던진 논란은 기존 교육계의 진보와 보수 간 대립과는 무관하다. 지방교육재정교부금 제도 개편에 진보와 보수 교육감 사이의 이견이 있을 수 없다. 한목소리로 반대를 한다. 수도권 대학 정원 확대 역시 일부 수도권 대학과 '시장주의자'들의 지지를 받지만, 한국 보수정치의 심장으로 일컫는 대구 · 경북지역부터 격렬하게 반대할 것이다.

윤석열 정부가 대통령선거 공약으로 내걸었던 전수 학력평가(일제고사), 외고 · 자사고 유지, 수능 정시 확대 등 기존 진보와 보수의 쟁점은 어느새 희미해졌다. 대신에 '5세 입학' 논란으로 교육계 전체를 발칵 뒤집어 놓았다. 불과 대통령 취임 두 달 만에 교육계의 모든 쟁점을 뒤흔들어 놓았다.

교육감 선거 직후 언론에서는 진보와 보수 교육감의 정책 대결, 혹은 대립과 갈등을 예상했다. 실제 일제고사, 혁신학교, 외고 · 자사고 등을 둘러싼 진보와 보수 교육감 사이의 견해 차이가 확연하게 드러나기도 했다.

하지만, 윤석열 정부의 '지방교육재정교부금 개편', '교육감 제도 개선' 공약에 대해 '선출직 교육감'들은 같은 태도를 보일 가능성이 높다. 보수와 진보의 구별이 사라지는 것이다. 그리고 진보와 보수의 갈등과 대립으로 '전국시도교육감협의회'의 집행력이 약화되는 만큼, 유 · 초 · 중등교육의 위상과 발언권이 약화될 수밖에 없다. 그걸 깨닫는 데 많은 시간이 필요하지 않을 것이다. 즉, 유 · 초 · 중등 교육정책을 둘러싼 진보와 보수의 대립보다는, 유 · 초 · 중등교육의 위상과 권한을 지키기 위한 협력의 중요성이 커질 수 있다. 진보와 보수 교육감의 '오월동주(吳越同舟)' 시대가 열린 셈이다.

국가교육위원회 출범 역시 2022년 한국의 교육계에 또 하나의 '혼돈'으로 기록될 수도 있다. 대통령선거에서 국가교육위원회 법안에 반대했던 정당이 집권하는 순간, 그 혼돈은 예견되었다. 대통령과 교육감은 각각 5년과 4년간 교육계 영향을 미친다. 하지만 국가교육위원회는 10년 앞을 내다보면서 중장기 정책을 결정한다.

그런데 낯선 사회적 생명체인 만큼, 그 탄생(출범)과정의 국민적 관심과 지지 여부에 따라 생명력이 결정될 수도 있다. 애초의 취지대로 사회적 합의에 기반한 '교육의 백년지대계'를 그릴 수 있을 것인지, 아니면 오히려 사회적 갈등과 혼란을 일으키다 '사회적 소멸'의 길로 나아갈지 판가름 날 것이다.

2022년 이후, 우리 교육은?

2022년 이후 우리 교육은 어떻게 될 것인가? 현재의 혼돈 상황은 언제쯤 마무리될 것인가? 많은 사람이 질문을 던진다. 하지만 그 질문에 대해 선뜻 답을 하기는 어렵다. 혼돈 상황이 꽤 오랫동안 지속되지 않을까? 어쩌면 윤석열 정부의 5년을 넘어설 수도 있다. 혼돈의 일상화가 '뉴노멀(New Nomal)'이 될 수 있는 것이다.

문제는 그 혼돈의 실체가 무엇인지, 어디로부터 발생한 혼돈인지 파악하는 것이다. 혹자는 기존 진보와 보수의 경계가 모호해지면서 그 혼돈이 커졌다고 생각할 수도 있다. 하지만 진보와 보수의 잣대로 지금의 혼돈을 설명하기는 어렵다. 그보다는 '낡은 과거'와 '새로운 미래'가 뒤엉켜 있는 게 아닐까? 급격한 사회변화과정에서 나타난 '비 동시성의 동시성(the contemporaneity of the uncontemporary)'이 교육영역이라고 피해 갈 수는 없을 것이다.

그렇다면 무엇이 '낡은 과거'의 산물이고, 무엇이 '새로운 미래'의 맹아(萌芽)가 될 수 있는가? 어쩌면 이 두 개를 구분하는 법부터 새로운 논란이 될 수 있다.

나는 권위주의 정부 시절의 국가 주도 산업화 과정에서 형성된 모든 제도, 인식체계와 관행들이 '낡은 과거'라고 생각한다. 즉, 중앙집중과 서열화, 상명하달의 교육행정 체계, 선진국 추격형 모델, 국가(대통령) 주도의 '단호하고 전격적인 개혁' 등이 바로 그것이다.

반면 분권과 자율, 지역 균형과 평등주의, 학습자의 삶과 배움으로부터 출발하는 교육, 시민참여와 사회적 합의에 의한 정책 결정 등이 '새로운 미래'의 요소라고 생각한다.

이러한 구분법은 기존의 진보와 보수, 혹은 이상과 현실의 구별과는 다를 수 있다. 즉, 내가 '낡은 과거'로 인식하는 요소 중에 진보적 가치가 들어 있을 수도 있고, '새로운 미래'라고 말하는 것 중에 지극히 보수적인 가치가 포함되어 있을 수도 있다. 때로 너무 이상주의적 사고에 치우쳐, 현실을 고려하지 않는 것인지도 모른다.

모쪼록, '2022년 이후의 교육'에 대한 하나의 시각으로 이 책이 읽히기를 바란다. 기존 진보와 보수의 패러다임에서 벗어나 우리 교육의 새로운 미래를 고민하는 분들에게 조그마한 생각거리를 던질 수만 있다면, 더할 나위 없는 기쁨이겠다.

2022. 7. 30

CONTENTS

CHAPTER 03 | 교육재정 논란, 더 이상 미룰 수 없다

CHAPTER 04 | 국가교육위원회 출범과 새로운 교육 거버넌스

CHAPTER 01

한국 교육의 과거와 현재

- 높은 교육열과 국가주도 산업화의 행복한 결합
- 권위주의 정부 교육정책의 특징
- 5.31 교육개혁, 국가주도의 종합적인 개혁
- 5.31 이후 교육개혁의 시도와 한계

높은 교육열과 국가 주도 산업화의 행복한 결합

2015년 봄, KBS-TV에서 「한국경제 70년 그들이 있었다」라는 다큐가 방영되었다. 7부작으로 방영된 그 프로그램의 맨 앞부분에서 농지개혁을 다루는데, 대략 다음과 같이 설명한다.

"농지개혁으로 생산성이 좋아지고 농가소득이 늘어났다. 그뿐만 아니라 지주계급이 사라지고 평등의식이 빠르게 형성되었다. 사람들은 교육으로 눈을 돌렸다. 부모들은 어떻게든 아이들을 학교로 보냈고 높아진 교육열과 인적 자본은 우리 경제발전의 든든한 밑거름이 되었다."

소작농이 자영농이 되면서 농업생산력이 높아지고, 늘어난 소득은 고스란히 자녀 교육에 투입되었다. 또한 근대적 평등의식은 '학교 교육을 통한 계층이동'의 논리를 형성하며, 교육열을 더욱 강화하였다. 이런 부모들의 교육열 덕에 국가 경제개발에 필요한 인적자원을 확보할 수 있었다.

7부작 중 3편에서는 중화학공업화를 다룬다. 제철 · 조선 · 자동차를 중심으로 하는 중화학공업화는 기존 개별 기업 주도의 경공업과 달리 국가 주도로 진행되었다. 대일청구권 자금으로 포항제철을 설립하고, 중화학공업 육성에는 국가의 모든 자원이 총동원되었다.

전국에 공업고등학교들이 설립되고, 대부분 성적이 우수한 학생들이 입학하였다. 공업고등학교에서 길러진 인재들은 국제기능올림픽에 출전하여 최고의 성적을 기록하였을 뿐 아니라, 해외 인력 파견 사업에도 참여하였다. 그렇게 양성된 인력들이 중화학공업화의 핵심 동력이 된 것이다.

1972년 개교한 구미의 금오공업고등학교는 전국 최고의 수재들이 모이는 곳으로 유명했는데, 박정희 대통령이 직접 설립자로 참여했다. 공업고등학교 뿐 아니라 대학의 공업 관련 학과 설립도 확대되었다. 중화학공업 육성을 위해 정부가 직접 인력양성에 나선 것이다.

또한, 대학진학률도 꾸준히 증가하여 고등학교 졸업생 중 대학에 진학하는 학생 비율은 1980년 26.9%에서 2008년에는 83.6%까지 늘어나, 세계 최고 수준이 되었다. 한국경제의 고도성장과 대학진학률 증가는 동전의 양면을 이룬다. 경제발전의 성과는 높은 교육열과 결합하면서 대학진학률을 가파르게 증가시켰고, 그렇게 배출한 인력은 각 분야의 기업에 취업하여 경제성장의 주역이 되었다. 기업의 입장에서 보면, 기업경영에 필요한 인적자원을 손쉽게 확보할 수 있는 구조가 만들어진 것이기도 하다. 기업에서 요구하는 인적 자원을 국가가 앞장서 양성하고 국민의 높은 교육열이 그것을 뒷받침한 것이다.

그러나 교육에 필요한 재정의 대부분을 국가가 아닌 학생과 학부모들 부담으로 충당했다. 이에 대해 미국의 한 학자는 "정부가 비정상적일 정도로 교육비 대부분을 학생과 학부모에게 직접 떠넘겼다.… 교육재정의 부족은 공공연한 일이었고, 국가는 교육 발전의 많은 부분을 학교 교육을 향한 대중의 수요에 의존해 왔다"라고 평가한다.(Michael J.Seth 著, 유성상 · 김우영 譯, 『한국교육

은 왜 바뀌지 않는가?』, p.25)

박정희 정부가 중화학공업을 육성하면서 공업 관련 고등학교와 대학 학과를 확대했다면, 김영삼 정부는 세계화 및 지식정보화사회로의 이행을 위한 경제계의 요구에 따라 '5.31 교육개혁'을 추진하였다. 대학설립준칙주의와 대학입학정원 자율화는 이전보다 고도화된 산업 체제의 흐름에 따라 인재 양성의 필요성을 반영한 것이라 할 수 있다.

국가 전체의 부가 증대하면서 학교 교육을 더 많이, 더 길게 받을수록 더 많은 소득을 얻게 되었다. 국민의 교육열이 보상으로 이어진 것이다. 부모 세대보다 자녀들의 교육 기간이 훨씬 길어진 만큼, 자녀들은 부모보다 훨씬 풍요로운 삶을 살아갈 수 있었다.

어찌 보면, 국민들의 자발적인 교육열과 국가주도의 산업화 정책이 행복하게 결합한 것이라 할 수 있다. 학교 교육에 충실한 국민들에게는 가난에서 벗어나 자기 부모보다 훨씬 나은 삶을 안겨 주었고, 국가는 세계 최빈국에서 선진국으로 발돋움했고, 기업들은 세계시장에서 높은 경쟁력을 갖게 되었다.

특히 학교 교육에 성실히 참여하고 높은 성적을 받은 학생들은 자본주의 계층구조에서 새로운 상류층으로 편입되었다. 학교 성적 혹은 학벌이 경제성장의 성과를 분배하는데 중요한 기준이 된 것이다. 아마도 이런 상황은 1997년 외환위기 전까지 지속된 것으로 보인다. 그리고 이 시기에 흔히 '학교교육을 통한 계층 이동'의 타당성이 입증되었고 이른바 메리토크라시(meritocracy, 업적주의)에 대한 믿음이 고착화되었다.

권위주의 정부 교육정책의 특징

1 국가 주도 경제성장, 자원의 집중과 선진국 모방

국가 주도의 경제성장과 권위주의 정치권력은 동전의 양면을 이룬다. 권위주의 정권은 경제성장을 위해 모든 국가적 자원을 집중하였다. 그 과정에서 소수의 독점자본이 형성되었다. 인구의 수도권 집중, 그리고 수도권과 지방의 교육 격차 확대, 대학 서열의 고착화 역시 이와 무관하지 않다.

또한 취약한 내수시장 대신 수출주도형 경제모델을 선택하였다. 국내 소비자의 취향보다는 선진국 소비자의 취향에 맞춰 상품이 개발되는 건 당연했다. 게다가 자원과 기술이 부족한 후발 개발도상국으로서, 경제성장을 위해서는 선진국 모델을 추격하는 길을 선택할 수밖에 없었다. 얼마나 빠르게 선진국과 비슷한 제품을 생산할 수 있을 것인지가 최대의 관건이고, 수출산업을 주도하는 독점자본과 국가권력의 '불공정한 유착'이 공공연하게 이루어졌다.

이러한 경제성장 전략은 교육정책은 물론 사회 전반에 지대한 영향을 미쳤다. 지방자치와 분권의 가치는 외면되었다. 예컨대 4.19 혁명 후 전면적으로 도입하려던 지방자치는 5.16 쿠테타로 무산되었다. 국가권력 중심의 상명하달식 행정체계가 고착화된 것이다.

또한, 선진국 추격형 모델 실현을 위한 해외 이론과 정책들이 무분별하게 도입되기도 했다. 이를 김용일은 '배외주의(拜外主義)'로 규정한다. "미국이 이렇더라 독일이 저렇다더라. 그러니 우리도…" 라는 식의 접근방법이 우리 고유의 문제상황을 해결할 수 없도록 만든다는 것이다.(김용일, 『지방교육자치의 현실과 이상』, 문음사, 2009년 개정 증보판, p.21)

경제 영역에서 수출산업을 주도하는 독점자본과 국가권력의 유착이 진행된 것처럼, 유사한 논리와 방식으로 교육정책을 결정하는 시스템이 구축되었다. 해외 교육이론의 도입과 적용에 앞장선 교육학자들과 국가권력(교육부)의 공생(共生)관계가 형성된 것이다.

2 권위주의 정치권력의 '단호하고 전격적인' 교육개혁

다른 한 편으로, 권위주의 정치권력은 민주주의 미성숙의 원인이자 결과이다. 즉, 권위주의 국가권력은 민주주의를 갈망하는 국민의 요구를 계속 탄압했고, 국민의 민주적 참여가 봉쇄된 조건에서 권력은 유지되었다. 이러한 조건에서 교육정책 또한 정치권력의 판단으로 전격적으로 시행되는 경우가 많았다. 교육개혁 역시 정치권력이 주체가 되고, 개혁의 목표와 범위가 포괄적이고(교육뿐만 아니라 사회 · 정치적인 제반 상황의 고려), 정책 결정이 폐쇄적인 조건에서 시행되었다.(김용, 「교육개혁의 정치 과정을 이해하기 위한 질문들」, 2020 한국교육정치학회 연차 학술대회(한국교육개혁의 진단과 과제) 자료집, 2020.12.19)

한국 교육사에서 가장 '개혁적인' 정책으로 평가받는 중학교 무시험제도(1969년), 고교 평준화(1974년), 과외 금지 조치(1980년) 등이 모두 가장 권위주의적인 정치권력에 의해 시행되었다. '유성상'은 이러한 개혁들이 "제도적 변화의 기준이 교육 기회를 둘러싼 경쟁을 해소하는 데 맞춰져 있고", "어마어마한 사회적 저항에도 불구하고 정부가 이를 시행하겠다고 정하고 단행했다."라고 평가한다. 특히 "소위 중산층 학부모들의 반대"를 극복했다는 점에서 높이 평가되기도 한다.(Michael J.Seth 著, 유성상 · 김우영 譯, 『한국교육은 왜 바뀌지 않는가?』, p.11)

그런데 이 개혁들은 전형적인 포퓰리즘 성격을 갖는다. 아직 '중산층'이 두텁게 형성되지 않은 조건에서, 여전히 다수의 국민은 '서민, 혹은 중산층 이하'로 구성되었다. 그 개혁에 반대하는 중산층보다는 찬성하는 서민층이 많았고, 권위주의 정부는 다수의 지지를 목표로 개혁을 단행한 것이다. 또한 그 개혁은 교육 기회를 확대하고, 교육열을 더욱 상승시켰다. 때로 지지부진한 교육개혁을 경험하면서, 권위주의 시절의 '단호하고 전격적인' 개혁이 부러워지기도 한다. 하지만, 그러한 개혁이 가능했던 사회 · 정치적 상황으로 되돌아갈 수는 없다.

5.31 교육개혁, 국가 주도의 종합적인 개혁

1 국가 비전에 근거한 종합적인 교육개혁안

김영삼 정부에서 이루어진 5.31 교육개혁(1995년)은 "한국 최초의 국가 수준의 종합적인 교육청사진"으로 "한국의 교육 문제를 역동적으로 의제화했다." (안병영 · 하연섭, 『5.31. 교육개혁 그리고 20년』, 다산출판사, 2015년, p.298) 그 이후 30년이 가까워지는 현재까지도 5.31 교육개혁을 대체할 만한 종합적인 청사진은 제시된 적이 없다고 평가된다.

5.31 교육개혁은 무엇보다 당시의 세계화와 정보화, 탈산업사회로의 전환을 위한 국가적 노력의 산물이다. 안병영 · 하연섭은 "20세기 말 우리가 경험했던 변화의 격랑은 그 진폭이나 심도에 있어 실로 미증유의 것이었다. 냉전시대의 종식, 국민국가의 약화, 복지국가의 퇴조, 그리고 산업사회의 쇠퇴는 한마디로 지난 시대의 장송(葬送)을 의미한다."라고 규정한다.(안병영 · 하연섭, 앞의 책, p.24)

이제 겨우 산업화에 성공하고 중진국의 대열에 합류한 한국은 새로운 국가 발전 전략 혹은 국가 비전이 절실히 필요했다. 게다가 1992년 12월 제14대 대통령으로 당선된 김영삼 정부는 오랜 군부정권의 지배를 종식한 첫 번째 문민정부로서 이전 정부 보다 근본적인 변화와 개혁을 요구받았다.

이러한 상황에서 '신한국 창조'라는 새로운 슬로건이 국가 비전으로 제시되었고, 그것을 실현하기 위한 교육개혁이 핵심과제가 된 것이다. 여기에 김영삼 대통령의 강력한 리더십도 5.31 교육개혁을 추진한 동력이었다. 집권 초기 '단호하고 전격적인' 금융실명제 도입, 하나회 해체 등에서 리더십의 면모를 볼 수 있다.

또한 5.31 교육개혁을 실질적으로 설계한 교육개혁위원회라는 조직의 구성과 운영방식도 눈여겨볼 대목이다. 교육개혁위원회는 "이념적, 당파적으로 크게 편향된 인사들을 배제하고, 대부분이 사회적 신뢰와 전문성을 갖춘 중도적 인사"들로 구성되었다.(안병영, 「거시(巨視) 교육개혁의 길을 찾다」, 한국교육학회 2020 연차학술대회, 2020년 6월 19일)

특히 5.31 개혁의 기본 틀을 만든 1기 교육개혁위원회(1994년 2월 5일 출범)는 교육학 전공자들을 최소화하고 이명현(철학), 박세일(법학, 경제학) 교수 등이 주도하였다. 이들은 대통령에게 새로운 국가 비전(신한국 창조, 세계화 선언 등)을 제시했을 뿐 아니라, 폭넓은 신뢰를 받으면서 종합적인 교육청사진을 그려냈다. 안병영 · 하연섭은 "만약 이 두 사람의 위치에 교육 전공자가 자리했더라면, 5.31 교육개혁이라는 한국 역사상 전대미문의 대개혁 청사진이 창출될 수 있었을까 회의적으로 의문을 제기하는 이들이 적지 않다"라고 (안병영 · 하연섭, 앞의 책, p.24) 덧붙인다.

여기에 영화 '1987'의 실존 인물로 널리 알려진 김정남 청와대 교육문화수석, 행정학자 출신 안병영 교육부장관 등의 역할이 보태졌다. 비교육계 출신 사회명망가들이 큰 방향을 설정하고, 교육학자들은 그것을 교육(학)적으로 재해석하고 적용하는 역할을 담당하였다.

1기와 달리, 2기(1996년 4월 9일 출범) 구성에는 교사와 학부모의 수가 크게 늘었고, 총장, 교장, 교감 등 각급 학교 책임자의 수도 증가했다. 1기의 '담론형' 구조가 '현장형'으로 변화한 것이다. 1기 교육개혁위원회가 큰 방향을 설정했다면, 2기부터는 구체적인 실행방안을 마련한 것이라 할 수 있다.

2 5.31 교육개혁의 한계, 그 정치 · 사회적 맥락

대통령의 강력한 지원을 바탕으로 국가 비전에 근거한 종합적인 교육청사진을 설계했지만, 5.31 교육개혁은 성공한 개혁이라고 보기 어렵다. 개혁과제 중 상당수는 마무리되지 못한 채 차기 정권으로 넘겨졌다. 예컨대 '교육재정 GNP 5% 확보' 약속은 경제 당국의 반발과 IMF 위기 등으로 실현되지 못하였고, 교원양성체제 개편은 거의 30년이 지난 현재까지 여전히 미완의 과제로 남아 있다.

또한, 5.31 교육개혁의 신자유주의적 성격에 대한 비판도 존재한다. 5.31 교육개혁이 강조하는 '수요자 중심', '소비자 주권론'은 학교와 교원을 교육 서비스의 공급자로, 학생 · 학부모 · 기업을 소비자로 보는 경제 논리에 기반하여, 교육 공급자의 경쟁을 강조하는 시장주의 정책을 양산했다는 비판이다. 한마디로 '경제의 교육지배 논리'라는 것이다.(안병영 · 하연섭, 앞의 책, p.298)

그런데 5.31 교육개혁의 성격에 담긴 또 다른 사회경제적 배경을 주목할 필요가 있다. 1980년대 후반 민주화운동과 노동운동의 급성장으로 임금 상승과 함께 새로운 중산층이 형성되었다. '학교운영위원회 설치', '수준별 학습', '학교 다양화' 등이 그러한 중산층 요구의 반영이라고 볼 수도 있다. 즉, 민주주의와 교육 주체의 참여, 교육복지 등의 요소와 신자유주의 정책이 교묘하게 뒤섞인 것이다.

5.31 이후 교육개혁의 시도와 한계

1 '새교육공동체'의 이상과 현실

1997년 12월 대통령 선거에서 김대중 후보가 당선되었다. 야당이 여당이 되는 최초의 '수평적 정권교체'가 일어난 것이다. 그런데 김대중 정부는 5.31 교육개혁 계승을 자처했다. 김대중 정부가 5.31 교육개혁안에서 크게 벗어나지 못한 것은 IMF의 신자유주의적인 사회개혁 요구를 수용할 수밖에 없는 사정이 반영되었을 것이다. 무엇보다 국가부도라는 절체절명의 위기 앞에 교육개혁이 정권의 핵심의제로 제시되기 어려운 상황이었다. 하지만 5년 단임 대통령제하에서 이전 대통령 시절의 정책을 고스란히 계승하는 건 불가능했다.

김대중 정부에서는 '새교육공동체위원회'라는 대통령 자문기구를 통해 교육개혁을 추진하였다. 기존 김영삼 정부의 교육개혁위원회가 '위로부터의 개혁'을 강조했다면, 김대중 정부에서는 '아래로부터의 개혁, 현장 중심의 교육개혁'을 지향했다고 할 수 있다. 또한 김영삼 정부의 교육개혁이 신자유주의에 강하게 경도되었다면, 김대중 정부에서는 그것을 공동체주의로 전환하려는 의지를 보였다.

"국민의 정부는 건국 이후 최초로 민주적 방식에 의해 수평적 정권 교체를 실현한 정부로서 교육을 포함한 사회 각 부문의 광범위한 민주적 개혁에 대한 국민적 요구를 수용할 필요가 있었다. 또한 외환위기로부터 촉발된 경제 위기는 교육을 포함한 사회 전반의 개혁을 촉진 시키는 계기가 되었다. 이러한 필요성에 부응하여 국민의 정부는 학부모 · 교원 · 시민단체 및 지역사회 등 각계각층의 인사들이 참여하는 새로운 교육공동체를 형성하여 현장 중심의 교육개혁을 지속적으로 추진해 나가기로 하였다.

새교육공동체위원회의 위원은 학교 현장의 교원, 학계, 학부모, 시민모임, 언론계 등 각계각층을 대표하는 36인의 민간 위촉위원과 행정자치부(현 행정안전부)장관, 교육부 (현 교육과학기술부)장관, 기획예산위원회 위원장, 국무조정실장 등 4인의 정부 당연직위원으로 구성된다. 위촉위원의 선정에 있어서는 교육현장의 변화를 일으킬 수 있는 실천적 인사인 학부모, 산업계 등 교육수요자를 대표하는 인사를 대폭 보강하였다. 당연직 위원은 정부 부처 간 역할 조정, 교육재정 확충, 지방자치단체 및 시민모임의 참여와 유도 및 지원 등을 위해 임명하였다. 위원회는 원칙적으로 교육개혁 추진을 위한 실천적 사업 전개에 주력하되 고등교육 분야의 개혁안 마련을 위하여 정책개발 기능을 일부 수행하였으며, 안건을 전문적으로 검토하기 위한 소위원회와 대학위원회 및 전문위원과 사무국을 보강하여 교육개혁 추진 사업을 적극 지원하였다.

새교육공동체위원회의 가장 중요한 목표는 교육개혁 정책을 국민이 체감할 수 있는 정책이 되도록 실제 현장에 착근시키는 데 있다고 보았다. 이러한 목표를 달성하기 위하여 교육현장의 실태를 파악하고 교육부의 해당 정책담당 부서에서 대응책을 마련할 수 있도록 정보를 제공하는 동시에 교육개혁에 대한 공감대 형성 및 국민의 의식개혁을 위하여 교사, 학부모, 시민모임에 대한 홍보 · 연수를 실시하며, 필요한 경우에는 교육청, 시민모임 및 산업계 등과 협조체제를 구축하였다. **또 아래로부터의 교육개혁을 위한 지역사회의 각계각층이 참여하는 자발적인 시민모임이 활성화될 수 있도록 시민모임을 지원 육성하고, 학교, 학부모, 지역사회 등이 시민모임과 협력하여 교육공동체를 형성해 나갈 수 있도록 유도하였다.**

이렇게 새교육공동체위원회는 자발적으로 형성된 교육공동체 구성원들이 각자의 이해관계를 넘어 교육의 본질적인 문제를 해결하고 교육의 질 향상을 위해 힘을 모을 수 있는 여건을 조성하는 데 주력하였다."(행안부 국가기록원 자료실, 강조는 인용자)

'아래로부터 현장 중심의 교육개혁'을 표방한 '새교육공동체위원회'는 이렇다 할 성과를 남기지 못하고, 2년 후에 '교육인적자원정책위원회'로 대체되었다. 그 이후에 역대 정권에서 대통령 자문기구로 출범한 교육개혁기구들 역시 유사한 경로를 밟았다고 할 수 있다. 김영삼 정부의 교육개혁위원회 같은 종합적인 청사진을 제시하지 못하였다.

새교육공동체 지역 모임은 주로 기초자치단체 혹은 생활공동체(마을) 중심으로 진행되었고, 주민자치 역량과 교육 참여 의지에 따라 다양하게 전개되었다. 달리 말하면 지역별 편차가 발생하고 제대로 된 지역조직을 형성하지 못하는 경우도 많았다.(새교육공동체위원회, 「교육공동체 시민운동 길라잡이」 참조) 이는 당시 민주주의와 시민참여 역량의 한계로 보인다. 어쩌면 '시대를 앞선' 정책이었다고 볼 수도 있다.

그러함에도 당시 진행되었던 지역공동체의 교육 운동은 오늘날 교육혁신지구, 마을교육공동체의 '원형'이라고 할 수 있다. 교사, 학부모, 시민단체 등이 함께 모여 지역교육의 현안을 논의하는 새교육공동체 지역 모임은 교육공동체 형성과 교육자치 실현의 새로운 가능성을 열어 놓은 것이다.

20여 년이 흐른 지금 이제 지역주민의 참여에 의한 교육운동을 새롭게 구상해야 한다. 교육혁신지구, 마을교육공동체 등 지난 10여 년의 축적된 경험이 있고 무엇보다 눈부신 민주주의 발전과 시민 참여 역량이 강화된 사실에 주목해야 한다.

2 정치 · 사회적 변화와 국가 주도 교육개혁의 한계

김영삼 정부에서 김대중 정부로, 그리고 노무현, 이명박, 박근혜, 문재인 정부로 이어지는 과정을 복기해 보면, 우리는 5년 단임 대통령제하에서 교육개혁이 지체되거나 왜곡될 수밖에 없는 상황을 이해하게 된다.

교육 문제는 대부분 10년 이상의 지속적인 정책 추진으로 효과를 볼 수 있다. 심지어 '백년지대계(百年之大計)'라는 말이 있지 않은가? 그런데 현재의 5년 단임제 대통령제에서는 중장기적 전망에 기초한 교육개혁을 추진하기 어렵다.

현재의 대통령제에서 핵심적인 교육정책은 대부분 선거 시기에 결정된다. 대통령 후보들은 자신과 '정치적 이념이 유사한' 교육전문가들로 정책팀을 구성하고, 그 정책팀에서 작성한 내용을 공약으로 제시한다. 그리고 그 공약은 정권 인수위원회를 거쳐 국정과제로 정리되고, 5년간 교육정책 추진의 근거가 된다.

그런데 기본적으로 대통령 후보들은 새로운 국가 비전 제시를 위해 기존 정부와의 정책 차별화를 시도한다. 특히 정권이 교체될 경우, 이전 정부의 교육정책과 그 차별화 정도는 더욱 확대된다. 기본적으로 교육정책의 일관성을 기대하기 어려운 것이다.(이광호, 「국가교육위원회, 더 이상 미룰 수 없습니다」, 유기홍 국회 교육위원장 · 국가교육회의 · 교육부 · 전국시도교육감협의회 · 한국교육개발원 · 전국대학교육협의회 공동주최, 『국가교육위원회, 왜 필요한가? : 국가교육위원회 설립 방안 정책 토론회』 자료집, 2020.11.24.)

또한 김대중 정부의 '수평적 정권교체' 이후 두 개의 거대 정당이 번갈아 집권하면서 양당 정치체제는 더욱 고착화되었고 이념과 정책의 대립은 격화되었다. 교육계 역시 이른바 진보와 보수의 구분이 뚜렷해졌다. 이명박 정부의 '전국학업성취도평가'와 '고교 다양화 300 프로젝트', 박근혜 정부의 '역사 교과서 국정화', 문재인 정부의 '외고 · 자사고 일반고 전환' 등을 둘러싼 논란을 떠올리면 쉽게 이해가 된다.

이처럼 양당 정치체제에서 고착화된 이념대립 외에도, 소위 교육전문가와 관료 중심 정책 결정의 한계 역시 중장기적 교육개혁을 어렵게 만드는 요인으로 작동해 왔다.

교원 양성 체제 개편은 김영삼 정부의 '5.31 교육개혁'부터 김대중 정부(2001년, 교직발전종합방안), 노무현 정부(2004년, 교원양성체제 개편 종합방안)에서 정부가 발표한 과제에 포함된 것들입니다.

매 정부에서 교원정책에 대한 연구가 진행되었고, 그 결과에 근거하여 정책이 만들어졌지만, 실제 실행에는 이르지 못한 것입니다. 왜 그럴까요? 저는 '전문가와 관료 중심 정책 결정의 한계'라고 생각합니다.

이른바 교육전문가라고 불리며 교육정책 결정에 참여하는 분들은 대부분 교사를 양성하거나 교육하는 기관(교대, 사대, 교육대학원 등)에 소속되어 있습니다. 교원양성 체제 개편과정에서 그분들은 '연구자'이면서 동시에 '이해 당사자'이기도 합니다.

그동안 교원양성 체제 개편 방안으로 제시되었던 양성 규모 조정 및 기관 통합, 교육과정의 현장 적합성 강화, 교원전문대학원 도입 등은 불가피하게 양성 기관 내부의 이해관계 충돌을 발생시킵니다. 그 충돌을 조정하고 체제 개편으로 나아가기 위해서는, 이해 당사자의 범위를 뛰어넘어 보다 광범위한 사회적 합의가 필요한 것입니다.

교육 관료들의 상황도 마찬가지입니다. 교육부장관의 평균 재임 기간이 1년 1개월(김영삼 정부가 출범한 1993년 2월부터 현재까지, 27년 동안 26명의 교육부장관이 임명됨)에 불과하고, 교육부 업무 담당자들 역시 1~2년 단위로 교체되는 상황에서, 교육계 내부의 이해관계로 충돌하는 사안에 대해서 책임감 있게 정책을 추진할 공무원은 많지 않습니다. 결국 그 정책은 유예되거나 폐기되는 것입니다.

이처럼, 유예되거나 폐기된 교육개혁 과제들은 비단 교원양성 체제 개편만이 아닙니다. 유보통합, 학제 개편, 교육재정, 고등교육 및 직업교육 혁신 등 교육개혁의 과제들은 대통령선거 과정에서 요란하게 공약으로 등장하여 정부 초기에 반짝 논의가 이루어지지만, 구체적인 정책 실행으로 나아가지 못하는 경우가 많습니다.(이광호, 앞의 자료집)

교육전문가와 일반 국민, 혹은 학부모들의 인식 차이 또한 교육개혁을 가로막는 장애물로 작용한다. 전문가와 일반 국민 사이의 인식 차이, 혹은 양자의 갈등은 현대사회의 보편적인 현상으로 보인다.

예컨대 영국의 경제학자 10명 중 9명이 브렉시트(Brexit, 유럽연합 탈퇴)를 반대했지만(연합뉴스, 2016년 5월 29일), 영국 국민은 투표를 통해 브렉시트를 결정했다. 전문가들에 대한 일반 국민의 불신이 확대되고, 나아가 일반 국민 사이에서 스스로 전문가를 자처하는 경우가 늘어난 것이다. 이와 같은 현상에 대해 톰 니콜스는 "위키피디아로 시작되어 구글 때문에 더욱 가속화되었다"라고 진단한다. "검색 엔진과 함께 아침나절을 보냈다는 이유로 10년은 걸려야 쌓을 수 있을 만한 지식을 습득했다고 믿는 사람들이 스스로 전문지식을 가졌다는 착각에 빠진다."라는 것이다.(톰 니콜스 著, 정혜윤 譯, 『전문가와 강적들』, 오르마, 2017)

그런데 이를 대중들의 '가짜 전문가 행세'만으로 설명하기는 어렵다. 조너던 엘드리드는 객관성으로 포장한 경제학이 어떻게 부유한 권력자들의 욕망을 대변하는 언어가 되었는지 논증하고 있다.(조너던 엘드리드 著, 강주현 譯 『경제학은 어떻게 권력이 되었는가』, 21세기북스, 2020) 즉, 대중의 불신은 전문가의 행태에 대한 누적된 불만의 결과라는 것이다. 객관적인 사실에 근거한 전문적 이론처럼 포장하지만, 사실은 자신 혹은 자신이 속한 집단의 이해관계를 포장하는 경우가 많다.

문재인 대통령이 유은혜 교육부장관을 임명하는 자리에서 "전문가들의 견해와 현장의 눈높이를 잘 조화시키는 것이 가장 중요한 과제"(유은혜 장관 임명식에서의 문재인 대통령 발언, KTV 국민방송, 2018.10.2.)라고 당부한 것도 그 때문이다.

문재인 대통령은 교육전문가의 조언을 수용하여 '수능 절대평가' 등을 약속했다. 하지만, 취임 후 그 공약은 국민의 거센 저항을 불러일으켰다. 결국, 문재인 정부는 대학입시 정책을 수정할 수밖에 없었다.

"많은 교육전문가의 의견에 따라 점수 중심의 평가에서 벗어나 학생마다 소질과 적성이 다른 점을 반영하는 다양한 전형으로 입시의 공정성을 높이고자 하였습니다. 그러나 학생부종합전형 위주의 수시전형은 입시의 공정성이라는 면에서 사회적 신뢰를 얻지 못하고 있습니다. 성적 일변도의 평가에서 벗어나 개인의 소질과 적성을 종합적으로 고려하여 선발한다는 제도의 취지에도 불구하고 공정성에 대한 의문이 끊임없이 제기되고, 국민적 불신이 커지고 있는 것이 엄연한 현실입니다."(문재인 대통령, 교육개혁관계장관회의 모두 발언, 2019.10.25.)

보다 근본적으로 교육개혁을 지체, 혹은 왜곡시키는 요인으로 "국가적 의제로서 교육 문제의 지위가 하락했다"라는 점을 꼽지 않을 수 없다. 산업화 과정에서 국가권력은 경제계(특히 대기업)의 요구에 따른 인재 양성을 위한 교육정책을 추진하였다. 여기에 국민들의 자발적인 교육열이 결합하면서, 세계가 놀라는 경제성장을 이루게 되었다.

하지만 탈산업사회와 세계화의 광풍(狂風)을 경과하고 IMF 외환위기 등을 거치면서, 국민들은 교육열의 '배신'을 경험하게 되었다. 고학력 실업자가 늘어난 것이다. 또한 '좋은 일자리'가 축소되고 사회적 불평등이 확대되었다.

그럼에도 여전히 교육은 '상대적 지위 경쟁'의 수단으로 작동한다. 이제 전 세계가 부러워하는 한국의 교육열은 국가의 정책을 수용하기보다는 정책의 외부(사교육 등)에서 '각자도생'하는 태세의 강화로 나타나고 있다. 또한 국가의 교육정책을 둘러싸고 자녀의 유불리를 따지는 학부모들의 목소리가 높아졌다. 그만큼 교육정책의 변화를 둘러싼 이해관계가 복잡해진 것이다.

이제 국가 주도의 교육개혁, 구체적으로 대통령이 기획하고 추진하는 개혁은 한계에 봉착하였다. 김영삼 정부 이후 그 어느 정권도 '교육대통령'을 표방하거나, 교육개혁을 핵심의제로 제시하지 않는다. 그래서 교육계 일부에서는 과거 권위주의 정권 시절의 '단호하고 전격적인' 교육개혁 경험을 떠올리며, 그렇게 하지 못하는 '민주주의 정부'를 비판하기도 한다.

하지만 단호한 교육개혁을 위해 권위주의 정권 시절로 돌아갈 수는 없다. 이제 5년 단임 대통령제와 고착화된 양당 정치체제 그리고 일반 국민들의 정책 결정 과정 참여 욕구 등을 고려하여 전혀 새로운 개혁 전략을 구상해야 한다.

3 양당 정치의 쌍생아, 교육계 진보와 보수의 갈등

현대사회에서 진보와 보수의 경쟁, 대립과 갈등은 당연하다. 그 과정을 통해 새로운 정책 의제들이 발굴되고 사회는 한 단계씩 발전한다. 그런데 양당 정치체제가 고착화된 한국 사회에서는 진보와 보수의 대립과 경쟁이 왜곡된 형태로 나타나기도 한다.

지난 대통령선거에서 이재명 후보는 '정치 교체'를 선언하면서, "대한민국 정치의 첫 번째 문제는 거대 정당 두 개를 두고 둘 중 하나밖에 선택지가 없어서 울며 겨자 먹기로 덜 나쁜 쪽을 선택하도록 강요당하고 있는 것"이라고 주장했다.(이재명 "양당 독재 체제 극복해야…소수정당 의지 반영", 연합뉴스, 2022.2.5.) 즉, 양당 정치 체제가 고착화된 상황에서는 새로운 의제를 발굴하여 제시하는 '포지티브 전략'보다는 상대방을 공격하는 '네거티브 전략'이 난무한다는 것이다.

교육정책 역시 유사한 측면이 있다. 사회변화에 따른 새로운 교육정책과 공약을 제시하기보다는 기존 정책의 반복적인 주장에 머무는 경우가 많다. 또한 자신의 공약과 정책을 논리적으로 설득하기보다 반대편을 공격하는 데 집중하는 모습을 보이기도 한다.

그동안 교육계 진보 진영의 주장은 대략 두 가지로 요약된다. 경쟁 완화와 교육재정 확대가 그것이다. 입시 및 평가체제 개선, 교육복지 확대, 대학 체제 개편 등은 지난 20년간 거의 바뀌지 않은 의제들이다. 대통령선거 시기에 맞춰 '교육대개혁'(2017년), '교육대전환'(2022년) 등으로 슬로건이 바뀌었지만, 국민들의 입장에서 크게 달라진 게 없어 보인다.

경쟁 완화와 교육재정 확대는 동전의 양면이다. 예컨대 대학입시경쟁을 완화하기 위한 정책으로 꾸준히 제시되어 온 '국립대 통합네트워크', '국립대 공동 학위제', '서울대 10개 만들기' 등은 지방 거점국립대에 대한 대폭적인 교육재정 확대를 전제로 한다.

그런데 진보 진영의 경쟁 완화 주장은 교육 현장의 지지에도 불구하고, 일반 국민(학부모)의 충분한 동의를 얻지 못했다. 특히 공정성 요구에 답변하지 못했다. 또한 교육재정 확대 주장은 재정 당국(기획재정부 등)의 논리에 가로막히는 경우가 많았다.

국가의 비전과 미래 성장 동력에 대한 고민이 부족하다는 지적도 제기된다. 예컨대 글로벌 경쟁이 치열해지고, 특히 미국과 중국 간 갈등을 포함한 국제질서가 요동치는 상황에서, 어떻게 국가 경쟁력을 높이고 발전전략을 구축할 것인지에 대한 인식이 부족하다는 것이다.

반대로, 보수진영은 규제 완화와 자율경쟁을 강조한다. 매우 단순 명쾌한 논리이다. 시장의 논리, 자율과 경쟁을 강화하자는 것만큼 단순한 게 어디 있겠는가? 이미 대한민국은 자본주의 시장원리가 지배하는 사회이고, 그 원리에 충분하게 익숙해 있다.

여기에 요즘 화두가 되는 공정 담론, 메리토크라시 논리가 결합하면 경쟁의 논리는 한껏 정당화된다. 또한 글로벌 경쟁력의 필요성은 보수진영에서 강조하는 소수 엘리트 교육의 논리를 든든하게 뒷받침하고 있다.

이러한 보수진영의 논리가 어떤 결과를 초래했는지 많은 국민은 이미 경험한 바 있다. 특히 시장주의 개혁을 본격화했던 이명박 정부의 교육정책에 대한 사회의 평가는 냉랭하다. 교육계 평가뿐 아니라, 정치적으로 실패했다는 측면에서도 그러하다.

전국학업성취도평가(일제고사), 고교 다양화 300 프로젝트(외고 · 자사고 확대) 등 본격적인 시장주의 교육정책을 표방한 이명박 정부에서 2009년 김상곤 경기교육감을 필두로 '진보 교육감'이 등장했다는 사실은 우리 사회 '교육의 정치학'이 가진 한 단면을 보여준다.

김상곤 교육감이 내건 혁신교육은 당시 이명박 정부의 교육정책을 무력화시켰고, 무상급식 공약은 2010년 지방선거에서 민주당 후보들의 대표 공약이 되었다. 또한 2011년 오세훈 서울시장 사퇴와 박원순 시장의 당선으로 연결되었다. 한마디로 2007년 대통령선거에서 531만표 차이로 참패하고, 이듬해 봄 18대 총선에서도 81석에 머물렀던(한나라당 153석, 친박연대 14석, 친박무소속 13석, 민주노동당 5석, 창조한국당 3석, 무소속 12석) 민주당을 기사회생시켰다. 진보 교육감의 등장은 교육정책뿐만 아니라, 정치지형 전반의 변화를 가져온 것이다. 그런 면에서 이명박 정부의 교육정책은 '정치적으로' 실패했다고 평가할 수밖에 없다.

이제 고착화된 양당 정치체제의 극복은 우리 사회의 가장 중요한 과제가 되었다. 이는 단지 정치적 민주주의 발전을 위한 과제일 뿐 아니라, 네거티브가 아닌 포지티브 전략에 기초한 다양한 정책 경쟁을 통해 우리 사회를 역동적으로 변화시키는 데에도 꼭 필요하다. 교육계 역시 진보와 보수의 해묵은 논쟁과 갈등에서 어떻게 벗어날 것인지 고민해야 한다.

CHAPTER 02 한국 교육의 미래, 그리고 교육 대전환

- 윤석열 정부와 교육
- 전면적인 교육개혁을 위한 새로운 모색
- 진정한 선도국가를 지향하는 교육개혁

2022년 이후, 한국교육을 말하다

윤석열 정부와 교육

1 윤석열 대통령의 교육 공약

2022년 3월에 치러진 제20대 대통령선거의 특징 중 하나는 교육 공약의 위상 약화, 혹은 '실종'이다. 지난 대통령선거에서 이재명, 윤석열 두 후보는 학교 현장을 직접 방문한 적이 없다. 후보간 토론에서도 교육 의제는 거의 언급이 없었다.('백년지대계' 외면한 대선…토론회서 '교육 의제' 아예 실종, 한겨레신문, 2022.3.3.)

이재명 후보는 2022년 1월 10일 선거대책위원회 정책본부와 교육대전환위원회를 통해 '8대 교육 공약'을 발표했다. 또한 본격 선거운동 전날인 2월 14일, 윤석열 후보는 직접 교육 · 사법제도 · 자본시장 관련한 공약을 함께 발표했다.

후보가 직접 발표하지 않은 이재명 후보의 교육 공약은 국민적 관심을 끌지 못했고, 윤석열 후보 공약 발표에 대해서 기자들의 질문은 사법제도 공약에 집중되었다. 당시 '검수완박(검찰 수사권 완전 박탈)'이 최대 이슈였기 때문이다.

윤석열 대통령이 직접 발표한 교육 공약에는 정시 확대, 외고 · 자사고 유지 등은 포함되어 있지 않다. 그 이전에 후보, 혹은 캠프 관계자들의 발언이 그렇게 알려진 것이다. 선거공약서에도 명시적으로 언급은 없다.

대전환의 시대가 성큼 다가왔습니다. 앞으로 우리 아이들이 가지게 될 직업의 반 이상은 지금은 존재하지 않는 그런 새로운 직업이라고 합니다.

코로나 시대에 교육의 격차는 심화되고 기회의 사다리는 무너져 내리고 있습니다. 대학의 자퇴 열풍과 학생 증발 현상은 이미 오래전에 시작됐습니다. 이들 대학의 쇠락은 지역 경제를 위축시키고 지역의 사회와 문화 전반에도 깊은 영향을 미칩니다.

대학을 졸업해도 일자리가 없어 아우성인데 정작 기업은 또 채용할 인재가 부족하다고 합니다. 대학은 사회가 요구하는 인재를 길러내지 못하고 기성세대는 새로운 사회에 필요한 재교육의 기회를 또 얻지 못하고 있습니다.

이제 미래 대전환을 위한 교육혁명을 준비해야 합니다. 첫째 유아교육의 질을 높이고 초중고등학교의 공교육을 정상화시켜야 합니다. 모든 아이들이 공정한 출발점에서 시작하고 일하는 부모의 경력 단절을 막기 위해 돌봄과 교육을 받는 첫 단계부터 국가가 책임지는 유아교육으로 전환하겠습니다.

현재 유아들은 같은 누리과정을 배우고 있지만, 유치원과 어린이집 또 국공립과 사립이냐에 따라 교육의 질적 차이가 있는 것이 사실입니다. 단계별 유보통합을 추진하여 첫 출발부터 공정하고 질 높은 교육이 이루어지도록 하겠습니다.

교사 한 명이 담당하는 아이들 수를 줄여 세심한 돌봄을 받도록 하겠습니다. 만 3세에서 5세 누리과정과 초등학교 교육과정과의 연계를 강화하고 이를 위해 만 5세 담당 유아 보육교사에 대해 역량 강화를 지원하겠습니다.

초중고 공교육은 미래세대가 세상을 자신 있게 살아갈 수 있도록 뒷받침해야 합니다. 공교육만으로 충분해야 하는데 현실은 정반대입니다. 전반적인 학력 저하와 계층과 지역에 따른 학력 격차는 인생의 기회 격차, 소득 격차로 이어지게 돼 있습니다. 공교육의 붕괴는 경제적 불평등과 사회적 갈등의 씨앗입니다.

우선 평가와 줄 세우기 차원이 아닌 학업 성취도와 격차 파악을 위해 주기적인 전수 학력 검증 조사를 실시하겠습니다. 이를 바탕으로 교육 인력과 자원을 최적화해서 교육 불평등을 완화하고 학업 성취도를 높이겠습니다. 인공지능 보조교사 도입을 통해 개인 맞춤형 교육도 병행해 나가겠습니다.

방과 후 학교 운영 시간을 5시까지 초등 돌봄 교실을 8시까지 운영해서 돌봄이 필요한 아이들에게 학원이 아니라 학교에서 양질의 교육을 제공하겠습니다. 초중고 공교육에서 미래사회에 필요한 컴퓨터 언어 교육과 디지털 과학 역량 교육을 강화하도록 하겠습니다. 또한 정치가 교육에 들어오지 못하도록 하겠습니다. 교사의 정치적 관점을 강요받아 학생들이 다양한 관점과 가치를 배울 기회를 잃지 않도록 하겠습니다. 교육감 직선제도 합리적으로 개선하고 교육감 중심의 관료적 학교 행정을 학교와 학부모의 자율적 운영으로 바꿔 나가겠습니다.

둘째 대학에 대한 투자로 대학교육을 정상화하겠습니다. 역동적 혁신성장, 디지털 데이터 패권국가로의 도약을 위해서는 무엇보다 대학이 그 선도적 역할을 담당해야 합니다. 그러나 대학의 경쟁력은 지속적으로 악화 일로에 있습니다. 그 가장 큰 이유는 대학의 재정 부족입니다.

대학에 대한 지원은 늘리고 규제는 풀겠습니다. 거점대학 거점학과를 중심으로 집중 투자를 하겠습니다. 각종 규제로 인해 엄청난 재원을 낭비한 대학 역량 강화 사업을 혁신하겠습니다. 지역 거점대학의 1인당 교육비 투자를 국내 상위 국립대 수준으로 끌어올리고 국가장학금을 늘리겠습니다. 질 높은 대학교육의 기회 접근성을 충분히 보장하겠습니다.

셋째 평생교육체제 강화로 기회의 사다리를 항상 세워놓겠습니다. 중장년층은 물론 청년들도 진로를 재설정하고 보강할 수 있도록 재교육이 절실합니다. 단기간에 이수할 수 있는 특정 기술 학위 제도를 민간 주도형 기업 중심으로 활성화하여 맞춤형 인재 양성이 가능하도록 하겠습니다. 기업이 맞춤형 인재를 양성할 수 있도록 기업대학 설립의 길을 트겠습니다. 한계 부실대학을 자율적인 구조조정을 통해 기업 수요에 맞는 교육기관으로 활용하고 연구개발센터, 데이터센터회사, 벤처 창업의 전진 기지로 활용되도록 지원하겠습니다.

지역 고유의 문화 환경과 결합된 콘텐츠와 공간은 첨단 기술 못지않게 엄청난 부가가치를 만들어 냅니다. 교육과 연계해 지역의 새로운 문화를 창조하는 로컬 크리에이터 중심의 콘텐츠 개발과 창업을 지원하겠습니다.

국민 여러분, 박정희 대통령의 산업화 김대중 대통령의 정보화, 이 모두 교육의 힘으로 가능했습니다. 이제 저는 역동적 혁신성장, 디지털 데이터 패권국가, 과학기술 선도국가를 만들고 100년을 바라보는 교육의 큰 틀을 세우겠습니다.

우리 아이들과 청년 세대가 역동적 혁신성장의 주역, 디지털 데이터 패권국가의 주역이 되도록 공정하고 튼튼한 기회의 사다리를 세우겠습니다. 감사합니다.(윤석열 대통령 교육공약 발표 전문, 2022.2.14.)

2 윤 대통령 교육 공약의 현실적 가능성

대통령선거 직후 구성된 제20대 대통령직인수위원회(인수위)에서는 '교육부 해체, 혹은 과기부(과학기술정보통신부)와의 통합', '청와대 교육과학수석 신설' 등이 논의되었다. 하지만 말 그대로 '한바탕 해프닝'에 그쳤다.

인수위는 두 달의 활동을 거쳐, 2022년 5월 3일 국정과제 110개를 선정 · 발표하였다. 교육 분야의 경우, '100만 디지털 인재 양성', '모두를 인재로 양성하는 학습혁명', '더 큰 대학 자율로 역동적 혁신 허브 구축', '국가교육책임제 강화로 교육 격차 해소', '이제는 지방대학 시대' 등 5개의 국정과제가 "창의적 교육으로 미래 인재를 키워내겠습니다."라는 약속에 포함되었다.(제20대 대통령직인수위원회, 「윤석열정부 110대 국정과제」, 2022.5.3.)

다음날, 언론에서는 "고교학점제 살리고 정시 확대 제외. 외고 · 자사고 존치 예고"(국민일보), "초중등 AI 교육 강화…교육 격차 해소는 원론뿐"(경향신문), "대학 재정권, 지자체가 쥔다"(파이낸셜뉴스) 등을 집중적으로 보도했다. 특히 정시 확대 공약이 빠진 것에 대해 주목하였다. 이에 대해 안철수 인수위원장은 "국정과제는 실현 가능하고 지속 가능해야 하기 때문에 공약과 조금 다른 면이 나올 수도 있는데 그 욕을 인수위가 먹어야 당선인이 마음 편하게 국정을 운영할 수 있다."며 "요즘 언론을 보면 (인수위를) 욕하는 기사가 가끔 나오는데 제가 기분이 참 좋다"며 웃었다.('어퍼컷'으로 마무리한 인수위…尹당선인 "국정운영 잘 될 거라 확신", 조선비즈, 2022.5.6.)

2022년 5월 16일, 윤석열 대통령은 소상공인 손실보장을 위한 59조 원의 추가경정예산안을 설명하는 국회 시정연설에서 연금 · 노동 · 교육개혁의 필요성을 강조하면서 야당과의 협치를 호소했다. "우리 학생들에게 기술 진보 수준에 맞는 교육을 공정하게 제공하려면 교육개혁 역시 피할 수 없는 과제"라는 것이다.("연금 · 노동 · 교육개혁 초당적 협치 나서달라", 세계일보, 2022.5.17.)

또한 2022년 6월 7일 국무회의에서 윤석열 대통령은 "반도체는 국가 안보 자산이자 전체 수출액의 20%를 차지하는 우리 경제의 근간"이라며 반도체 인재 양성을 위한 특단의 조치를 요구했다.(수도권대 반도체 정원 황급히 확대…교육부 그동안 뭐 하다, 동아일보, 2022.6.9.) 동시에 "교육부가 경제부처처럼 생각해야 한다"라고 주문했다.

윤석열 정부가 교육정책을 어떻게 구체화할지 아직 알 수 없다. 과거 권위주의 정권의 행태로 되돌아가서 자신의 공약과 국정과제를 '단호하게' 밀어붙이는 방식을 선택할 수도 있다. 마치 대통령 집무실 이전과 같이, 반대 논리에도 불구하고 집권 초기부터 신속한 정책을 실행하는 것이다.

하지만 이는 교육계 안팎의 논란과 저항을 불러올 것이다. 더구나 야당이 압도적 다수를 점하고 있는 국회 상황 등을 고려할 때, 윤석열 정부의 일방적인 정책 추진은 어려울 수 있다. 인수위에서 논의되었던 '교육부 해체, 혹은 과기부와의 통합', '지방교육재정교부금 개편(고등교육 예산 전용)' 등은 모두 국회에서 법률 개정을 거쳐야 한다.

반도체를 비롯한 첨단분야 인재 양성 역시 대학의 구조조정과 교육재정의 개편 없이는 불가능하다. 중화학공업 육성을 위해 공업고등학교와 공과대학 확대 등에 대통령이 직접 나섰던 박정희 대통령 시절이 아니다.

어쩌면 대통령선거 기간에 윤석열 후보가 그랬듯 사회적 갈등이 발생할 우려가 있는 정책에 대해 직접적 언급을 회피하는 방식을 선택할 수도 있다. 즉, '당위론'의 수준에서 교육개혁을 언급할 뿐 어떤 교육정책의 결정 과정에도 대통령이 직접적으로 나서지 않는 것이다.

이 방식에는 올해 출범하는 국가교육위원회가 적절하게 '활용'될 수 있다. 국가교육위원회를 통해 격렬한 토론을 거친 다음, '간접적으로' 정책에 영향을 미치는 방식이다. 대통령은 국가교육위원회 위원장을 포함한 5명의 위원을 지명할 수 있는 권한이 있기에 얼마든지 '지혜롭게' 교육계 갈등을 조율하면서 자신의 정책을 실현할 수 있을 것이다.

2022년 5월 17일 국회 교육위원회에 출석한 장상윤 교육부 차관은 정시 확대 정책을 묻는 답변에서 "지금으로서는 현행 수준으로 유지할 필요가 있다고 판단하고 있다"라고 하며 대입제도 개편에 대해서는 국가교육위원회를 통해 사회적 합의와 공론화를 추진하겠다고 입장을 밝혔다.(뉴시스, 2022.5.17)

윤석열 대통령이 '단호한 권력자'의 모습을 택할 것인지, '지혜로운 조정자' 역할을 맡을 것인지는 알 수 없다. 다만, 국가적 의제로서 교육 문제의 지위가 하락했다는 점을 고려하면, 굳이 교육정책에서 '단호함'을 증명할 필요는 없을 것이다.

전면적인 교육개혁을 위한 새로운 모색

인구절벽, 4차산업혁명, 기후 · 생태위기, 글로벌 경제환경의 변화 등에 대응하는 사회대전환의 목소리가 높다. 교육 역시 마찬가지이다. 부분적인 개혁이 아닌 전면적인 개혁, 말 그대로 교육 대전환이 절실한 상황이다. 그런데, 대전환은 단지 개혁의 범위와 과제를 확대하는 것만을 의미하지 않는다. 과거 국가 주도 산업화 과정에서 형성된 낡은 인식체계와의 결별을 의미한다. 또한 민주주의 확대에 따른 개혁의 절차와 방법론을 새롭게 구상해야 한다.

우선, 교육계는 권위주의 시절에 형성된 대통령과 정치권력에 의한 '단호한 개혁'의 환상을 버려야 한다. 강력한 권한을 가진 대통령제 국가에서 대통령은 여전히 교육개혁의 최종 권한과 책임을 지닌다. 하지만, 국가 전반의 운영 과제와 목표, 국민 일반의 인식과 괴리된 개혁과제를 대통령이 일방적으로 추진할 수는 없다. 또, 그래서도 안 된다.

이제 교육개혁은 교육계 전문가와 주체들의 요구뿐 아니라 사회적 합의가 가능한 범위에서 추진될 수밖에 없다. 달리 말하면 교육전문가 혹은 교육 주체를 자처하는 집단에서는 일반 국민을 포함한 사회 전체를 대상으로 끊임없이 토론을 조직하고 설득할 준비를 해야 한다.

두 번째로는 기존 국가 주도의 산업화 과정에서 고착화된 중앙집중과 서열화, 상명하달식 행정체계를 분권과 자율의 원리로 재구성하는 것이다. 지난 10여 년 동안 진행된 혁신교육은 혁신학교와 학교자치, 혁신교육지구와 마을교육공동체를 통해 일정하게 분권과 자율의 지평을 넓혀 왔다. 하지만 보다 근본적인 교육자치와 분권, 자율성의 원리는 구현되지 못하였다. 교육자치가 교사와 학생 중심의 학교자치까지 구현되지 않았다는 비판이 존재한다. 이 점에 대해 진지한 성찰과 사회적 논의가 필요한 시점이다.

또한 분권과 자율의 원리를 구체화하기 위해서는 기존 교육기관(공급자) 중심에서 학습자의 삶을 중심으로 논의를 전환해야 한다. 달리 말하면 학교교육 중심에서 평생학습체제로 나아가야 한다는 것이다. 교육재정 문제로 국한한다면 학교를 다니지 않는 청(소)년, 나아가 성인 학습자들에게도 1인당 공교육비에 준하는 지원이 이루어져야 한다.(이에 대해서는 3장에서 자세히 설명한다.)

세 번째 과제는 선진국 추격형 모델에서 벗어나 한국 현실에 맞는 교육모델을 창조하는 것이다. 해외 교육이론이 아닌 한국적 현실로부터 출발하는 교육학을 고민할 때이다. 중화(中華)의 그림본을 흉내 낸 그림이 아니라, 우리 땅의 진경산수(眞景山水)를 그렸던 겸재 정선의 자세가 필요한 것이다.(김진경, 「교육정책의 진경산수를 꿈꾸며」, 『시대의 경계에서 일인칭으로 말 걸기』, 해냄에듀, 2022, p.245~247)

국가 주도 산업화 과정에서 형성된 중앙집중과 서열화, 선진국 추격형 모델은 교묘하게 결합되어 있다. '중앙(서울)=세련된 서구문화=성공한 삶', '변두리(지방)=낡은 토종문화=실패한 삶'이라는 이분법적 인식이 지배해왔다.

이제 아이들이 태어나 성장하는 곳에서 자기 삶의 능동적 주체로서 살아갈 수 있도록 해야 한다. 서울이든 지방이든, 도시든 농촌이든 차별이 없어야 한다. 자신이 태어난 곳에서 배우고, 취업하고, 지역공동체의 일원으로 참여하는 것이 주류가 되는 교육생태계가 구상되어야 한다.

마지막으로, 기존 진보와 보수의 대립에서 벗어나야 한다. 이제 교육계 내부의 진보와 보수 대립보다는 교육계와 '교육계 밖 일반 시민'과의 인식 차이를 극복하는 것이 중요한 과제가 되었다.

이를 위해서는 미래 대한민국의 국가 비전을 공유하고, 그것에 기초한 교육 비전을 수립하는 과정이 필요하다. 교육계뿐 아니라, 폭넓은 사회적 합의와 토론을 통한 국가 비전과 교육 비전이 수립되어야 한다. 그리고 그 과정에는 김대중 정부의 새교육공동체에서 시작해서 혁신교육지구, 마을교육공동체로 이어진 풀뿌리교육시민운동의 주체들이 적극적인 역할을 할 수 있을 것이다.

진정한 선도국가를 지향하는 교육개혁

1 글로벌 선도국가의 비전

미래가 불투명할수록, 우리는 보다 근본적인 질문을 던져야 한다. 한국 사회는 현재 어떤 상황이고 어느 방향으로 나아가야 하는가?

흔히 '최초이자 마지막으로 시도된 국가 수준의 종합적인 교육청사진'으로 평가받는 5.31 교육개혁은 '세계화, 정보화, 탈산업사회'에 대응하기 위한 '신한국 창조'를 국가 비전으로 제시하면서 추진되었다. 그로부터 30년 가까이 흐른 현재, 우리는 어떤 국가 비전에 근거하여 교육개혁을 추진할 것인가?

「윤석열 정부 110대 국정과제」 맨 앞의 '시대적 소명과 국민의 요구'에는 다음과 같이 설명하고 있다.(제20대 대통령직인수위원회, 「윤석열 정부 110대 국정과제」3~4쪽)

시대적 소명

일찍이 경험해보지 못한 문명사의 변혁기를 맞아 대한민국은 국민의 역량과 잠재력을 결집해 국가경쟁력을 회복하고 선진국으로 도약해야 함

- 2022년 세계는 탈냉전 후 수십년간 형성된 국제질서가 깨지는 상황을 목격하고 있음
  → 기존의 다자간 협력체제에서 자국우선주의와 이익블록화 시대로 전환 + 어느 블록에 편입되는가에 따라 글로벌기업도 한 순간에 위기에 처할 수 있는 불확실성 증대

〈…중략…〉

국민의 요구

나라만 잘 사는 것이 아니라 자신의 삶의 문제가 개선되기를 기대 → 모든 국민이 함께 잘 사는 나라를 요구하고 있음

- (국가) 국제연합무역개발협의회(UNCTAD) 설립 이래 유일하게 **개발도상국에서 선진국으로 국가지위가 변경된 나라**
- (국민) 국가는 크게 발전했지만, **국민의 삶은 여전히 어려움**
- 문제를 해결해야 할 정치는 이념과 진영 중심의 대립으로 제 역할을 못했고, **국민들이 분열된 정치권이 청구하는 시대적 비용을 감당**

개발도상국에서 선진국으로 국가 지위가 변경되었지만, 국민의 삶은 여전히 어려운 상황이라는 점에 대해 대부분 공감할 것이다. 특히 소득과 자산 격차는 더욱 벌어졌고, 그만큼 하위계층의 삶은 더욱 힘들어졌다.

조국 전 법무부장관은 이를 '가불 선진국'이라 칭한 바 있다. 짧은 기간에 경제발전과 민주주의를 이룩해 선진국 반열에 들어섰지만, 사회 · 경제적 약자의 존엄과 행복을 '가불'한 결과라고 지적한다. 따라서 소득 및 자산 격차,

지역 불균형, 성적 차별 등을 극복하고 사회적 약자의 권리를 강화해야 한다는 것이다.(조국, 『가불 선진국』, 매디치, 2022)

또한 「윤석열 정부 110대 국정과제」에서 지적한 "정치는 이념과 진영 중심의 대립으로 제 역할을 못했고, 국민들이 분열된 정치권이 청구하는 시대적 비용을 감당"했다는 표현에는 격하게 공감할 수밖에 없다. 국제질서가 기존의 다자간 협력체제에서 자국 이기주의와 이익 블록화 시대로 전환했다는 점에서도 대부분 고개를 끄덕일 것이다.

다만, 그런 국제질서 변동 상황에서 '어느 블록에 편입되는가'가 매우 중요하다는 판단에 대해서는 고개를 갸우뚱하게 된다. 예컨대 미국과 중국의 패권 대결에서 어느 한쪽으로 편입되는 게 옳은 것인지 의문이 든다는 것이다. 오히려 미국과 중국의 패권 사이에서 '균형추'와 같은 역할을 할 수는 없을까? 이는 대한민국 경제의 생존 전략일 뿐 아니라 국제 경제 질서의 균형과 안정을 확보하는 것이기도 하다.

물론 두 강대국 사이에서 균형추, 혹은 중재자 역할을 한다는 게 무모할 수 있다. 그만한 역량을 갖춰야 하기 때문이다. 그래서 둘 중 강한 쪽의 편에 속하는 게 '현실적 선택'일 수도 있다.

2022년 5월 20~22일에 걸친 조 바이든 미 대통령의 한국 방문은 그 '현실적 선택'을 구체적으로 보여주었다. 미국 중심 국제 공급망에 깊숙하게 편입할 뿐 아니라, 외교 · 안보 정책 역시 미국 중심성을 더욱 강화하였다.

또한, 미국이 주도하는 반도체 공급망인 '칩(Chip)4'의 참여 역시 매우 '현실적인 과제'이다. '칩4'에는 미국, 일본, 대만, 한국이 포함되고, 중국을 겨냥한 것으로 알려져 있다.(美 '칩4'와 中 보복 사이…반도체 업계 '사면초가', 연합뉴스,

2022.7.24.) 그런데 한국 반도체 산업의 대중국 수출입 비중은 40%(홍콩 포함 시 60%)에 이른다고 한다. 이 난제를 어떻게 해결할 지가 반도체 뿐 아니라 첨단 과학기술의 국제 공급망에서 우리의 역할을 규정할 것이다.

다만, 우리는 당장의 '현실적 선택' 외에도 '중장기적인 비전'을 꿈꿔야 하지 않을까? 즉, 미국과 중국의 패권 경쟁에서 '균형추' 역할을 하는 것 말이다. 그것이 진정한 선도국가로 나아가는 길이 아닌가? 적어도 우리 사회의 진보적 개혁을 열망하는 사람들은 보다 '원대한 비전'을 제시하고, 국민들을 설득할 준비를 해야 한다.

2 글로벌 선도국가를 위한 교육 대전환

「윤석열 정부 110대 국정과제」 중 '국정비전과 국정운영원칙'에는 다음과 같은 표현이 들어 있다.(제20대 대통령직인수위원회, 앞의 자료 5~6쪽)

- **(추격자에서 선도자로)** 기초과학과 원천기술을 보유한 국가만이 글로벌 선도국가로 발돋움할 것
  → 모방하는 것을 뛰어넘어 대한민국이 '세계 최초'를 만들어내는 도전의 역사를 만들어야 함.
- **(글로벌 중추국가)** 자유민주주의 가치를 바탕으로 글로벌 협력을 증진하고 한반도 평화를 이루어야 함
  → 국민의 안전과 재산, 영토와 주권을 지키기 위해 강력한 국방력을 구축하고, 세계적인 문제해결에 실질적으로 기여하는 국가 지향

글로벌 선도국가로 발돋움하는데 있어 기초과학과 원천기술의 보유 여부는 매우 중요하다. 치열한 국제 공급망(Global Serply Chain)의 지위 경쟁에

서 살아남지 않고서 선도국가가 될 수 없을 뿐 아니라, 특정한 이익 블록의 하위국가 신세를 면하기 어렵기 때문이다.

하지만 그것만으로 '세계적인 문제해결에 실질적으로 기여하는' 선도국가, 혹은 글로벌 중추국가가 될 수는 없다. 이른바 '소프트파워'를 가져야 한다. 소프트파워란 국제 관계에서 한 나라의 문화 양상이나 가치관(민주주의, 인권, 종교, 사회 규범 등), 정치적 목표 등으로 인해 발현되는 '매력'과 연관된다. 하드파워가 군사력, 경제력, 자원 등 상대의 이익을 위협하여 강압적으로 작동하는 반면, 소프트파워는 상대 스스로 그렇게 행동하고 싶게 한다는 것이다.

소프트파워를 강조하는 조지프 나이(Joseph S. Nye)는 그것을 추상적인 개념이 아니라 실제적인 세 가지 형태의 '자원'으로 분류했다. ① 정신적 가치 : 사회구성원 개개인의 정신 속에 학습된 도덕, 사회규범, 윤리, 민주주의 등 가치관. ② 문화 : 사회구성원들이 실제로 삶 속에서 행동하는 방식. ③ 외교 정책 : 국가 차원에서의 외교 정책 등이 그것이다.(나무위키)

즉, 높은 삶의 질과 민주주의, 도적적가치, 문화의 품격을 지녀야 한다는 것이다. 과거 일본은 '기초과학과 원천기술의 보유'에도 불구하고 온전한 선도국가가 되지 못했다. 앞으로 중국 역시 비슷할 것이다. 경제 대국은 가능해도 인류사회를 선도하는 국가가 되기는 어렵다. 이제 대한민국이 지향하는 선도국가의 모습을 새롭게 구상해야 한다.

코로나 19를 겪으면서 우리는 그동안 선진국이라고 생각했던 미국, 일본, 유럽 국가들의 '민낯'을 보았다. 더 이상 우리가 모방하고 추격해야 하는 선진국이 사라진 것이다. 어느 책 제목처럼 "눈 떠보니 선진국"이 된 것이다.

"코로나는 한국에 대규모 역병의 시기이기도 했지만, 동시에 뒤늦게 찾아온 성인식이었다. 한국 사회는 이 거대한 환난의 시대를 맞아 비로소 자신의 커진 몸집과 실력을 자각하게 됐다. 봄날 진달래, 개나리, 벚꽃, 목련이 한꺼번에 터지듯 선진국으로서의 한국사회가 곳곳에서 만개해 사람들을 어리둥절하게 했다. 봉준호 감독이 아카데미 감독상과 작품상을 타내고, BTS가 빌보드를 휩쓸고, 미국, 영국, 프랑스가 판판이 무너진 방역의 최전선에서 선진 한국 사회의 위용이 드러났다.

K-반도체, K-조선, K-배터리가 세계 각국의 제조업이 붕괴된 잿더미 속에서 우뚝 솟았고, 우연인가 싶던 아카데미는 윤여정을 통해 한 번 더 한국을 찾아왔다. G7은 한국을 초청했다. 유엔경제총회인 운크타드(UNCTAD)는 195개 회원국 만장일치로 한국을 개발도상국에서 선진국으로 격상시켰다. 1964년 창설 이래 개도국을 졸업한 나라는 대한민국이 처음이다."(박태웅, 『눈 떠보니 선진국』, 한빛비즈, 2021)

또한 K-Pop 등 대중문화에서 시작한 한류 열풍은 이제 한국어를 포함한 역사와 문화 전반에 대한 열풍으로 연결되고 있다. 2007년 3개국 740명이었던 세종학당의 수강생이 2021년 82개국 8만여 명으로 늘어났고, 해외 초·중등학교에서 수업 시간에 한국어를 공부하는 학생이 17만 명에 달한다. 태국의 2022학년도 대학입시에서는 한국어를 선택한 학생 비율(17.6%)은 일본어(17.1%)를 추월했다. 아마도 대부분의 동남아시아, 중앙아시아 국가에서 유사한 상황이 벌어질 것이다. 1997년 2,692명에 불과했던 한국어능력시험(TOPIK) 응시자는 2021년 328,303명으로 급증했다.

이보다 K-Pop 스타들의 영향력은 훨씬 폭발적이다. 그룹 방탄소년단(BTS)은 'Learn Korean with BTS'를 통해 한국어뿐 아니라 한국 문화를 전 세계 청소년에게 전하고 있다. 그룹 블랙핑크 역시 한국어 학습교재인 'BLACKPINK IN YOUR KOREAN'을 출시했다. 앞으로 전 세계의 수백만,

수천만의 청년들이 한국어로 노래를 따라 부르고, 한국의 역사와 문화를 배워나갈 것이다.

그 열풍은 이제 제조업 제품(소비재)의 수출 확대로까지 연결되고 있다. 한국수출입은행에 따르면 게임 · 영화 · 음악 등 K-콘텐츠 수출이 늘어나면 화장품, 가공식품과 같은 소비재 수출은 두 배 가깝게 동반 증가한다고 한다.(수은 "K-콘텐츠 수출 늘 때, 소비재도 약 2배 증가", 조선비즈, 2022.5.1)

우리는 대한민국이 기초과학과 원천기술을 보유하여 국제 공급망(Global Serply Chain)에서 경쟁력을 가질 뿐 아니라, 소프트파워를 가진 진정한 '글로벌 선도국가'가 되기를 소망한다. 그리고 그런 가능성과 잠재력을 충분히 갖고 있다고 판단한다.

영국 킹스칼리지런던(KCL) 국제관계학 교수인 라몬 파체코 파르도 박사는 최근 펴낸 책『Shrimp to whale : South Korea from the Forgotten War to K-Pop』에서 지난 100년 내내 열강들 사이에서 눈치껏 운신해야 했던 한국이 이제는 스스로 열강이 되었다고 말한다. '새우'에서 '고래'가 되었다는 것이다.

그는 반도체, 자동차, 선박, 배터리, 휴대폰 등을 발판으로 세계 10대 경제 대국이 되었고, 방탄소년단을 앞세운 K-pop과 '기생충'을 필두로 한 영화 등 놀라운 문화 소프트파워를 가진 국가로 한국을 평가한다. 이제 한국은 미국과 중국 사이에서 등이 터지는 게 아니라 양쪽이 서로 눈독을 들이면서도(have their eyes on) 함부로 건드리지 못하는 '좋은 패'를 쥐게 될(get a good hand) 것이라고 역설한다.("등 터지던 새우에서 고래가 된 한국", 프리미엄 조선, 2022.5.17)

대한민국이 국제 공급망 경쟁에서 어느 한쪽에 치우치지 않고 '균형추'의 역할을 할 수 있다면, 그리고 높은 민주주의와 인권, 소프트파워를 자랑하는 국가가 될 수 있다면, 한국은 아시아뿐 아니라 국제 경제질서의 평화를 유지하는 진정한 선도국가가 될 것이다. 우리는 이 '원대한 비전'을 포기하지 말아야 한다.

5.31 교육개혁이 목표로 한 '신한국 창조'가 외부의 변화(세계화, 지식정보화 등)에 대응하는 대통령과 국가권력의 '정치적 판단'에 기초했다면, 인류사회를 선도하는 '글로벌 선도국가'의 비전은 폭넓은 사회적 토론과 합의를 거쳐 '전 국민의 소망'을 담아야 한다. 높은 교육열을 갖고 '각자도생'하는 학부모, 일반 국민들의 참여를 조직해야 한다.

그리고 그 비전을 실현하는 핵심 동력으로 교육개혁을 새롭게 구상할 필요가 있다. 교육을 통해 경제 선진국의 반열에 올랐듯이, 교육을 통해 인류를 선도하는 국가가 되는 것, 바로 그것이 교육 대전환의 목표가 되어야 한다.

CHAPTER 03

교육재정 논란, 더 이상 미룰 수 없다.

- 문재인 정부, 마침내 고교 무상교육을 실현하다
- 교육재정 연구의 아쉬움
- 지방교부금 증가와 논란 격화
- 대통령선거 이후 교육재정 논란의 새로운 지형
- 2022년, 교육재정 논의의 출발점
- 새로운 논의의 전개를 위하여

문재인 정부, 마침내 고교 무상교육을 실현하다

1 박근혜 정부의 고교 무상교육 도입 실패 원인

원래 고교 무상교육은 박근혜 정부에서 국정과제로 추진되었다. 고교 진학률이 99.7%(2018년 기준)에 이를 정도로 보편화된 상황에서, 한국은 OECD 36개국 중 유일하게 고교 무상교육을 하지 않는 국가였다. 이 같은 상황에서 박근혜 정부는 도서 · 벽지 지역(2014년)부터, 읍 · 면 지역(2015년), 시 지역(2016년), 특별시(2017년)로 이어지는 단계적 정책 도입을 추진하였다. 하지만 재원 조달을 둘러싼 논란 끝에 고교 무상교육은 실현되지 못하였다.

누리과정을 둘러싼 박근혜 정부와 지방 교육자치단체(시 · 도 교육청) 사이의 대립과 갈등 또한 고교 무상교육을 무산시킨 원인 중 하나이다. 박근혜 대통령은 2015년 1월 청와대 수석비서관회의에서 "학생 수가 줄어들고 있는데 세수가 늘면 지방교육재정교부금(이하 '지방교부금')이 자동으로 늘어나는 현 제도를 유지해야 하는지 검토할 필요가 있다"("대통령, 지방교육세 · 교육교부금 '개혁' 시사", 연합뉴스 TV, 2015.1.26.)고 지적하고, 기존에 보건복지부에서 지원하던 어린이집 누리과정 지원금 전액을 지방교부금에서 부담할 것을 요구하였다.

지방교부금은 교육청에 배분되어, 유 · 초 · 중등교육 재원으로 사용된다.

그런데 내국세(內國稅)와 연동되어있는 만큼, 경제가 성장하고 내국세가 증가하면 자동으로 늘어나는 구조이다. 학생 수가 줄어드는 상황에서, 교부금 제도를 개선해 어린이집 지원금을 교부금에서 부담해야 한다는 것이다.

이는 2011년 이명박 정부가 누리과정 도입할 당시에 결정한 것이다. 당시 복지부와 지자체가 부담하던 어린이집 누리과정 지원금을 단계적으로 지방교부금으로 이관하여 2015년부터는 전액 지방교부금에서 지원토록 한 것이다. '영유아보육법 시행령' 제23조에는 "영유아 무상교육에 드는 비용은 예산의 범위에서 부담하되, 지방교육재정교부금에 따른 보통교부금으로 부담한다"라고 규정하고 있다.

연도별 누리과정 재정 분담 계획

구분		2012년	2013년	2014년	2015년
지원대상		5세 100% 3~4세 70%	5세 100% 3~4세 100%	5세 100% 3~4세 100%	5세 100% 3~4세 100%
재원	국고(복지부) + 지방비	어린이집 3~4세 70%		어린이집 3세 70%	없음
	지방교육재정교부금	나머지 전체			전체

※ 국회 예산결산위원회 '2015년 회계연도 결산 검토 보고서' 재구성

하지만, 유 · 초 · 중등 교육기관 운영을 지원하는 지방교부금을 보육기관인 어린이집 보육료 지원으로 사용하는 것이 적절한지에 대한 논란(상위 법률인 '지방교육재정교부금법' 취지와 상반)이 제기되었다. 또한 2014~2015년 내국세와 연동한 지방교부금이 축소(2013년 : 41조 619억 → 2014년 : 40조 8,681억 → 2015년 : 39조 4,056억원)되고, 누리과정 예산은 늘어나면서 (2013년 : 2조 6,481억 → 2015년 : 3조 9,732억) 교육청의 심각한 재정 부

담으로 남게 되었다.

결국 교육청은 부족한 예산을 지방교육채 발행으로 충당해야 했다. 지방교육채 발행 규모는 2014년 3조 8022억, 2015년 6조 1268억, 2016년 3조 102억원에 달했다.

이 같은 상황에서 교육감들은 어린이집 누리과정 예산 편성을 거부하였다. 중앙정부(교육부)와 교육청 간의 극단적인 갈등이 표출된 것이다. 이 갈등은 2016년 12월 국회에서 '유아교육지원특별회계법' 제정으로 일단락되었다.(2017~2019년에 한시적으로 적용된 이 법은 2019년 개정을 통해 2022년 말까지 적용이 된다.) 이런 대립과 갈등 속에서 고교 무상교육을 실현하는 것은 불가능했다.

2 고교 무상교육 실현의 동력, 정부와 교육청의 협력

문재인 정부 역시 고교 무상교육을 국정과제로 제시하고, 2020년부터 2022년까지 단계적으로 도입하기로 하였다. 2018년 10월 취임한 유은혜 교육부장관은 '2019 교육부 업무보고(2018.12.11.)'에서 2019년부터 고교 무상교육을 조기 도입하겠다는 계획을 밝혔다. 그리고 3학년(2019년 2학기~), 2~3학년(2020년~), 1~3학년(2021년~)으로 이어지는 단계적 도입방안을 수립하였다.

고교 무상교육 시기가 1년 앞당겨진 데에는 유은혜 장관의 강력한 의지가 작용했다. 문제는 고교 무상교육에 필요한 약 2조 원의 재정을 어떻게 조달할 것인지였다. 유은혜 장관은 국가와 교육청이 8:2 비율로 부담하는 방안을 제시했고, 일부 교육감들은 고교 무상교육이 국정과제인 만큼 국가 예산을 전액 추가 투입해야 한다고 주장하였다.

이에 대해 재정 당국(기획재정부)에서는 기존의 지방교부금으로 해결 가능하다는 입장이었다. 즉, 추가로 국가 예산을 투입하지 않아도 된다는 것이다. 실제 2019년에 충청남도(김지철 충남교육감 "2019년부터 고교 무상교육, 중학생 무상교복 실시", 세계일보, 2018.7.4.) 등 3개 교육청이 자체적으로 고교 무상교육을 도입한 상황이었다. 두 부처(교육부와 기획재정부), 그리고 교육청 사이의 조율과정이 필요했다. 그 결과 국가와 시 · 도 교육청이 각각 총소요액의 47.5%를 분담하고, 일반 지자체는 기존 지원 규모인 5%를 부담하는 것으로 마무리되었다.

2019년 9월 24일, 국회 교육위원회에 참석한 조희연 서울시 교육감은 "고교 무상교육이라는 시대적 대의를 위해 허리띠를 졸라매고 함께 한다는 자세로 왔다"며 "예산 부담이 많다"라고 밝혔다.(뉴스핌, 2019.9.24.) 기획재정부 역시 기존 입장을 수정하였다.

중앙정부와 교육청 간의 상호 이해와 협력이 고교 무상교육 실현의 중요한 동력이 되었다. 문재인 정부와 뜻을 같이하는 진보 교육감이 다수였기에 가능했던 것이다.

교육재정 연구의 아쉬움

고교 무상교육 관련한 예산 문제를 논의하는 과정에서, 중장기 교육재정 관련한 정책연구가 기획되었다. 고교 무상교육 재원을 둘러싼 정부 부처 간 이견이 존재하는 만큼, 지방교부금을 포함한 교육재정 전반의 문제를 진단하고 중장기적인 대안을 마련해 보자는 취지였다.

기존의 교육재정 연구들은 부처(교육부, 기획재정부)의 상반된 입장을 반복하는 경우가 많았다. 또한 교육계 내부에서도 교육재정 배분을 둘러싼 이견이 노출되었다.

그래서 교육계와 경제계로부터 각각 재정 전문가 2인씩을 추천받아 연구진이 구성되었다. 또한 연구진뿐 아니라 다양한 교육계의 이해당사자들이 한자리에 모여 논의를 통해 '합의된 결론'이 도출되면 2020년 5월에 개최될 예정인 '2020 국가재정전략회의' 안건으로 상정한다는 계획이 세워졌다.

정책연구는 2019년 여름에 시작되었다. 하지만 결론적으로, 기대했던 연구진의 합의안은 도출되지 못했다. 교육계와 경제계에서 추천된 공동연구진뿐 아니라, 전문가협의회에 참석한 교육계 인사들도 각각 자신이 속한 집단의 주장을 반복할 뿐이었다.

교육재정의 배분을 둘러싸고 교육청과 대학의 입장이 팽팽하게 맞섰다. 그뿐만 아니라 국립대와 사립대, 서울의 상위권 대학과 지방 사립대의 입장이 확연하게 구분되었다. 특히 지방교부금에 대한 논의가 평행선을 달리면서, 뚜렷한 결론에 이르지 못했다. 결국 정책연구 보고서는 합의점을 찾지 못하고 여러 가지 대안을 나열하는 수준에서 마무리되었다.(서영인 외, 「교육재정 종합 진단 및 대책 연구」, 한국교육개발원, 2020) 또한 연구 일정이 지연되면서, 최종 보고서가 2020년 6월에 마무리되었다.

결국 교육재정은 2020년 5월 25일에 개최된 '2020 국가재정전략회의'에 안건으로 상정되지 못했다. 연구보고서는 교육재정 관련한 정책 대안을 다음과 같이 제시했다.

교육재정 정책 대안

구분	대안
유·초·중등 교육재정 정책 대안	[1안] 現 지방교육재정 구조 유지 + 신수요 및 대규모 재정수요 흡수
	[2안] 재정수요를 고려한 교부금 규모 산정
	[2-1안] 지방교육재정 교부금 중 교원인건비 실수요 반영
	[3안] 교육세(국세분)를 활용하여 고등 · 평생교육 투자 확대
고등 교육재정 정책 대안	[1안] 법제화를 통한 고등교육재정 확보
	[2안] 교육세(국세분)를 활용하여 고등 · 평생교육 투자 확대
	[3안] 민간재원 확보

유 · 초 · 중등과 고등분야의 [1안]은 교육계의 일반적인 바람을 담고 있다. 하지만 재정 당국의 동의를 얻기 어렵다. 그런 면에서 유 · 초 · 중등의 [2-1안]이 '현실적'이라고 할 수 있다. [2-1안]은 지방교부금 중 인건비를 별도로 산정하고, 이를 매년 국가가 부담하는 방안이다. 동시에 인건비를 제외한 금액의 비율로 지방교부금법을 개정하는 것이다.

교육청의 입장에서 경직성 경비인 인건비(교육청별로 약간의 차이가 있지만, 전체 예산 중 인건비가 차지하는 비율은 5~60%이다.)를 제외하고 자율적으로 정책에 활용 가능한 재정을 확보하는 만큼 교육자치의 가치를 훼손하지 않는 것으로 이해될 수 있다. 교육청에서 굳이 거부할 필요가 없을 것이다.

또한 학교 비정규직 노동자들의 무기계약직(공무직)화에 따라 늘어난 임금 인상분을 국가가 부담하는 인건비에 포함한다면, 교육청에서는 매년 반복되는 임·단협의 어려움에서 벗어날 수 있다. 즉, 학교 비정규직노조의 임·단협 대상이 교육청이 아닌 국가가 되는 것이다. 또한 당시 고용노동부는 교육청별, 직종별로 천차만별인 무기계약직과 기간제 노동자의 임금 등 처우를 정비하여 직무급제를 도입하는 방안을 추진했다.("같은 업무, 다른 임금 … 공공기관별로 제각각 '48만 공무직' 처우 손본다." 매일경제, 2020.3.27.)

재정 당국(기획재정부)의 입장에서는 장기적으로 교직원 수가 감소한다면 전체 지방교부금을 감축할 수 있다고 판단할 수 있다. 그런 만큼 수용 가능한 방안이 될 수 있다. [2-1안]을 중심으로 교육부(교육청)와 기획재정부가 지속적 논의를 진행했다면, 합의가 가능했을지도 모른다.

유·초·중등의 [3안]과 고등의 [2안]이 같은 것은, 교육세(국세분)를 활용하되 지역에서 자율적으로 사용하도록 하는 방안이기 때문이다. 즉 교육세(국세분)를 활용하여 '교육지원특별회계'를 신설하고, 시·도지사와 교육감이 상호 협력하여 지역 실정에 맞게 유·초·중등 및 고등·평생교육 등 모든 교육 분야에 활용할 수 있도록 하는 것이다.

교육지원특별회계 신설

〈현재구조〉

세원구분		징수액 (2018)	배분
국내분		47,275억 원	유특회계 1,85조 원
	금융 · 보험업자 수입금액	10,915억 원	
	개별소비세액	5,452억 원	보통 교부금 3,34조 원
	주세액	7,878억 원	
	교통 · 에너지 · 환경세액	23,030억 원	
수입분		3,701억 원	
합계		**50,976억 원**	

〈개편구조〉

세원구분	2021	2023
금융 · 보험업자 수입금액	**교육지원 특별회계**	**교육지원 특별회계** (유특회계 통합)
개별소비세액	유특회계	
주세액		
교통 · 에너지 · 환경세액	교부금 전출	

※ 서영인 외, 앞의 논문, p.190

이렇게 하면 연간 5조원 가량의 예산 확보가 가능하다. 그 예산으로 당시 새롭게 시작되는 '지자체-대학 협력 기반 지역혁신사업(RIS)' 사업으로 활용될 수도 있고, 농산어촌의 낙후된 학교 지원에 사용할 수도 있는 것이다.

실제 경상남도에서는 도청, 교육청, 대학 등이 협의체(경남통합교육추진단)를 구성하여 다양한 공동 사업을 진행했다. 그 모델을 전국적으로 확산할 필요가 있다고 판단한 것이다.

지방교부금 증가와 논란 격화

1 2021년 추경과 교부금 논란

휴화산(休火山)처럼 잠복해 있던 지방교부금 논란을 폭발시킨 직접적 원인은 2021년 7월 24일 국회 본회의를 통과한 2차 추가경정예산이다. 추가경정예산으로 지방교부금은 '갑작스럽게' 6조 3,658억 원이 증액되었다. 이는 당초 본 예산(53.2조)의 10%가 넘는 금액이다.

2차 추경 직후, 교육부는 코로나 19로 인한 학습결손을 지원하고 과대·과밀학습 해소 등 교육여건 개선을 목표로 하는 '교육회복 종합방안 기본계획'을 발표하였다.(2021.7.29.) 이는 전국시·도교육감협의회의 제안으로 논의가 시작되어, 교육부, 교사단체 대표 등과 합의를 거쳐 만들어진 것이다.

하지만 학교 현장과 교사들의 반응은 '복잡'했다. 교육회복의 필요성에 대해서는 공감하지만, 학기 중에 편성된 예산 사용을 둘러싸고 갈등과 혼란이 발생했다. 여기에 일부 교육청에서는 학생들에게 다양한 형태의 재난지원금을 지급하거나, 갑작스럽게 스마트 기기(전자칠판, 개인 디바이스 등) 보급을 추진하였다.

교육청의 재난지원금이 제각각이어서 형평성 문제가 제기되는 한편, 2022

년 6월 교육감 선거를 앞두고 선심성 포퓰리즘이라는 비판이 제기되었다.(연합뉴스, 2021.10.10.) 또한 스마트 기기 보급에 대해 전교조는 "멀쩡한 칠판과 멀티미디어 기기가 있는 교실에 국민 혈세를 낭비하고 있다"며 "연말에 멀쩡한 보도블록을 교체해 원성을 사는 지자체 예산 털기 관행이 생각난다. 급하지도 않은 전자칠판에 돈을 펑펑 쓰고 있으니 현장 교사들의 답답함은 커져만 간다"라고 비판했다.(전교조 서울지부, "서울시교육청은 중1 전자칠판 의무 설치 계획을 재검토하고 현장교사의 의견을 수렴하여 정책을 수립하라", 2021.10.13.)

이 과정에서 "지방교육재정이 남는다"는 세간의 인식이 팽배해졌다. 이 같은 인식은 2단계 재정 분권 과정에서도 드러났다. 재정 분권으로 국세 비율이 축소되고, 지방세가 5.3조 늘어났다. 그만큼 내국세가 감소했고, 내국세의 20.79%에 해당하는 지방교육재정 역시 4359억 원이 줄어들었다.

1단계 재정 분권 과정(2019~2020년)에서는 축소되는 지방교육재정을 고려하여, 국회에서 내국세 비율을 상향 조정하는 개정안을 의결하였다. 하지만 2단계 재정 분권 과정(2021~2022년)에서는 그러한 조치를 하지 않았다. 박찬대 의원이 지방교부금을 현행 20.79%에서 20.94%로 인상하는 개정안을 제출했지만, 재정당국(기획재정부)의 반대에 부딪혀 개정에 실패한 것이다.

2023년으로 예정된 3단계 재정 분권에서는 지방소비세율이 25.3%로 인상된다. 그에 따라 지방교육재정은 6,793억 원이 추가 감축될 것으로 예상된다.

2022년도 예산안 심의과정에서 국회는 "정부는 교육교부금의 산정 방식 및 활용 방안 등에 대한 합리적 개편 방안을 조속히 마련한다"라고 부대의견을 제시했다. 이런 상황에 발 빠르게 대응한 것은 기획재정부다. 지방교부금을 감축하기 위한 '본격적인' 계획에 착수한 것이다.

기획재정부는 한국개발연구원(KDI)에 연구팀을 구성하고, 2021년 10월 연구 보고서(국가재정운용계획 지원단, 「2021~2025 국가재정운용계획 지원단 보고서 : 학령인구 감소에 따른 교육재정 효율화」, 한국개발연구원(KDI), 2021.10.)를 발간했다. 또한 주로 경제지를 중심으로 지방교부금의 감축을 강조하는 기사들이 엄청나게 쏟아졌다.

- "빚으로 살림하는 나라세금 20%가 왜 교육청에 저절로 꽂히나"(조선일보, 2021.6.15.)
- "화수분 예산에 비대해진 교육청…교사들 '시어머니만 많아져'"(매일경제신문, 2021.7.18.)
- "학생 줄어도 예산 퍼주기"(한국경제신문, 2021.8.23.)
- "학령인구 10년새 222만명 줄었는데, 매년 4.7조 늘어난 교부금"(머니투데이, 2021.11.8.)
- "1인당 30만원씩…학생 3%로 줄어드는데 예산은 늘리자 생긴 일"(머니투데이, 2021.11.14.)
- "학생 33% 줄었는데 예산 5배로 껑충"(세계일보, 2021.12.28.)
- "KDI, 교육교부금 개편하면 향후 40년간 1천조 재정 여력"(한겨레신문, 2022.1.27.)

거의 '융단폭격' 수준이라고 할 수 있다. 무차별 공격을 받은 입장(교육부, 교육청)에서는 억울할 수밖에 없다. 기획재정부가 60조 가까운 엉터리 세수 추계('초과세수 60조' 기재부의 '엉터리 세수 추계'···"전담 인력 등 보완해야", 경향신문, 2022.1.13.)를 해 놓고(그래서 엄청난 추가경정예산을 교육청과 학교 현장에 쏟아붓고), 그걸 빌미로 "돈이 남는다"고 공격한다는 것이다.

더구나 지방교육재정의 부족을 지방교육채 발행으로 보충했던 2018년까지의 상황을 고려하면 재정 당국의 주장은 어불성설이라고 볼 수 있다. 예컨대 2015년의 경우, 지방교육재정이 부족해 세입의 9.8%에 달하는 6조 1,268억 원의 지방교육채를 발행했던 적이 있다.

2 교육재정을 둘러싼 교육부와 기재부의 논쟁

교육부는 교육재정 · 행정학 · 경제학 등 전문가, 교원 · 학부모 단체 대표 등으로 '지방교육재정제도개선추진단'을 구성하였다. 또한 유은혜 장관은 2022년 1월 20일 시 · 도교육감 신년 간담회에서 '지자체와의 공동사업비 제도'를 언급했다. 다만, 현행 교부금 재원만으로는 안되고 지자체와 재원을 분담하고 부처별로 흩어진 교육지원금을 모아야 한다고 밝혔다.(유은혜 "교부금 공동사업비 제도 활용사업 모델 발굴해 달라", 교육플러스, 2022.2.5.)

2022년 1월 24일 교육부 주최의 '지방교육재정제도 개선 전문가 토론회' 발제를 맡은 송기창 교수(숙명여대)는 학생 수 감소에 따른 지방교부금의 감축을 주장하는 경제 당국의 논리를 반박하며, "지방교육재정은 기본적으로 학생 수가 아닌 학급 수를 기준으로 산정해야 한다"고 강조하였다. 즉, 학생 수가 줄어도 교사 수는 늘어날 수밖에 없다는 것이다. 또한 여전히 학급당 학생 수가 OECD 평균보다 많고 과밀학급이 16.(%에 이르는 상황에서 지방교부금을 감축해서는 안 된다고 주장했다.

또한 기존 지방교부금의 개선안을 제시하였다. 현재의 내국세 교부율 하나로 단순화되어 있는 것을 과거의 봉급교부금, 교육환경개선교부금, 증액교부금 등과 같이 다변화하고 실수요를 교부금에 반영하자는 것이다.

주제발표로 나선 하봉운 교수(경기대)는 지자체와 교육청의 공동사업비제도 필요성을 제기하였다. 특별법 제정을 통한 특별회계 설치, 지자체 · 교육청 · 지역사회가 공동으로 출연하는 기금 운영 등을 통해 공동사업제도를 마련하자는 것이다. 그리고 그 사례로 경상남도의 통합교육추진단 운영 경험을 제시하였다.

교육부 전문가 토론회는 2019~2020년에 진행되었던「교육재정 종합 진단 및 대책 연구」를 상기시켰다. 송기창 교수의 의견이 당시 연구보고서의 [2-1안]과 유사하다면, 하봉운 교수의 의견은 [3안]과 거의 동일했다. 그 후 1년 반 동안 이 주제에 대한 구체적인 논의가 지속되었더라면, 뭔가 '합의안'을 도출할 수 있지 않았을까 하는 아쉬움이 남는다.

교육부 토론회 이틀 후인 2022년 1월 26일, KDI는 '인구 구조 변화와 교육재정의 개혁 토론회'를 개최하였다. 이 토론회에서 KDI는 기존의 내국세 연동에서 연간 경제성장율과 학생 수 변화에 연동한 지방교부금제도 개편 방안(김학수, 「지방교육재정교부금, 왜 그리고 어떻게 고쳐야 하나?」, KDI FOCUS, 2021.12.29.(통권 제110호)을 다시 한번 주장하였다. 그리고 지방교부금과 별도의 고등교육교부금법 제정에 대해 반대 입장을 분명히 밝히고, 전체 교육재정 내부의 조정(지방교부금의 일부를 고등 · 직업 · 평생교육에 투입)을 통해 '효율화'하자는 입장을 강조했다.

대통령선거 이후 교육재정 논란의 새로운 지형

1 고등교육 예산 확충과 지방교부금

윤석열 대통령은 지역 거점대학 투자 확대, 단계적 유보통합, 교육감 직선제 개선 등을 공약으로 내걸고 당선되었다. 특히 눈길을 끈 것은 "지역 거점대학 1인당 교육비 투자를 상위 국립대 수준으로 끌어올리겠다"라는 공약이다.(연합뉴스, 2022.2.14.)

현재 지역 거점 국립대의 1인당 교육비는 2019년 기준으로 연간 1600~1800만 원 수준이다. '상위 국립대' 수준이라면 서울대가 대략 4500만 원 카이스트 등 이공계 특성화대학들이 6000만 원 ~ 1억 원이다. 서울대를 제외한 9개 거점국립대 학생이 18~19만여 명으로 서울대 수준이면 연간 5~6조 이공계 특성화대학 수준이면 10조 가까운 국가 예산을 추가 투입해야 한다.

공약대로라면 그동안 교육계의 진보진영에서 꾸준히 제기해 온 '국립대 통합 네트워크', 혹은 '서울대 10개 만들기'의 가능성이 열린 것이다. 사실, 이는 2022년 2월 9일 국회에서 '국가거점대학총장협의회'가 기자회견을 통해 제안한 대선 공약(10개 국립대 총장들 "전국에 서울대 10개 만들자", 국민일보, 2022.2.10.)을 반영한 것으로 보인다. 그로부터 5일 뒤인 2월 14일, 윤석열 후보는 교육

분야 8대 공약을 발표하면서 거점대학 투자 확대를 약속했다.

하지만 「윤석열 정부 110대 국정과제」 자료집에는 '지역 소재 연구중심대학 육성 추진'으로 표현되었을 뿐, 구체적인 재정투자 목표를 제시하지 않았다. 대신 지방대학에 대한 행 · 재정적 권한을 중앙정부에서 지자체로 위임하고, 지자체 · 지역대학 · 지역 산업계 등이 참여하는 (가칭)'지역고등위원회' 설치가 포함되었다.(제20대 대통령직인수위원회, 「윤석열 정부 110대 국정과제」143쪽) 교육계 일각에서는 대학에 대한 중앙정부의 재정투자 책임을 지방자치단체로 떠넘긴 게 아닌가 하는 비판이 제기되었다.

윤석열 정부는 아직 별도의 고등교육 재정 투자계획을 밝히지 않았다. 2022년 4월 27일, 대통령직인수위원회(인수위) '지역균형발전특별위원회'는 지방교부금 중 일부를 대학 지원에 쓰겠다고 밝힌 바 있다. "방만한 교육 예산의 주범으로 지목돼 온 지방교부금을 재정난에 빠진 지방대학 쪽으로 돌려 지역소멸 위기를 극복하겠다는 복안"이다.(한국경제, 2022.4.28.)

하지만, 교육청의 반발이 불 보듯 뻔하고 국회에서 법령(지방교육재정교부금법)을 개정해야 하는 상황에서 그 진정성을 의심받았다. 지역 거점대학 투자 확대 공약이 그러하듯이, 인수위의 발표 역시 정부 재정지원 확대를 요구하는 대학들의 불만을 누그러뜨리기 위한 '레토릭'처럼 보였다.

2022년 6월 16일 대통령 주재로 열린 '새정부경제정책방향' 보고행사에서는 "고등교육 재정 확충과 연계한 지방교육재정교부금 제도 개편"이 제시되었다. 하지만 역시, 구체적인 목표와 실행 시기는 명시하지 않았다.

드디어, 2022년 7월 7일 대통령 주재의 '국가재정전략회의'에서는 지방교부금일부를 떼어 대학에 지원하는 방안이 결정되었다. 내국세의 20.79%와 교육세로 구성되는 지방교부금에서 교육세의 일부(유특회계를 제외한 나머지) 3.6조 원을 떼어 대학교육에 쓰겠다는 것이다.

이는 2019~2020년 교육재정 연구에서 유 · 초 · 중등의 [3안]과 고등의 [2안]으로 제시된 방식이다. 다만 연구에서는 그 예산을 시 · 도지사와 교육감의 협력으로 유아부터 고등교육까지 폭넓게 자율적으로 사용하는 방안을 제시한 데 비해, 이번 결정은 고등교육으로 그 용도를 못 박았다는 차이가 있다.

초 · 중등 교육계는 당연히 격렬하게 반대했다. 교육감들도 반대 성명을 냈다. 더구나 그런 결정 과정에 교육감들과 사전 협의가 일체 없었던 것에 대해 분개했다.

하지만 일부 언론에서는 지방교부금의 '내국세 연동' 개편은 손도 못 대고 '생색내기' 수준에 그쳤다고 비판했다.('흥청망청 교부금' 찔끔 헐어 생색만 낸 대학재정 확대안, 동아일보, 2022.7.8.) 또한 법률 개정이 필요한 상황에서 그것이 실현 가능할지, 그리고 그 예산을 어떻게 배분할지도 문제가 남아 있다.(초 · 중 · 고 예산 떼어내 대학에 3조 쓴다, 조선일보, 2022.7.8.)

어떻게 보면, 그동안 윤석열 정부가 지속적으로 언급해왔던 '지방교부금 개편과 고등교육 예산 확대'가 일단락된 느낌이다. 이는 국회 동의로 지방교부금을 전면적으로 개편할 수 없는 상황에서, 윤석열 정부의 '불가피한 선택'처럼 보인다. 2024년 총선 결과에 따라 윤석열 정부의 선택은 달라질 수도 있다.

2 유보통합 재정

공약에서 제시된 '단계적 유보통합'은 국정과제에서는 "유보통합추진단을 설치 · 운영하여 단계적으로 유보통합을 추진"한다고 제시되었다. 그리고 '사립유치원 교사 처우 개선', '유치원-초등 교육과정 연계성 강화' 등이 포함되었다.(제20대 대통령직인수위원회, 「윤석열 정부 110대 국정과제」142쪽)

이에 대해 교육계 일각에서는 유보통합이 물 건너가는 게 아닌가 하는 우려를 드러내기도 한다. 구체적인 실행 계획이 제시되지 못하고, '단계적'이라는 용어로 두루뭉술하게 표현되었다는 것이다.

유보통합은 말 그대로 유아교육기관인 유치원과 보육기관인 어린이집을 하나의 교육기관으로 통합하는 것을 의미한다. 5.31 교육개혁안(1995년)부터 거의 30년 가깝게 논의되었지만, 정책으로 현실화하지 못했다.

특히 박근혜 정부에서는 국무조정실 산하에 '영유아교육보육통합추진단'을 출범시키고 본격적인 논의를 진행하였다. 하지만 기존 어린이집과 유치원의 교사 자격 및 처우 문제, 공립과 사립의 이해관계 등이 얽히면서 유보통합은 실현되지 않았다.

그런데 유보통합 주장에는 통합을 통한 교육기관(유아학교)으로의 일원화 목표가 담겨 있다. 즉, 기존에 보건복지부가 관할해 온 어린이집을 교육부로 이관하고, 그 예산을 지방교부금에서 편성하자는 것이다.

2022년 3월 25일 육아정책연구소 주최한 '제5차 교육정책 열린 대화 : 미래세대를 위한 유아교육 · 보육 통합 실현 방안' 세미나에서는 유보통합 3단계(2026년~)부터 영유아학교 통합을 완료하여 완전 무상교육을 실현하고, 그 재원을 지방교부금에서 충당하는 방안이 제시된 바 있다.

또한 유보통합이 완성된다면, 기존 공립과 사립유치원, 어린이집의 차별이 사라져야 한다. 시설 기준은 물론 교사들의 급여 수준도 동일해져야 한다. '2012년 전국보육실태조사'와 '2012~2013년 유아교육연차보고서'에 따르면 국공립 어린이집 교사 188만 원 민간 어린이집 교사 145만 원 국공립 유치원 교사 385만 원 사립유치원 교사는 214만 원을 월급으로 받았다고 한다.(국공립 어린이집보다 유치원 교사 월급 197만 원 많아, 연합뉴스, 2015.7.17.) 통상 급여 수준을 동일하게 책정한다고 할 때, 높은 급여를 낮추는 경우가 없다. 결국 급여 수준이 낮은 민간 어린이집 교사의 급여를 국공립 유치원 수준으로 높여야 한다는 의미이다. 여기에 추가로 들어갈 예산이 얼마인지, 현재까지 구체적인 예산 추계는 없는 것으로 보인다.

2022년 6월 1일 전국동시지방선거에서 당선된 임태희 경기도교육청 교육감은 수도권이 공동으로 10조원을 목표로 ESG 기금을 조성하여 유아교육 등에 사용하겠다고 밝힌 바 있다. 경기도부터 유보통합에 앞장서겠다는 것이다.(임태희 경기교육감 후보 "유치원 전면 무상교육 실시할 것", 이데일리. 2022.5.23.) 환경(Environmental), 사회(Social), 지배구조(Governance)를 뜻하는 ESG 기금은 CSR(Corporate Social Responsibility, 기업의 사회적 책무)과 유사한 의미로 이해된다. 기업으로부터 그 기금을 조성하여 유아교육에 투자하겠다는 것은 매우 '신박한 발상'처럼 보인다. 그 발상이 어떻게 실현되는지는 지켜볼 일이다.

2022년 12월 종료 예정인 '유아교육지원특별회계법'를 다시 연장하는 법안이 국민의힘 김병욱 의원에 의해 발의되었다.(유특회계 일몰기한 2024년 재연장 법안 발의, 한국교육신문, 2022.7.7.) 더불어민주당에서도 반대할 이유가 별로 없다. 그 법안은 통과될 것이다. 그리고 2022년 7월 7일의 재정전략회의에서도 유.특회계를 제외한 교육세분을 대학 재정으로 활용하는 방안이 제시되었다.

유아교육지원특별회계법의 재연장으로 누리과정을 둘러싸고 예상됐던 혼란은 일단락되었지만, 여전히 유보통합 재정은 오리무중이다. 돈이 얼마나 들어가고, 그것을 어떻게 확보할 것인지 불투명하다. 아마도 박근혜 정부의 전철을 밟지 않을까 하는 우려가 드는 것도 그 때문이다. 2022년 7월 29일, 교육부는 대통령 업무보고에서 만 5세의 초등학교 입학 추진을 천명했다.(새 정부 교육부 업무보고, 교육부 보도자료, 2022.7.29.) 국가교육위원회의 논의를 거쳐 2025년부터 4년에 걸쳐 단계적으로 초등학교 입학 연령을 현재의 만 6세에서 5세로 앞당기겠다는 것이다. 그만큼, 유보통합에 필요한 재정이 줄어드는 셈이다. 하지만, 유치원 등 유아 교육계는 물론 교육단체와 학부모들의 격렬한 반대를 불러왔다.('만 5세 입학' 검토 후폭풍…학부모 · 교육계 반발 잇따라, TV조선, 2022.7.30.)

향후 국가교육위원회에서 어떻게 논의가 전개될지 지켜볼 일이지만, 이 역시 '학제 개편'을 둘러싼 오랜 논쟁과 같이 '해프닝'으로 끝날 수도 있다. 결과적으로는 윤석열 정부가 약속한 유보통합 실패의 '알리바이를 쌓는' 과정이 되지 않을까?

3 2022년 추경과 지방교부금 논란

2022년 5월 29일 국회 본회의를 통과한 추가경정예산으로 지방교부금은 11조 원이 추가되었다. 2021년과 유사한 상황이 발생한 것이다. 언론의 반응 역시 유사했다.

- "쓸 곳도 없는데 11조 증액한 교육교부금 정말 이대로 둘건가"(매일경제, 2022.5.24.)
- "돈 줘도 싫다는 초중고, 구조적 재정난에 허덕이는 대학"(동아일보, 2022.5.25.)
- "정부는 빚더미인데…낡은 세법에 교육청은 81조 돈벼락"(매일경제, 2022.5.25.)

- "올 81조 역대급 규모 교육교부금 기재부 칼 들어도 교육감은 펑펑"(서울신문, 2022.6.6.)
- "새 교육감들의 첫 숙제, 11조원 교부금 어디에 쓸까"(한국일보, 2022.6.6.)
- "교육교부금 올해만 81조…재정전략회의서 손본다"(서울경제, 2022.6.7.)

2021년 지방교부금을 둘러싸고 시작된 논란이 2022년 대통령선거를 거치면서 유보통합, 고등교육 재정 등으로 확장되어 증폭되었다. 예상컨대 윤석열 정부는 지방교부금을 줄여서 유보통합과 고등교육에 투자하는 것을 '최선의 방안'으로 고려할 것이다.

그리고 그 핵심 고리로 '교육감 직선제 개선' 공약을 꺼내 들 수 있다. 교육감이 유 · 초 · 중등교육만 아니라, 기존의 어린이집과 고등 · 직업교육까지 관장한다는 '그럴듯한 명분'을 동원하는 것이다. 그러면서 유 · 초 · 중등교육에 투자되는 지방교부금의 사용 범위를 확장할 수 있다.

그런데 이 모든 변화가 실현되려면 국회에서 법률 개정을 거쳐야 한다. 현재 야당인 더불어민주당이 다수를 차지한 상황에서 쉽지 않은 상황이다.

또한 선출직 교육감들도 강하게 반발한다. 2022년 6월 1일 교육감 선거에서 '중도 · 보수 교육감연대' 대표를 맡았던 임태희 경기도 교육감은 지방교부금 제도를 개선해 대학에 지원하자는 주장에 대해 "대학들이 주장하는 논리다. 대학은 안 가는 사람도 있는데 그런 대학에 국고를 지원하는 건 공정 원칙에 안 맞는다. 교육청 예산은 대학이 아니라 유아로 내려야 한다. 저 출생 문제가 심각하니 0세부터 돌봄을 국가책임제로 가는 데 예산을 투입해야 한다"라고 주장했다.(직선제 이후 경기도 첫 보수 교육감 당선인 임태희, 조선일보, 2022.6.13.)

법률 개정을 둘러싼 논란과 별개로, 교육재정을 둘러싼 교육계 내부의 갈등이 증폭될 가능성이 있다. 즉, 전체 교육 예산을 늘려 유아교육과 고등 · 직업 · 평생교육 분야에 추가 편성하지 않는 경우, 지방교부금을 나눠 쓰자는 주장이 강화될 수밖에 없다.

그뿐만 아니라, 지방교부금 배분을 둘러싼 교육청간의 갈등도 고조될 것이다. 예컨대 학생 수가 가장 많은 경기도의 경우, 1인당 교육비가 전라남도의 절반도 안 된다는 불만이 지속적으로 제기되고 있다.("경기 학생 1인당 교육비 대폭 올랐지만…전남 절반도 안 돼", 인천일보, 2021.11.1.)

아무튼 윤석열 정부 내내 교육재정 둘러싼 논란은 가속화될 것이다. 그리고 그 논란의 와중에서 윤석열 정부가 추진하는 교육정책들이 좌초될 수도 있다. 그만큼 교육재정을 둘러싼 논란과 갈등은 '임계점'에 도달했다. 더 이상 미룰 수 없는 처지인 것이다.

4 지방교부금 논란에 대한 교육감의 대응 방향 제안

이제 지방교부금 개편이 필요하다는 것은 재정 당국(기획재정부, KDI 등)의 주장을 넘어 윤석열 정부 전체의 '확고한' 정책 방향이 되었다.

윤석열 정부는 끊임없이 지방교부금 개편을 의제화할 것이다. 고등 · 직업교육 예산 확충, 특히 반도체를 비롯한 첨단분야 인재 양성을 위해 반드시 필요하다는 논리를 펼칠 것이다. 국가 경제에서 반도체가 차지하는 비중이 높은 만큼, 언론들은 거기에 동조할 가능성이 있다. 또한 유보통합도 마찬가지이다. 그 필요성을 제기하면서, 예산 마련을 위해서 지방교부금 개편이 필요하다는 논리가 추가될 것이다.

어쩌면 윤석열 정부는 현재 상황을 즐기고 있는지도 모른다. 유보통합과 고등교육에 들어갈 재원 마련이 마땅치 않은 상황에서, 비난의 화살이 교육감(교육청)에 집중될 수 있기 때문이다. 그러면서 자신들이 내세운 '교육감 직선제 개선' 공약 실행의 시점을 따질 것이다. 아마도 2024년 총선까지, 이 상황은 지루하게 지속될 것이다.

그렇다면 교육감(교육청)들은 어떻게 대응해야 할까? 기존 지방교부금 제도를 무조건 유지하자는 주장만으로는 국민을 설득하기 어려울 것이다. 그 주장을 고집하기에는 2021~2022년 추경을 통한 지방교부금 증가분이 너무 많다(2021년 6조 3,658억, 2022년 11조 원). 이와 관련하여, 적절한 대응 방안이 요구된다.

첫째, 향후 지방교부금의 추이에 대해 과학적인 분석이 필요하다. 향후 닥쳐올 경제 위기, 거기에 윤석열 정부의 '감세' 정책 (풀린 '물가 공포'…'부자 감세'로 잡는다는 尹정부, mbc뉴스, 2022.7.3.) 등을 고려할 때 당연히 '내국세 감소'가 예상된다. 어쩌면 2020년의 50조 원 안팎으로 감축될 수도 있다. 2022년에 비해 거의 30조 원이 줄어드는 것이다. 이런 데이터를 빨리 산출해서 국민들에게 공개하는 것이 "지방교부금이 남는다"라는 논리를 잠재울 것이다.

둘째, 향후 3~5년 동안 집중적인 시설투자 계획을 밝히는 것도 한 방법이다. 그동안 예산 부족 등으로 미루어 온 낡은 시설의 현대화 · 첨단화에 집중 투자하는 것이다. 전국에는 40년 이상 된 노후 학교가 1400개교에 이른다. 이들 학교를 대상으로 추진 중인 그린스마트 미래학교 사업의 속도를 높이는 것이다.(40년 이상 노후 학교 1400곳 그린스마트 미래학교로 전환, 정책브르핑, 2021.2.3.) 지방교부금 개편은 그 이후로 미뤄도 된다.

노후 시설의 현대화 · 첨단화에는 향후 예상되는 지방 경제의 위축을 고려하여 경기 회복을 위한 일종의 'SOC 투자' 성격이 보태져야 한다. 그리고 지방자치단체와의 협력을 통한 학교시설 복합화로 학교시설뿐 아니라 주민 생활 · 복지시설을 설치하는 방향으로 추진되면 더욱 좋을 것이다.

셋째, 그럼에도 '예산 과잉' 논란에서 벗어날 수 없다면, '유아교육' 및 '학교 밖 청소년 지원' 확대를 천명할 수도 있을 것이다. 현재 유아교육의 경우 어린이집은 보건복지부에서, 유치원은 교육부(교육청)에서 담당한다. 또한 학교 재학생은 교육부(교육청)에서, 학교 밖 청소년은 여성가족부에서 담당한다. 동일 연령대의 아동과 청소년에 대한 지원체제의 분리는 많은 한계를 지닌다.

'유보통합' 주장은 바로 그러한 문제점을 극복하는 방안으로 제시된 것이다. 윤석열 정부 역시 '단계적 유보통합'을 공약으로 제시했다. 그 공약과 연계하여 '단계적으로' 지방교부금 일부를 유보통합 재원으로 사용하는 방안을 구상할 수 있지 않을까? 대신에 보건복지부의 어린이집 관련한 예산과 인력의 교육부(교육청) 이관을 요청해야 한다.

물론 그 정도로 유보통합에 필요한 모든 재원을 충당하기는 불가능하다. 그래서 '단계적' 접근이 필요하고, 국가재정의 추가 투입을 요청해야 한다. 그뿐만 아니라 임태희 교육감이 제안한 'ESG 기금 조성'과 같은 다양한 유보통합 재정 확보 방안을 전 사회적으로 논의하는 것도 필요하다.

또한 여성가족부의 학교 밖 청소년 지원 관련한 인력과 예산의 교육부(교육청)도 함께 요구해야 한다. 더불어 학교 밖 청소년에 대한 지원 확대 방안을 제시해야 한다.

이처럼 교육청이 유보통합에 나서고 학교 밖 청소년에 대한 지원을 포괄한다면, 유아부터 고등학교 3학년까지 보통교육 단계의 아이들이 '차별과 소외'를 경험하지 않을 수 있다. 아이 한 명 한 명이 소중한 인구절벽 시대에 동일 연령대 아동과 청소년의 차별은 하루빨리 극복되어야 한다.

동시에 윤석열 정부에게 고등 · 직업교육 재정을 별도로 마련할 것을 요구해야 한다. 그렇지 않다면, 지방교부금 개편을 통해 고등교육, 특히 반도체 등 첨단분야 인재 양성에 투자해야 한다는 윤석열 정부의 주장은 거세질 것이다. 윤석열 정부 입장에서 유보통합은 비록 대통령선거에서 자신들이 내건 공약이지만 '단계적 실행과제'이고 첨단분야 인재 양성은 매우 '시급한' 과제이기 때문이다.

2022년, 교육재정 논의의 출발점

1 전체 국가재정에 대한 고려

교육재정을 논의하는데 여러 개의 준거를 꼽을 수 있다. 그 중에 한가지가 국가재정 여건을 고려하는 것이다. 즉 재정수입과 지출을 고려할 때, 전체 국가 예산 중 교육예산을 얼마나 배정할 것인지 따져야 한다.

2021년 각 부처 및 민간 전문가 의견수렴, 국가재정전략회의, 분야별 · 지역별 예산협의회 등을 거쳐 국회에 제출된 '국가재정운용계획'에는 2021~2025년 분야별 재원 배분 계획을 다음과 같이 제시하고 있다.(기획재정부 브리핑, '2021~2025년 국가재정운용계획 주요내용', 2021.8.31.)

2021~2025년 분야별 재원 배분 계획 (단위 : 조원)

구분	'21	'22	'23	'24	'25
총지출	558.0	604.4	634.7	663.2	691.1
보건 · 복지 · 고용	199.7	216.7	232.2	246.1	259.3
2. 교육	71.2	83.2	84.8	87.4	90.0
3. 문화 · 체육 · 관광	8.5	8.8	9.1	9.4	9.8
4. 환경	10.6	11.9	12.9	13.7	14.5
5. R&D	27.4	29.8	32.3	34.0	35.4

6. 산업 · 중소기업 · 에너지	28.5	30.4	32.6	35.0	36.4
7. SOC	26.5	27.5	28.7	29.5	30.2
8. 농림 · 수산 · 식품	22.7	23.4	24.0	24.4	24.9
9. 국방	52.8	55.2	57.7	60.3	63.1
10. 외교 · 통일	5.7	6.0	6.2	6.4	6.6
11. 공공질서 · 안전	22.3	22.4	23.4	24.3	25.1
12. 일반 · 지방행정	84.7	96.8	100.4	103.0	105.8

물론 이는 경제 상황, 재정수입 규모, 정부 정책 방향 등에 변경될 수 있다. 하지만 분야별 배분 비율을 크게 바꾸기 어려울 것이다.

교육재정을 늘리기 위해서는 타 분야의 재정을 줄이거나, 아니면 전체 재정지출을 늘려야 한다. 그리고 당연히, 재정지출을 늘리기 위해서는 '증세'가 필요하다. 증세에 대한 국민적 저항을 극복하지 못한다면, 교육재정은 국가재정운용계획의 분야별 재원 배분 계획에서 크게 벗어나기 어려울 것이다.

달리 말해 교육재정 확대를 요구하는 교육계의 주장은 물론 정치인의 선거공약이나 섣부른 약속으로 쉽게 변경하기 어렵다는 것이다. 정부 부처 내부의 합의가 필요할 뿐 아니라 국민적 동의가 뒤따라야 한다. 그렇지 않다면 결국 정해진 교육재정 규모 안에서 분야별 배분 문제가 핵심적인 쟁점으로 떠오를 수밖에 없다.

2 OECD 국제 비교 활용의 한계

교육재정을 논의할 때, 가장 중요한 준거로 작용하는 것이 경제협력개발기구(OECD) 국제 비교이다. 'OECD 교육지표 2021'에 따르면, 전체 교육단계의 국내총생산(GDP) 대비 공교육비는 5.1%로 OECD 평균보다 높다.

GDP 대비 공교육비*(2018년 회계연도 기준)

구 분	초등~중등학교			고등교육(대학)			초등~고등교육		
	정부	민간	합계	정부	민간	합계	정부	민간	합계
한국	3.1	0.4	3.5	0.6	0.9	1.6	3.8	1.3	5.1
OECD 평균	3.1	0.3	3.4	0.9	0.4	1.4	4.1	0.8	4.9

※ GDP 대비 공교육비 = (정부재원 + 민간재원 + 해외재원 공교육비) / GDP

주 1) 한국의 연도별 GDP : (2017년) 1,835.7조원 → (2018년) 1,898.2조원

2) 해당 지표는 정부에서 민간으로의 이전 지출(학생에 대한 장학금, 가계지원금 등)을 민간재원으로 포함하는 '최종 재원' 기준 GDP 대비 공교육비 지표임(초기 재원을 기준으로 할 경우, 초 · 중등교육 부문 정부재원은 3.1에서 3.2로, 고등교육 부문 정부재원은 0.6에서 0.9로 증가)

3) 일부 자료는 반올림한 값으로 부분의 합이 전체와 다를 수 있음

2018년 학생 1인당 공교육비 지출액은 $12,914로 전년보다 $933(8%↑) 증가했다. 초 · 중등교육은 OECD 평균보다 높고, 고등교육은 OECD 평균보다 낮았다.(이는 지방교부금을 줄여 고등교육에 투자해야 한다는 주장의 강력한 근거가 된다.) 또한 모든 교육단계에서 전년 대비 증가세(초등 7%↑, 중등 10%↑, 고등 6%↑)를 보였다.

학생 1인당 공교육비 지출액*(2018년 회계연도 기준)

구 분	초등교육	중등(중 · 고)교육	고등교육(대학)	초등~고등교육
한국	12,535	14,978	11,290	12,914
OECD 평균	9,550	11,192	17,065	11,680

※ 학생 1인당 공교육비 지출액 = (교육기관 직접 투자비 / 학생 수) / PPP

그런데 OECD 초중등 교육재정 산출의 정확성에 대해 의문이 제기되기도 한다. 한국은 OECD 중 거의 유일하게 일반자치와 교육자치가 분리되어있는 국가이다. 그런데 어떤 예산이 교육재정인지 주민자치 혹은 복지예산인지 정확히 구분하는 게 어려울 수 있다. 예컨대 학교급식은 물론 방과후 프로그램

이나 돌봄예산에는 교육청과 국가, 지자체의 예산이 뒤섞여 있다. 그것을 정확하게 구분해 내기가 쉽지 않다.

또한 미국 등에서는 체육시설을 학생과 지역주민이 공유하는 경우가 많다. 이 경우, 체육시설을 짓는 예산은 교육재정인가, 지자체 예산인가? 국가에 따라서는 초등학교에 치과의사가 상주하는 경우가 있다. 이 경우 치과의사의 급여는 교육재정인가, 아닌가?

오래전부터 이러한 문제에 대해 의문이 제기되었지만, 아직 속 시원한 답변은 없는 듯하다. OECD는 각국에서 제출한 자료를 바탕으로 한 민간기관에 위탁해서 국제 비교를 한다는 정도의 이야기를 들었을 뿐이다. 따라서 OECD 국제 비교에 근거하여 교육재정을 논의하기 위해서는 보다 정확한 통계자료의 산출이 필요한 것이다.

또 한 가지, 그동안 우리는 주로 OECD 평균에 근거하여 교육재정을 논의하였다. 교육재정뿐 아니라, 교사당 학생 수도 마찬가지이다. 하지만 이제 한국은 명실상부한 세계 10위권의 선진국 반열에 들어섰다. 따라서 OECD 평균에 근거한 논의에서 벗어날 필요가 있다.

최근 KDI 보고서는 상위 20개국을 근거로 들고 있는데, 이 또한 한계가 명확한 것이다. 경제 당국은 한국의 높은 경제 수준을 선진국 반열에 들어섰다고 자랑하면서도 교육재정 논의에서는 스스로 저평가하는 모순된 태도를 보인다.

고등교육재정에 대한 논의는 더욱 복잡하다. 이명박 정부는 '고등교육 재정 투자 10개년 기본계획(안)'(2010.11.)에서 "2020년까지 고등교육예산을 GDP 1% 수준으로 끌어올리겠다"고 발표했다. 그 후 '고등교육 예산 GDP 1%

확보'는 오랫동안 고등교육 전문가들의 요구였다. 또한 국회에서도 OECD 평균 수준인 GDP 1.1% 이상을 고등교육 재정으로 확보하는 내용을 담은 '고등교육재정교부금법안'이 발의된 상황이다.(서동용, "고등교육 교부금 GDP 1.1% 이상... 법안 발의", 뉴스1, 2021.10.27.) 그런데 실제 고등교육 재정 규모를 산정하는 방식이 제각각이다. 국가장학금이 포함된 '초기 재원'을 기준으로 할 때 GDP의 0.9%지만, 그것을 제외한 '최종 재원'은 0.6%이다. 어느 것을 기준으로 할지가 논란 중 하나이다.

경제 당국은 국가의 재정이 투입된 만큼 국가장학금을 포함한 '초기 재원'으로 고등교육 예산 규모를 산정한다. 이에 반해 대학의 입장에서는 대학에 실제 투입된 예산, 즉 '최종 재원'을 고등교육 예산으로 봐야 한다고 주장한다.

2022년 교육부 고등교육 예산은 11조 9,009억 원이고, 이 중에 국가장학금 예산은 4조 6,567억 원이다. 즉, 초기 재원이 11조 9,009억 원이고, 최종 재원이 7조 2,442억 원이 되는 셈이다.(교육부 2022년 예산 및 기금 89조 6,251억원 국회 확정, 교육부 보도자료, 2021.12.3.)

2022년도 교육부 예산 총괄표 (단위: 억원, %)

구 분	2021년		2022년 정부안 (B)	국회 증감 (C)	2022년 예산 (국회 확정) (D=B+C)	증감(D-A)	
	본예산 (A)	2차 추경				금액	%
▣ 총지출	764,645	830,244	886,418	9,833	896,251	131,606	17.2
(교부금, 유특회계 제외)	193,177	195,118	207,513	△149	207,364	14,187	7.3
ㅇ 예산	708,190	773,790	828,317	9,833	838,150	129,960	18.4
ㅇ 기금	56,455	56,454	58,101	–	58,101	1,646	2.9
【교육분야】	709,707	775,307	829,150	9,833	838,983	129,276	18.2

유아및초 · 중등교육	586,375	651,010	698,349	8,951	707,300	120,925	20.6
(지방교육재정교부금)	532,300	595,958	643,008	7,588	650,596	118,296	22.2
(유아교육지원특별회계)	39,168	39,168	35,897	2,394	38,291	△877	△2.2
고등교육	111,455	112,124	118,090	919	119,009	7,554	6.8
평생 · 직업교육	10,534	10,830	11,353	△37	11,316	782	7.4
교육일반	1,343	1,343	1,358	–	1,358	15	1.1
【사회복지분야】	54,938	54,938	57,268	–	57,268	2,330	4.2
기초생활보장(교육급여)	1,030	1,030	1,222	–	1,222	192	18.6
공적연금(사학연금기금)	53,908	53,908	56,046	–	56,046	2,138	4.0

그런데 여기에 또 하나의 쟁점이 있다. 통상적으로 OECD 국제 비교는 교육부 예산을 기준으로 고등교육 예산 규모가 산정된다. 그런데 대학에는 교육부 예산만 지원되는 게 아니다. 예컨대 2019년의 경우, 교육부 지원액은 95,154억 원이고, 타 부처와 지자체의 지원액은 47,138억 원이다.

고등교육 재정지원 규모 (단위: 개, 억 원, %)

연도	구분	중앙정부			지자체
		교육부	타부처	소계	
2019	사업수	84	672	756	2,109
	지원액	95,154	42,366	137,520	4,772
	비율	66.87	29.77	96.65	3.35
2018	사업수	89	769	858	1,795
	지원액	91,482	41,350	132,832	4,213
	비율	66.75	30.17	96.93	3.07
2017	사업수	93	671	764	1,876
	지원액	90,624	39,841	87,765	4,714
	비율	67.04	29.47	96.51	3.49

자료 : 한국사학진흥재단, 고등교육 재정지원정보 분석보고서(2017~2019)

또한 한국은 'GDP 대비 정부 연구개발(R&D) 투자 세계 1위'를 자랑하는 국가이다. 2022년 예산은 29.8조에 달한다.('2022년도 국가 연구개발 재정투자 29.8조원', 관계부처합동 보도자료, 2021.9.2.) 이 중에서 대학에 연구비, 혹은 인력양성지원으로 투입되는 예산도 적지 않다. 예컨대 보건의료 관련 R&D 예산의 절반이 대학에 투입되고, 실제 기업에는 20%가 안된다는 불만도 제기된다. ("정부 보건의료 R&D 예산, 절반 대학 차지…기업 몫 20%", 연합뉴스, 2019.7.8.)

고등교육 재정 규모를 초기 재원(GDP의 0.9%) 기준으로 하고 타 부처와 지자체의 지원액, 국가 R&D 예산 등을 합치면 OECD 평균(GDP 1.1%)를 초과한다는 게 경제 당국의 논리이다. 이러한 논리에 대해 교육 당국, 혹은 교육계의 대응은 부족해 보인다.

더 근본적으로는 고등교육 재정 규모를 GDP 대비 비율로 정할 것인지 아니면 1인당 공교육비를 기준으로 할 것인가도 핵심적인 논쟁거리이다. GDP 대비 고등교육 재정 규모를 OECD 평균에 맞추어도 1인당 교육비는 OECD 평균에 훨씬 못 미친다. 한국의 대학진학률이 OECD 국가 중 가장 높기 때문이다.

따라서 교육재정을 논의하더라도 OECD 국제 비교를 활용하는 것에 대해 신중할 필요가 있다. 우선, 국제 비교 데이터를 정확하게 산출하는 게 필요하다. 그리고 그렇게 산출된 데이터를 절대화하지 말고 한국적 상황에 맞게 재해석하려는 노력이 필요하다. 이런 측면에서 교육재정 논의는 여전히 부족하다.

3 공급자 중심 논의 극복, 평생학습사회로의 전환 준비

마지막으로, 교육재정 논의에서 빠트릴 수 없는 것은 기존 공급자(학교, 교육기관) 중심에서 학습자 중심으로의 전환이다. 이는 다른 말로 학교 교육에서 평생학습사회로의 전환을 의미하기도 한다. 평생학습사회로의 전환은 5.31 교육개혁 이후 계속 주창되어 온 것이다. “언제, 어디서든, 필요한 것을 배울 수 있는 사회”를 위해서는 학교에 다니지 않는 경우를 포함한 교육재정을 논의해야 한다.

2018년 기준으로 우리나라 중 · 고 학생들의 연간 공교육비는 1인당 1,296만 원에 달한다.(OECD 2021년 발표), 하지만 학업 중단이나 학교 밖 청소년들에게는 그 혜택이 없다. 2019년 기준으로 학업 중단 청소년은 5만 명이 넘는다.

또한 대학생들에게는 연간 4조 원이 넘는 국가장학금이 지원되지만, 대학 미진학 청년들에게는 그만한 국가 지원이 없다. 고교 졸업생 중 대학에 진학하지 않는 학생은 30%에 이른다. 학교 밖 청소년들은 재학생들에 비해 경제적 여건이 어렵거나 정서적 · 심리적 지원이 필요한 경우가 많다. 대학 미진학 청년들 역시 마찬가지이다. 그들 중 상당수는 취약계층이 많다. 이 문제는 교육재정 이전에 보편적인 인권 문제이기도 하다.

그런데 이는 매우 오래된 쟁점이다. 학교 밖 청소년에게 일정 금액의 바우처(Voucher)를 지급해야 한다는 주장이 오래전부터 제기되어왔다. 주로 비인가 대안학교와 홈스쿨링 가정에서 ‘학생의 교육받을 권리’와 함께 제기되어 온 이 주장은 ‘학생의 선택권’을 강조하는 시장주의 경향과도 연결된다.

기존 공교육의 문제점을 지적하며 미인가 대안학교를 운영해 온 주체들로 구성된 '대안교육연대'는 공교육 수준의 지원을 지속적으로 요구하고 있다. "학교구성원들(학생, 교사, 학부모)의 민주적인 의사결정과정 참여, 학습의 주체로서 교사들의 교육과정 구성, 학생자치문화의 정착, 그리고 지역교육과정 구성과 새로운 교육모델 실험 등 기존 교육계에서 감히 시도할 수 없었던 이와 같은 새로운 교육적 실험으로 엄청난 성과를 거뒀습니다. 〈…중략…〉

이러한 성과와 노력에도 불구하고 비인가 대안학교에 대한 정부와 교육당국의 시선은 냉랭했습니다. 공교육의 경우, 학생 1인당 연간 지원 금액이 700~1,000만원 정도인데 비해, 비인가 대안학교 학생들은 비인가 대안학교에 다닌다는 이유 하나로 공적인 지원과 혜택에서 전적으로 소외되어 왔습니다."(대안교육연대 대표 기자회견문, 2020.6.10.)

"바우처 제도란 정부가 수요자에게 쿠폰을 지급하여 원하는 공급자를 선택토록 하고, 공급자가 수요자로부터 받은 쿠폰을 제시하면 정부가 재정을 지원하는 방식을 말하는데, 이때 지급되는 쿠폰을 바우처라고 한다."(네이버 지식백과, 시사경제용어사전, 2017.11. 기획재정부)

교육 영역에서는 유아 학비 지원금이 이런 방식으로 지급된다. 초 · 중등 교육처럼 교육기관(학교)에 직접 지원하는 방식이 아니라, 유아의 보호자에게 바우처 형태로 지원하고 보호자가 유아교육기관을 선택하도록 하는 것이다. 유아교육법 제24조 제 ②항에는 "무상으로 실시하는 유아교육에 드는 비용은 국가 및 지방자치단체가 부담하되, 유아의 보호자에게 지원하는 것을 원칙으로 한다"라고 규정하고 있다.

2006년 교육부는 '공영형 혁신학교' 도입을 추진하면서, '포뮬러 펀딩(Formula Funding)'에 기초한 학교위탁모델을 구상한 바 있다.(교육부, 「공영형 혁신학교 관련 공청회 자료집」, 2006.6.19.) '포뮬러 펀딩'은 1인당 교육비를 기준으로 지원하되, 그것을 개인이 아닌 기관에게 지원하는 것이다. 애초에 공영형 혁신학교는 학교 자율성을 최대한 보장하기 위한 수단으로 교장공모 및 교사초빙제도 전면 도입과 함께 포뮬러 펀딩 방안을 제시한 것이다.("공영형 혁신학교는 시민단체–대학에 운영권", 동아일보, 2006.6.20.)

당시 공청회에서 전교조 등 교원단체들은 '신자유주의' 정책으로 강력하게 반발하였고 교육부의 구상은 무산되었다. '공영형 혁신학교'는 2007년 '개방형 자율학교'로 명칭을 변경하여 전국 4개 고교에서 도입되었다. 포뮬러 펀딩에 기초한 학교위탁모델은 제외되고, 교장공모와 교사 초빙만 적용되었다. 그리고 이명박 정부에서는 '자율형 공립고'로 그 명칭과 성격이 변화되었다.

만약 1인당 공교육비를 바우처로 지급한다면 학교는 어떻게 될까? 어쩌면 상당수 학생들이 미련없이 학교를 떠나 다른 교육기관(사교육, 미인가 대안학교 등)을 선택할 가능성이 있다. 아니면 바우처, 혹은 포뮬러 펀딩에 기반한 학교선택권이 확대되고, 미국의 협약학교(Charter school), 스웨덴 자유학교(fristaende skola, Independent School)와 같은 제도로 이어질 수도 있다.

제20대 대통령직인수위원회(인수위) 지역균형발전특별위원회에서 발표한 '교육자유특구' 방안이 바로 이러한 변화를 예고하는 것으로 이해할 수 있다.(대통령직인수위원회 보도자료, 2022.4.28.)

- 또한, 김병준 위원장은 그동안 예고했던 히든카드로써 교육자율권확대 시범지구로서의 '교육자유특구' 방안을 제시
- 이는 획일적인 교육 규제의 획기적 개선을 통한 다양한 교육 실험을 허용하고, 이의 성공 모델이 자연스럽게 다른 지역으로 확산될 수 있도록 하는 테스트 베드 역할로 추진
- 교육수요자의 선택권 확대, 주민의 교육만족도 제고와 창의적 인재 양성을 위한 다양한 방안 추진
  - ▲ 과감한 규제 완화를 통해 학생선발, 교과과정, 교원 등에 있어 대폭적 특례를 적용
  - ▲ 일정 수 이상의 학부모가 설립하는 대안학교에 대한 간섭없는 재정지원

이제는 기존 공급자(학교, 교육) 중심의 교육재정 논의에서 벗어나, 학습자 중심의 평생학습체제에 적합한 방향을 고민해야 한다. 다만, 이는 보다 근본적인 제도의 전환이 필요한 만큼 매우 신중하게 접근하는 게 필요하다. 단순히 교육재정을 늘리느냐 마느냐, 교육계 내부에서 어떻게 분배하느냐 하는 문제가 아니라, 미래사회로 나아가는 교육의 방향과 함께 근본적인 교육개혁의 주제로서 다뤄져야 한다.

새로운 논의의 전개를 위하여

국가재정은 그 나라의 미래와 연관이 된다. 즉, 국가의 비전과 미래 발전전략 등에 근거하여 재정의 우선순위가 결정되고 예산이 편성되어야 한다. 그런 면에서 교육재정 문제를 따로 떼어내어 논의하는 건 부적절하다. 전체 국가의 비전, 혹은 발전전략과 연계된 국가 교육의 비전을 수립한 후에 재정 논의를 하는 게 바람직하다.

여기에서 우리는 대한민국이 기초과학과 원천기술을 보유할 뿐 아니라 소프트파워를 가진, 진정한 '글로벌 선도국가'의 비전을 강조할 필요가 있다. 이를 교육재정의 측면에서 보면, 기초과학과 원천기술 보유를 위한 '선택과 집중의 엘리트 교육 투자(혹은 과학기술 분야의 집중 투자)'만이 아니라, '교육복지와 균형발전을 위한 보통교육'에 대한 투자가 확대되어야 한다는 의미이다. 이러한 국가의 비전과 발전전략에 기초하여 교육 비전을 설정할 필요가 있다.

국가교육위원회가 출범하면, 국가 교육 비전 수립을 위한 전 사회적 논의를 조직해야 한다. 다양한 전문가와 이해 당사자, 폭넓은 국민들이 참여하는 사회적 토론과 합의를 통해, 국가 교육 비전을 정하고 중장기 교육재정 방향을 수립해야 한다. 교육 예산의 확충은 바로 이러한 교육 비전을 수립하는 과정에서 가능할 것이다. 교육계 내부의 재원 배분 및 조정도 마찬가지이다. 이 과정은 충분한 시간이 필요로 한다.

다만, 국가 교육 비전을 수립하기 전이라도 재정 확보가 시급한 영역의 우선순위를 정해서, 한시적 규정의 특별회계 등으로 그 영역의 재정을 확보하는 방안을 고려할 수 있다. 유아교육, 고등 · 직업교육 분야가 우선순위로 꼽힐 것이다.

국가 교육 비전을 논의하는 과정에서는 교육재정뿐 아니라 다양한 쟁점들이 논의될 것이다. 예컨대 '유보통합', '지방교부금 개편', '고등교육 권한의 지자체 이양', '교육감 직선제 개선 방안' 등이 함께 논의될 수밖에 없다.

그뿐만 아니라, '바우처 도입', '학교선택제 확대' 등을 주장하는 목소리가 높아질 가능성도 있다. 윤석열 정부에서는 '학교 다양화', '수요자 선택권' 논의가 더욱 확대될 것이다.

교육재정 논의는 이러한 모든 주제들과 연결되어 있다. 그만큼 복잡하고 어려운 문제이다. 하지만 더 이상 미룰 수 없는 과제이다.

CHAPTER 04

국가교육위원회 출범과 새로운 교육 거버넌스

- 20년 교육계 숙원, 국가교육위원회가 출범하다
- 국가교육위원회에 대한 기대와 우려
- 2022년 이후, 교육 거버넌스 개편

20년 교육계의 숙원, 국가교육위원회가 출범하다

2021년 7월 1일, 「국가교육위원회의 설치 및 운영에 관한 법률안」이 국회 본회의에서 의결되었다. 야당(국민의힘)의 반대 속에 찬성 165, 반대 91, 기권 5인으로 통과된 것이다.

유은혜 교육부 장관은 "국가교육위원회는 초정권, 초당파적으로 일관되게 교육정책을 추진할 수 있는 새로운 거버넌스의 구성이며, 모든 국민이 바라는 백년대계 교육을 위한 초석이 될 것이다"라고 강조했으며, 법안을 대표 발의한 국회교육위원장 유기홍 의원은 "국가교육위원회 설치로 정권에 휘둘리지 않고 안정적이고 자주적인 교육정책을 만들어갈 수 있게 됐습니다. 국가교육위원회 출범으로 우리 교육의 새로운 지평을 열어나갈 것으로 기대합니다."라고 소감을 밝혔다.

널리 알려졌듯이 국가교육위원회 설립은 2002년 이후 대통령선거의 단골 공약이었다. 당시 이회창 후보가 '21세기 국가교육위원회' 설치를 공약으로 제시한 후, '국가미래전략교육회의'(2007년 정동영 후보), '국가미래교육위원회'(2012년 박근혜 후보), '국가교육위원회'(2012년 문재인 후보, 2017년 문재인 · 홍준표 · 안철수 후보), '교육미래위원회'(2017년 심상정 후보), '미래

교육위원회'(2017년 유승민 후보) 등 유사한 공약이 반복적으로 제시되었다.

문재인 정부 출범 후, 여당(더불어민주당) 교육위원회 간사였던 조승래 의원의 발의로 법안이 제출되었다. 조승래 의원발의 법안은 기존에 제출되었던 법안(2016년 안민석, 2017년 박경미, 2018년 유성엽 발의 법안)과 달리 국가교육회의를 중심으로 하는 교육계의 광범위한 토론을 거쳐 마련된 것이다.("대한민국 새로운 교육 100년과 국가교육위원회", 교육부 · 국가교육회의 보도자료, 2019.2.27.)

하지만 당시 야당(미래통합당, 현재의 국민의힘)의 반대에 부딪혔다. 야당이 교육위원장을 맡은 상황에서 교육위원회 의결을 통과하지 못했다. 결국 20대 국회 폐기 법안 목록에 등재되었을 뿐이다.

2020년 4월 치러진 국회의원 총선으로 새롭게 구성된 21대 국회에서는 여당의 유기홍 의원이 교육위원장을 맡게 되었다. 통상적으로 교육위원장은 야당 몫이었지만, 국회 원 구성을 둘러싼 논란 끝에 여당 출신 3선의 유기홍 의원이 교육위원장이 된 것이다. 유기홍 위원장은 국가교육위원회 설립에 매우 적극적이었다. 수차례에 토론회를 거쳐, 유기홍 위원장은 국가교육위원회 법률안을 대표 발의하였다.

여기에 2021년 문재인 대통령은 신년 기자회견에서 국가교육위원회 관련한 기자의 질문에 대해 "국가교육위원회는 제 공약이기도 해 차근차근 준비하고 있다"라며 "금년 중 본격적으로 구체적인 출범 방안을 제시하고 실현까지 나아가지 않을까 생각한다. 국회와도 긴밀히 소통하면서 협의하겠다."라고 답변했다.(뉴시스, 2021.1.18.)

어쩌면 국가교육위원회는 몇 가지 '우연한' 사건이 중첩되면서 설립의 급물살을 탔다고 볼 수 있다. 여당이 교육위원장을 맡은 것도, 그 위원장이 유기홍 의원이었던 것도, 2021년 대통령 신년 기자회견에서 기자가 질문을 던진 것도, 통상적인 절차나 예상을 벗어났다고 할 수 있다.

21대 국회에서 새롭게 제출된 유기홍 의원발의 법안에 대해서도 야당은 격렬하게 반대했다. 국민의힘 전경희 의원은 '대통령 자문기구'를 위상으로 하는 국가교육위원회 법안을 별도로 제출하기도 했다. 국회 교육위원회는 안건조정위원회를 거쳐, 2021년 6월 10일 '국가교육위원회 설치 및 운영에 관한 법률안'을 의결하였다. 법안에 반대한 야당 의원들은 중도에 퇴장했다.

그리고 6월 30일, 야당 의원들이 참석하지 않은 가운데 국회 법제사법위원회(법사위)를 통과했다. 법사위 심의과정에서는 부칙 중 "이 법은 공포 후 6개월이 경과 한 날부터 시행한다."가 6개월이 아닌 12개월로 변경되었다. 새로운 국가기구를 설립하는 만큼 충분한 준비기간이 필요하다는 판단, 법안에 반대하는 야당의 협조를 얻기 위해서는 출범 시기를 2022년 3월로 예정된 대통령선거 이후로 미뤄야 한다는 의견 등을 반영한 것이다.

법률적 규정으로 2022년 7월 21일 국가교육위원회는 출범했어야 한다. 하지만 여러 이유로 출범이 지연되고 있다. 최종적으로 확정된 법률안은 다음과 같다.

국가교육위원회 설치 법률안 요약

구 분	주요 내용
위원구성	• 총 21명 (장관급 상임위원장 1명, 차관급 상임위원 2명) • 위원장은 상임위원 중 대통령이 임명, 임기 3년(1회 연임가능)
소관사무	• 10년 단위 국가교육발전계획 수립 • 국가교육과정 기준과 내용의 수립 및 고시 • 교육정책에 대한 국민의견 수렴 · 조정 등(공론화)
위원회 조직	• 전체위원회, 전문위원회(상설), 특별위원회(비상설), 국민참여위원회(상설) 및 사무처

- **(법적지위)** 대통령 소속 합의제 행정위원회
- **(위원구성)** 민주적 정당성 고려 대통령 지명(상임위원 1명 포함), 국회 추천(상임위원 2명 포함) 반영 및 정치적 중립성 고려 위원의 정당가입 금지
  - 위원장은 상임위원 중에서 대통령이 임명, 위원의 임기는 3년 (1회 연임가능)
  - 당연직(교육부 차관, 교육감협 1, 대교협 1, 전문대협 1, 교원단체 2인 등) 외에 사회 각계각층의 참여(국회 추천시 학생 · 청년 및 학부모 위원을 각 2명씩 의무적으로 포함) 확대 및 직능별 제한(위원 임명 · 위촉시 교원, 교수 등 직능별로 최대 30%로 제한함)
- **(소관사무)** 위원회의 주요 소관사무로 세 가지를 반영
  - **(국가교육발전계획 수립)** 교육비전, 중장기 정책방향, 학제 · 교원정책 · 대학입학정책 · 학급당 적정 학생 수 등 중장기 교육제도 및 여건 개선 등을 포함한 10년 단위의 국가교육발전계획 수립
  - **(국가교육과정 기준 · 내용 수립 등)** 국가교육과정의 기준과 내용 수립 및 고시, 조사 · 분석 및 모니터링
  - **(국민의견 수렴 · 조정)** 교육정책 수립과정에 국민 참여를 확대하는 등 사회적 합의 도출을 위해 상시적 공론화 시스템 구축
- **(위원회 조직)** 전체위원회, 분과위원회(상설), 국민참여위원회(상설)특별위원회(비상설), 및 사무처

나는 국가교육회의 기획단장으로서, 교육부 기조실장과 공동으로 국가교육위원회 설립준비단장을 맡았다. 우선 시행령 마련이 시급했다. 시행령이 확정되어야 직제 및 정원 규모를 정할 수 있고, 사무공간 및 예산, 홈페이지를 비롯한 온라인 플랫폼 구축, 사업계획 등을 마련할 수 있기 때문이다.

시행령 마련을 위해 기존 국가교육회의 산하에 설치 · 운영 중이던 '국가교육위원회 설치지원 전문위원회(국교위 설치 전문위)'를 확대 · 개편하였다.

국교위 설치 전문위는 그동안 국가교육위원회 설립 관련한 법률 자문은 물론 각종 토론회 · 공청회 등을 주관한 전문위원회였다.

기존의 국교위 설치 전문위를 확대 · 개편하면서 가장 공을 들인 것은 교육계의 진보와 보수를 대표하는 인사를 적절하게 안배하고, 초중등교육은 물론 고등교육 관련 단체들이 참여할 수 있도록 하는 것이었다.

확대 · 개편된 국교위 설치 전문위는 4개의 분과로 나뉘어, 2021년 9월부터 11월까지 총 27회의 회의를 거쳐 시행령 초안을 마련하였다. 짧은 기간에 집중적인 논의가 진행된 셈이다. 그리고 곧이어 국가교육위원회 설립준비단 주최로 4개 권역(수도권, 충청권, 영남권, 호남권) 공청회가 개최되었다.

공청회 결과는 다시 국가교육회의 국교위 설치 전문위에 공유되었고, 국교위 설치 전문위는 공청회에서 제기된 문제점을 반영하여 시행령 최종안을 마련하였다. 어떻게 보면, 시행령을 만드는 과정 자체가 '사회적 토론과 합의 과정'이었다고 볼 수 있다.

이렇게 만들어진 시행령은 2022년 1월 12일 입법예고 되었다. 당시 계획으로는 3월 초까지 시행령을 확정하고, 곧바로 직제와 정원 등 조직안을 4월까지 마련하는 것이었다. 그리고 대통령선거(3월 9일) 직후 문재인 대통령과 대통령 당선인의 합의로 국가교육위원회 위원장을 지명하고, 그 위원장이 사무처장을 임명하고 각 정당과 교육단체에 위원 추천을 요청하는 등 설립과정을 진두지휘해야 한다고 판단했다. 왜냐하면 위원 추천이 5월 말까지 이루어져야만 7월 21일로 예정된 국가교육위원회 출범이 무난하다고 판단했기 때문이다. 새로운 정부 초기 국무위원 등 인사 검증 수요가 많고, 그런 만큼 국가교육위원회 위원의 인사 검증 시간을 충분히 확보해야 했다.

그런데 시행령 제정이 예상보다 지연되었다. 기초학력보장법을 포함한 3개의 교육부 시행령이 법제처 심의 중이었고, 3월 22일이 되어서야 3개의 시행령이 국무회의에서 의결되었다. 그리고 그 와중에 대통령선거가 있었고, 국가교육위원회에 반대했던 정당의 후보가 당선되었다. 여러모로 '복잡하고 불투명한' 상황이었지만, 시행령 제정을 더 이상 늦출 수는 없었다. 특히 유은혜 교육부장관은 자신의 재임 기간 중 마무리하려는 의지가 강했다. 결국 국가교육위원회 시행령은 2022년 5월 3일, 문재인 정부의 마지막 국무회의에서 의결되었다.

이제 국가교육위원회 출범과 운영 관련한 모든 사항은 오롯이 윤석열 정부의 몫이 되었다. 법률이 정한 출범 일장(2022년 7월 21일)을 훌쩍 넘긴 상황에서, 어쩌면 고위공직자범죄수사처(공수처)의 전철을 밟을 수도 있다.

공수처는 2019년 12월 30일 법안이 통과되고 2020년 7월 15일 시행 예정이었으나, 여러 이유로 출범이 지연되었다. 결국 2020년 12월 10일 법 개정을 거쳐 2021년 1월 21일 초대 공수처장이 취임하였다.

국가교육위원회에 대한 기대와 우려

1 기존 국가교육위원회 논의에 대한 우려

그동안 꾸준히 제시되었던 국가교육위원회 공약들은 명칭과 위상이 약간씩 차이가 있지만, 5년 단임 대통령제하에서 정치권력에 따라 교육정책이 좌지우지되어 온 것에 대한 비판적 대안으로 제시되었다는 점에서 공통점을 갖는다.

정치권력에 휘둘리지 않고 중장기 교육정책을 결정하여, 안정적인 교육개혁을 추진한다는 것이다. 교육정책의 '전문성'과 '자주성', 그리고 '안정성'이 강조되었다. 또한 교육부의 관료적 통제, 혹은 상명하달식 정책 추진 관행 역시 국가교육위원회 필요성을 주장하는 논거로 활용되었다. 때로 국가교육위원회 설립은 '교육부 해체'의 등가물로 인식되기도 했다.

여기에 1973년부터 1991년까지 18년 동안 국가교육위원회 사무총장(혹은 국가교육청장)을 역임하면서 핀란드 교육개혁을 주도했던 에르키 아호(Erki Aho)가 한국을 방문하고 그의 저술(『핀란드 교육개혁 보고서』, 한울림, 2010)이 널리 알려지면서, 국가교육위원회 설립의 논리적 근거는 한층 강화되었다.

한국 교육계에 '핀란드 열풍'은 혁신교육의 등장과 비슷하게 시작되었다.

혁신교육을 지지하는 교육자들에게 핀란드 교육은 마치 미래교육의 지표처럼 인식되었고, 국가교육위원회 설립은 곧 중장기 교육개혁의 필수요건으로 이해되었다.

나는 그 열풍이 시작되던 2009~2010년 핀란드를 세 차례 방문했다. 처음에는 그저 부러운 눈으로 그들의 교육 현장을 둘러보았다. 하지만 두 번, 세 번 방문하면서는 핀란드 교육모델이 가능했던 정치 · 사회적 맥락을 주목하게 되었다.

그리고 그들과 '완벽하게 반대편에 있는' 한국의 정치 · 사회적 조건이 교육에 미치는 영향에 대해 고민하기 시작했다. 한국에서 핀란드 교육의 사례는 그러한 정치 · 사회적 맥락이 제거된 채 논의되는 경우가 많았다.

이 같은 인식으로 국가교육위원회에 대한 기대 못지않게 우려도 갖게 되었다. 우선, 한국의 정치체제와 국가교육위원회가 병존(竝存)할 수 있을까 하는 의문이 들었다. 그 이유를 다음과 같이 서술한 바 있다.

Arend Lijphart는 민주주의의 패턴을 다수제(Westminster)와 합의제(Consensus)로 구분했습니다.(Arend Lijphart, 『Patterns of Democracy : Government Forms and Performance in Thirty-Six Countries』, Yale University Press, 2012) 전자가 상대적 다수의 선택을 전체 사회의 결정으로 받아들이는 '경쟁 정치의 효율성'을 지향한다면, 후자는 다수가 정책결정과정에 참여하는 '합의의 정치'를 지향합니다.

핀란드는 전형적인 합의제 민주주의 체제를 갖고 있습니다. 권역별 비례대표제로 의원을 선출하고, 복수의 정당이 참여하는 연립내각을 구성합니다. 대략 3~6개의 정당으로 구성되는 정부에서 주로 제2당의 의원이 교육(문화)부장관을 맡아 2년 정도 역할을 수행합니다.

국가교육위원회의 경우 주로 제1당, 혹은 2당의 추천을 받은 인물이 사무총장을 맡는 것으로 보입니다. 사회민주당 출신의 에르끼 아호(Erkki Aho)가 국가교육위원회를 이끌던 시기에 사회민주당은 1972년부터 연거푸 제1당이 되었고, 1991년 선거에서는 중앙당에 그 지위를 넘겨주었습니다.

또한 핀란드는 흔히 사회적 코포라티즘(Corporatism)이라 불리는 노사정 합의 문화가 정착되어 있습니다. 핀란드 교육개혁의 첫 단추라고 평가받는 종합학교 개혁(문법학교와 공민학교 나눠 별개의 계층으로 나뉘었던 교육제도를 9년 과정의 종합학교로 통합하는 개혁)은 역사적인 1968년의 노사정 합의가 없이는 불가능했을 것입니다. 이처럼 핀란드의 지속적인 교육개혁, 그리고 그것을 주도하는 국가교육위원회의 구성과 운영에는 굳건한 합의제 민주주의와 사회적 코포라티즘이 뒷받침되고 있습니다.

반면에 한국은 전형적인 다수제 민주주의 체제라 할 수 있습니다. 소선거구제로 치러지는 국회의원 선거와 국민 직접 투표로 치러지는 대통령선거에서, 상대적 다수를 득표한 후보에게 모든 권한이 주어집니다. 그리고 뿌리 깊은 양당 체제는 대화와 타협보다는 이분법적 대립과 갈등을 드러내는 경우가 많습니다. 또한 1998년 노사정위원회가 출범하고 현재 경제사회노동위원회로 개편되었지만, 한국에서 사회적 코포라티즘의 정착은 요원한 상태입니다.(이광호, '핀란드 교육과정, 어떻게 만들어지는가?', 국가교육회의 자료집, 2021) 서문)

한 마디로 한국 정치체제와 사회문화적인 특성상 핀란드와 같은 국가교육위원회는 불가능하다는 것이다. 통상 한국에서 교육개혁은 대통령 선거공약으로 출발한다. 그리고 다수제 민주주의 체제에서 강력한 대통령(흔히 '제왕적 대통령'이라 불리는)의 리더십으로 그 공약은 정책으로 실행된다. 국가교육위원회는 그러한 한국의 정치문화와 충돌하는 측면이 있는 것이다.

한국의 양당 체제는 대화와 타협을 통한 사회적 합의보다는 이분법적 대립과 갈등으로 번지는 경우가 많다. 사회적 코포라티즘이 정착되지 않은 조건에서 '사회적 합의를 통한 중장기 교육정책 결정'이 어떻게 가능한지 고민이 될 수밖에 없다.

두 번째 이유로는 국가교육위원회 설립 근거로 제시되었던 '정치적 영향 배제', '관료주의 극복', '전문성 강조' 등이 자칫 '전문가 중심주의'로 흐를 가능성이 짙다는 판단이었다. 실제로 국가교육위원회 관련 논의과정에서 "교육전문가 중심의 교육정책 결정이 필요하다"는 주장은 반복적으로 제기되었다.

통상 '교육전문가'로 불리는 사람들은 대부분 대학에서 교원을 양성하는 기관의 교수이거나, 초 · 중 · 고 학교 현장의 교사(출신)들이다. 그들은 '전문가'이면서 '이해 당사자'이다. 달리 말하면 자신이 속한 기관의 이해관계로부터 자유롭지 못하다. 그들 사이의 이해관계 충돌은 정책의 합의를 불가능하게 만드는 경우가 많다. 수십 년째 반복된 교원양성체제 개편 논의가 그렇다. 앞으로 진행될 교육재정, 유보통합, 학제개편 역시 '교육전문가 중심의 논의'로는 해결 불가능할 것이다. 이러한 이유로, 교육 전문성을 강조하는 국가교육위원회 설립에 부정적 견해를 가진 사람들이 많았다.

더구나 교육 전문성 강조는 자칫 '전문가 독재'로 흐를 가능성이 있다. 이는 국가 주도, 혹은 관료 중심의 의사결정 시스템보다 훨씬 부정적 결과를 낳을 수도 있다. 국가권력은 5년 단위로 교체되고, 관료 역시 임기가 정해졌기 때문이다. 하지만 '교육전문가'는 임기가 없다. 자칫 수십 년 지속되는 전문가 독재의 시대가 열릴 수도 있는 것이다.

이러한 우려를 어떻게 극복하느냐에 의해 국가교육위원회의 성패가 결정

될 것이다. 문재인 정부에서 국가교육위원회 논의는 그 점을 염두에 두고 진행되었다고 할 수 있다.

2 우려를 넘어 새로운 기대로

2021년 7월에 통과된「국가교육위원회의 설치 및 운영에 관한 법률안」제3조 ③항에는 특정 분야의 출신이 30%를 넘지 못하도록 규정하였다. 위원 구성에서 교육학 교수들이 과도하게 많이 위촉되는 것을 방지한 것이다.

또한 법률안 제16조에는 "사회 각계의 의견을 폭넓게 수용하고 시민 참여와 사회적 합의에 기반하여 그 소관 사무를 추진하기 위하여" 상설자문조직으로 '국민참여위원회'를 조직 · 운영하게 되어 있다.

시행령에서는 국민참여위원회를 500명 이내로 구성하되, 광역단체장과 교육감이 추천하는 자를 200명 이내로 하고, 공개모집 등의 절차에 의해 선정된 사람을 300명 이상으로 정하고 있다. 공개모집의 경우, 참여를 희망하는 지원자 중에서 성별, 나이, 지역, 직업 등을 고려하여 추첨하게 될 것이고, 이는 별도의 운영규정을 마련해야 할 것이다.

국민참여위원회가 법률안에 포함되고 시행령으로 구체화되는 과정에는 김진경 국가교육회의 의장의 견해 그리고 국가교육회의의 다양한 사회적 협의 경험이 반영되었다. 특히 2018년 '대학입시 개편 공론화', 2020년 '교원양성 체제 개편 사회적 협의', 2021년 '국민과 함께하는 2022 교육과정 개정' 등을 통해 '교육전문가 중심의 정책 결정'이 아닌 '국민의 참여와 소통을 통한 사회적 합의'의 필요성이 강조된 것이다.

또한 국가교육회의 국민참여단의 활동 경험도 반영되었다. 국가교육회의

'지역사회협력특별위원회'는 2020년부터 각 지역의 교육청 담당자뿐 아니라 교육혁신지구 및 마을교육공동체 핵심 주체들과 네트워크를 통해 국민참여단을 조직하여 지속적인 토론을 진행하였고, 그 과정에서 '미래교육 핵심의제'를 도출했다.

이러한 경험과 성과들이 법률안과 시행령에 담겼다고 볼 수 있다. 바로 그 점이 2021년 7월에 통과된 유기홍 의원 법안이 기존에 제출되었던 국가교육위원회 법안과 차별화되는 지점이다. 즉, '교육전문가 중심'에서 '다양한 시민 참여'의 가능성을 열어 놓은 것이다.

국가 교육과정 관련해서도 국가교육위원회 시행령은 기존 시스템의 한계를 뛰어넘고자 했다. 우선 국가 교육과정에 대한 조사·분석 및 점검 업무를 지원하기 위하여 국가 교육과정 모니터링단을 운영하고, 모니터링단에서는 매년 조사·분석 및 점검을 실행하도록 했다. 이는 기존의 교육과정심의회를 대체(代替)하면서, 교육과정 개정 이후에도 실제 학교 현장에서 어떻게 적용되는지를 정기적으로 조사·분석, 점검하여 이후 교육과정 개정에 반영한다는 의미이다.

그뿐만 아니라 교육과정의 기준과 내용(학교 교육과정 영역·내용·편제 및 교육 시간 분배기준에 관한 사항을 포함)을 수립 또는 변경할 필요가 있다고 인정하는 경우 국가교육위원회 심의·의결을 거쳐 그것을 정해야 한다고 규정하였다. 그 과정에서 교육과정 모니터링단의 의견과 교육과정전문위원회의 사전검토 의견을 듣도록 했다. 사실, 이 부분에는 핀란드 교육과정 개정 사례가 참조되었다.

> 핀란드 2014 국가 핵심 교육과정에 등장하는 개념과 가치, 학습과 평가의 기준 등은 우리 교육 현실에 대한 성찰과 함께 새로운 상상력을 제공하기에 충분합니다. 뿐만 아니라, 핀란드는 2014 국가 핵심 교육과정 개정을 준비하면서 수많은 교육 주체들의 의견을 수렴하였습니다. 특히 6만명의 학생이 참여한 대규모 설문조사와 면담을 통해 기존 교육과정을 평가하고 새로운 방향을 설정하려는 노력을 진행하였습니다. 핀란드 인구가 약 550만명이라는 사실을 떠올린다면, 그들의 노력이 어디에 집중되어 있는지 알 수 있습니다.〈…중략…〉
>
> 더욱 놀라운 것은, 핀란드에서는 국가 교육과정이 국무회의 법령(Valtioneuvoston asetus)으로 규정되어 있다는 것입니다. 핀란드는 국가 교육목표와 기본교육의 교과 시수 배분에 대해 국무회의 의결을 거칩니다. 2014 국가 핵심 교육과정 개정은 2012년 6월 28일 국무회의 의결을 시작으로 공식적인 절차가 시작되었습니다.(이광호, '핀란드 교육과정, 어떻게 만들어지는가?', 국가교육회의 자료집 서문, 2021)

한국에서의 국가 교육과정 개정은 대부분 대통령 공약으로부터 출발한다. 이명박 정부의 '2009 개정 교육과정'이 그랬고, 박근혜 정부의 '2015 교육과정'이 그러했다. 문재인 정부의 '2022 교육과정' 역시 대통령 공약인 고교학점제를 위한 개정이라는 비판에 자유롭지 못하다. 이러한 기존 시스템의 한계를 극복하는 것이 국가교육위원회 설립의 중요한 근거가 되어야 한다.

한국의 국가 교육과정 개정은 '총론'을 먼저 발표하고, 다음에 '각론' 개정에 들어간다. 대부분 '아름답고 우아한 표현'으로 가득한 총론에서는 별다른 논쟁이 발생하지 않는다. 하지만 실제 교육과정 편제, 교과별 수업시수, 교과 내 전공내용의 포함 여부 등을 정하는 각론 개정은 말 그대로 '밥그릇 싸움'이 된다. 각론 개발에 참여하는 각 교과 전공 분야 교수들은 자신의 교과와 전공 분야가 국가 교육과정에 반드시 들어가야 한다고 주장한다. 그러다

보니 '교육과정 슬림화'를 내건 교육부의 의도와 무관하게 교수요목이 늘어나는 것이다.

그래서 핀란드가 국무회의에서 교과 시수 배분을 의결하고 본격적인 교육과정 개정을 시작하는 것처럼, 국가교육위원회에서 학교 교육과정 영역 · 내용 · 편제 및 교육 시간 분배기준에 관한 사항을 심의 · 의결하고 본격적인 교육과정 개발에 착수하자는 것이다. 이러한 내용이 국가교육위원회 시행령에 담겼다. 이 외에도 국가교육위원회 법률과 시행령에는 기존 국가 교육정책 결정 시스템의 한계를 뛰어넘으려는 내용이 많이 포함되어 있다.

그럼에도 여전히 모호한 부분이 남아 있다. 특히 교육부를 유지하는 조건에서, 교육부와 국가교육위원회의 관계는 여전히 불투명한 상황이다. '옥상옥' 논란이 지속되는 것이다. 게다가 윤석열 정부에서 '교육부 해체' 주장이 높아지는 만큼, 전체적으로 교육 거버넌스를 어떻게 구축할지 매우 구체적으로 고민해야 하는 시점이 되었다.

아무튼 나는 2022년 5월 9일, 문재인 정부가 끝나는 날, 국가교육회의 기획단장이자 국가교육위원회 설립준비단장에서 물러났다. 2020년 8월부터 22개월 동안 국가교육회의 기획단장으로 국가교육위원회 설립을 추진했던 만큼 국가교육위원회가 새로운 교육 거버넌스 구축은 물론 우리 사회의 민주주의를 한 단계 성숙시키는 역할을 하기를 바란다.

한국의 국가교육위원회는 핀란드와 사뭇 다른 배경을 갖고 있다고 보아야 할 것입니다. 핀란드는 굳건한 합의제 정치와 사회적 코포라티즘을 바탕으로 국가교육위원회가 구성 · 운영되어 지속적인 교육개혁을 추진하고 있습니다. 즉, 정치 · 경제 분야의 사회적 합의 전통이 교육 분야로 이전된 것이라 할 수 있습니다.

한국에서는 그 반대의 경로를 상상해야 합니다. 즉, 교육 분야에서 진행된 사회적 합의의 성공적 경험이 정치 · 경제 분야로 확장되는, '보다 깊고 넓은 민주주의'의 실현을 꿈꿔야 합니다. 그러기 위해서는 보다 폭넓은 교육주체와 국민의 참여, 전문가들의 사회적 역할 강화, 투명하고 민주적인 정책 결정 시스템 등이 구축되어야 합니다.(이광호, 「핀란드 교육과정, 어떻게 만들어지는가?」, 국가교육회의 자료집 서문, 2021)

교육 분야에서 사회적 합의는 가능할까? 그리고 그 성공적 경험이 정치 · 경제 분야로 확장되어 '보다 깊고 넓은 민주주의'를 실현할 수 있을까? 국가교육위원회의 성공을 위해서는 이러한 질문에 답변을 준비해야 한다.

우선, 위원장을 비롯한 21명의 위원 구성의 중요성은 말할 필요가 없을 것이다. 또한 국민참여위원회를 통한 일상적인 토론 및 의견수렴, 그리고 온라인 플랫폼을 통한 광범위한 국민 의견수렴이 활성화되어야 한다.

온라인 소통과 참여가 늘어나는 만큼, 온라인 플랫폼은 국가교육위원회의 성공적인 운영을 위해 치밀하게 준비되어야 한다. 국내의 '광화문 1번가'(행정안전부 운영), '민주주의 서울'(서울시 운영) 사례뿐 아니라, 프랑스 공공토론위원회(Commission nationaledu debate at publc), 미국 열린정부위원회(Open Government Steering Committee), 핀란드 학습미래 2030(Future of learning 2030) 등을 참조하고, 그것을 뛰어넘는 시스템을 구축해야 한다.

특히 다양한 의견들이 폭넓게 반영될 뿐 아니라, 거기에 인공지능이 결합하여 핵심 의제들이 신속하게 국민에게 공유되는 시스템이 필요하다. 그렇게 온라인 플랫폼이 구축된다면 국가의 교육 비전을 논의하거나 주요 쟁점을 토론할 때 매우 요긴하게 활용될 것이다.

또한 교육정책이 과학적이고 객관적인 데이터와 논리에 기반하여 결정될 수 있도록 해야 한다. 한국에는 아직 '증거기반정책(Evidence-Based Policy)' 의 토대가 취약하다. 기존 국책 연구기관(KEDI, KICE 등)이 수집 · 보유하는 교육통계뿐 아니라 다양한 교육 관련 공공데이터를 체계적으로 분석 · 활용하는 시스템을 구축해야 한다. 여기에는 전문위원회의 역할이 강조되어야 한다.

전문가들이 정확한 데이터를 제시하고 그것을 바탕으로 국민참여위원회와 온라인 플랫폼을 통한 광범위한 토론을 진행하고 그 결과를 바탕으로 위원회가 심의 · 의결하는 프로세스를 정교하게 가다듬어야 한다. 그러한 경험이 축적되었을 때 사회적 합의에 의한 교육정책을 결정할 뿐 아니라 우리 사회의 '보다 깊고 넓은 민주주의'를 실현할 수 있을 것이다.

2022년 이후, 교육 거버넌스 개편

1 2022년 거버넌스 개편 논의

2021년 7월 21일 출범하는 국가교육위원회는 교육 거버넌스 개편의 계기가 될 것이다. 국가교육위원회 출범과 맞물려, 2022년 하반기부터는 교육부 개편을 시도할 것이다.

그동안 윤석열 정부의 인수위원회에서 발표한 내용, 그리고 정부 출범 후 대통령의 발언 등을 종합하면 유 · 초 · 중등교육 권한을 교육청에 이양하거나 국가교육위원회 산하의 업무로 이전할 가능성이 있다. 그리고 고등 · 직업의 산학협력 분야는 지자체로 권한을 위임하고, 국가 R&D 사업은 타 부처(과학기술정보통신부)와 통합을 추진할 수도 있다.

하지만 윤석열 정부의 의도가 그대로 관철될 가능성이 높지 않다. 그동안 한국교원단체총연합(한국교총) 등 교육계 보수진영에서는 유 · 초 · 중등교육 권한의 교육청 이양에 지속적으로 반대해왔다. 한국교총 출신의 교육감들이 등장한 조건에서 그 주장은 더욱 거세질 것이다.

고등 · 직업 분야 역시 마찬가지이다. 고등교육에 대한 국가책임(특히 고등교육재정 확대)을 요구하는 목소리가 더욱 커지며, 지자체 위임에 반대하는 의견이 높아질 수 있다.

그리고 반도체 인재 양성을 명분으로 추진될 수도권정비법 개정, 혹은 수도권대학 정원 확대(尹 '반도체 질책'에 교육부 "수도권大 정원 확대 검토", 서울경제, 2022.6.9.)는 지방대학의 격렬한 반대에 부딪힐 것이다. 국민의힘 국회의원들도 그 법 개정에는 소극적일 수밖에 없다. 국민의힘에는 수도권보다 지방에 지역구를 둔 의원이 압도적으로 많기 때문이다.

어찌되었든 2022년은 교육 거버넌스 개편을 둘러싸고 매우 시끄러운 논쟁이 지속될 것이다. 우선, 국가교육위원회 위원 구성과정부터 어수선할 것이다. 대통령 추천 5명, 국회 추천 9명에 대해서 교육계는 물론 사회적 논란이 발생할 것이다. 곧이어 진행될 교육부 개편을 포함한 정부조직개편도 마찬가지이다. '소리만 요란하고 결론이 없는' 상태로 종결될 수 있다. 기껏해야 기존 교육부 학교혁신지원실을 국가교육위원회로 이관하는 수준에 머물 가능성이 높다.

가장 바람직한 가능성이라면, 국가교육위원회를 온전하게 구성하고 거기에서 충분한 토론을 통해 거버넌스 개편 방안을 결정하는 것이다. 만약 국가교육위원회가 온전하게 출범하기 어렵다면, 별도의 한시 기구를 두어서 거버넌스 개편안을 마련할 수도 있을 것이다.

아무튼 국가교육위원회가 안정적으로 운영되면서, 제 역할을 하기까지 상당한 시간이 필요할 것이다. 그 시기를 얼마나 앞당길 수 있느냐에 따라 안정적인 교육개혁의 방향과 속도가 정해질 것이다.

2 인재양성 컨트롤타워의 필요성

그동안 교육 거버넌스 개편 논의는 주로 '교육부-국가교육위원회-교육청' 사이의 역할 분담, 혹은 조정이라는 측면에서 진행되어왔다. 고등교육에 대해서는 막연히 "교육부의 역할과 책임을 강화한다" 정도로 생각해 왔다.

그런데 고등교육의 경우, 교육부 외의 타 부처에서도 직접 대학을 운영한다. 한국과학기술원(KAIST) •광주과학기술원(GIST) •대구경북과학기술원(DGIST) •울산과학기술원(UNIST) 등 과학특성화대학은 과학기술정보통신부 소속이고, 한국예술종합학교는 문화체육관광부가 담당한다. 또한 고용노동부는 한국기술교육대 •폴리텍을, 산업통산자원부는 한국공학대학교를 운영한다. 또한 800개가 넘는 대학 재정지원사업의 가짓수가 대학의 자율성을 훼손하고, 이른바 '교피아' 생존의 토대를 제공한다.

교피아는 교육부와 마피아를 합친 단어로, 교육부 출신 관료들이 주로 사립대학에 재취업하여 각종 재정지원 사업에 영향을 미치는 것을 의미한다. 2014년 보도에 따르면 2000년 이후 13명의 교육부 차관 중에서 11명(92.3%)이 사립대학교 총장으로 부임하여, 교육부 재정 사업 로비와 구조조정 방패 역할을 맡아왔다고 한다. 그뿐만 아니라 2010년 이후 2014년 1월까지 퇴직 후 재취업한 서기관급 이상 교육부 관료 39명 중 28명(71.8%)이 대학이나 대학 부속 기관에 자리 잡았다.('교피아' 총장 오자 정부지원 33억→121억 퇴출막는 방패막이도, 중앙일보, 2014.3.5.)

문재인 정부에서도 퇴직 공직자 취업제한 대상을 사립 초 · 중 · 고 및 대학 교수까지 확대하고, 부실 사립대학의 총장 경우에는 취업제한 기간을 3년에서 6년으로 늘렸다.("대학 기본역량 진단을 공정하게 시행하였고, 퇴직 공직자의 사립학교 취업제한을 강화하고 있습니다.", 교육부 설명자료, 2019.4.22)

그럼에도 교피아 논란은 여전하다.('교피아' 실태 단독입수…113명 사립대 재취업해 53억 챙겨, KBS, 2019.10.2.) 대학을 대상으로 하는 각종 재정지원사업의 가짓수가 늘어나는 만큼 그들의 활동 반경은 넓어질 것이다.

예컨대 2021년 국가균형발전특별회계(균특회계) 중 산학협력 관련한 3개 부처(교육부, 과학기술정보통신부, 중소벤처기업부)의 사업을 보면 아래와 같다.

균특회계 중 3개 부처 산학협력 사업 현황(2021년)

부처명	지원 사업명
교육부	산학연협력 고도화 지원
	지자체-대학 협력기반 지역혁신 사업
	사회맞춤형 산학협력선도전문대학 지원
	전문대학 혁신 지원
	학교기업지원사업
중소벤처 기업부	기술지주회사 자회사 지원사업
	산학연 Collabo R&D
	산학연 협력 기술개발
	산학협력 거점형 플랫폼 사업
	지역 중소기업 공동수요 기술개발
과학기술 정보통신부	공공연구성과 기반 BIG 선도모델
	산학연 협력 활성화 지원
	지역 연구개발 혁신 지원

이처럼 유사한 사업들의 중복이 대학 운영에 어떤 영향을 미칠지는 굳이 설명할 필요가 없다. 적게는 몇억부터 많게는 수십억짜리 사업의 예산 지원을 받기 위해서는 '그럴듯한' 서류를 작성해야 하고 정기적으로 평가도 받아야 한다. 학생을 가르쳐야 할 역량이 온통 서류 작성에 들어가는 것이다. 첨단인재 양성을 위한 수많은 재정지원 사업 역시 유사하다.

만약 윤석열 정부의 '고등교육에 대한 행 · 재정적 권한의 지자체 위임'이 실효성을 얻으려면, 이러한 각 중앙부처의 사업을 국가 차원에서 통합하여 그 예산을 지방자치단체와 대학, 산업체 등이 공동으로 설립한 법인으로 내려보내야 한다. 그 법인은 윤석열 정부 공약에 등장하는 (가칭)지역고등위원회가 될 수도 있다.

그 법인에서는 지역 대학의 구체적 상황에 따라 예산을 배분하면 된다. 설사, 그 과정에서 예산 배분을 둘러싼 경쟁이 발생한다고 해도, 적어도 해당 지역 대학의 구체적인 상황을 파악하고 있는 평가자들에 의해 결정이 될 것이다. 그만큼 예산의 적합성, 실효성이 높아지는 것이다.

그런데 각 부처의 사업에는 예산만 배정된 게 아니다. 그 사업을 관장하는 부서가 있고, 사업 담당자가 있게 마련이다. 그런 것을 조정, 혹은 통 · 폐합하려면 국가 차원의 강력한 컨트롤타워가 요구된다. '국가인적자원위원회'와 같은 기구의 재설치가 필요하다는 것이다.

국가인적자원위원회는 2007년 인적자원개발기본법 제정으로 구성된 대통령 소속 자문기구이다. 기존 인적자원개발회의가 교육부 장관 주재로 운영되었던 것에 비해, 국가인적자원위원회는 대통령이 직접 위원장을 맡았다. 그리고 정부 주요 부처 장관과 경제계, 노동계 전문가들이 참여했다.

그런데 이명박 정부 이후 그 법은 '사문화'되고, 실제 국가인적자원위원회는 구성 · 운영되지 못하였다. 대학에 예산 지원을 하는 각 부처와 지자체 사업의 가짓수가 늘어난 것도 이와 무관하지 않을 것이다.

문재인 정부에서는 주로 사회부총리 주재로 '사람투자인재양성협의회'를 운영하여 첨단분야 인재양성 계획을 수립 · 추진하였다. 재정 권한이 없는 사회부총리의 한계는 명확하다. 각 부처간 사업을 취합할 뿐, 그것을 조정하거나 통합하는 권한이 없기 때문이다. 그 한계를 극복하기 위해서는 고등 · 직업교육, 더 좁게는 첨단분야 인재양성을 종합적으로 관리하는 '컨트롤타워'가 필요하다. 대통령을 위원장으로 하는 국가인적자원위원회에서 각 부처의 인재양성 관련 사업과 예산을 조정할 수 있어야 한다.

윤석열 정부의 국정과제에도 유사한 내용이 포함되어 있다. "국가인재양성기본계획"수립(인재양성위원회 구성) "부처별 인재양성 데이터 연계 및 통계 인프라 개선"(제20대 대통령직인수위원회, 「윤석열 정부 110대 국정과제」139쪽)이 그것이다. 만약 인재양성위원회가 구성된다면 '데이터 연계 및 통계 인프라 개선'에 머물러서는 안 된다. 실제 각 부처의 사업을 조정 · 통합하는 컨트롤타워 역할을 해야 한다.

2022년 7월 29일이 진행된 교육부 업무보고에서는 대통령이 주재하는 '인재양성 전략회의'에서 "산업계-교육기관-정부가 함께 인력수급, 양성 전략 등을 논의하며 첨단분야 인재양성정책을 총괄"하겠다고 밝히고 있다.(새 정부 교육부 업무보고, 교육부 보도자료, 2022.7.29.)

이러한 컨트롤타워는 국가교육위원회가 안정적으로 운영되는 시점에도 별도로 구성 · 운영될 필요가 있다. 왜냐하면 국가교육위원회는 중장기 교육정책을 결정하는 기구이지, 눈앞에 닥친 국가적 과제 해결을 위한 조직이 아니기 때문이다. 무엇보다 국가교육위원회는 타 부처의 사업과 예산을 조정할 권한이 없다. 별도의 컨트롤타워가 꼭 필요한 이유이다. 대신에 국가교육위원회 위원장은 그 컨트롤타워의 부위원장, 혹은 위원 중 한 명으로 참여할 수 있을 것이다.

CHAPTER 05

좌절된 혁신교육, 새로운 길을 찾아서

- 2022년, 두 번의 선거가 혁신교육에 던진 질문
- 혁신교육이 가져온 변화, 그 성과와 의미
- 혁신교육의 좌절, 그 지점에 대한 성찰
- 혁신교육의 새로운 도전

2022년, 두 번의 선거가 혁신교육에 던진 질문

2022년 3월 대통령선거와 6월의 교육감 선거 결과에 대해, “절망적이다. 지난 10여 년의 노력이 물거품이 되었다”라고 한탄하는 사람들이 많다. 내 주변의 교육계 인사들은 대부분 혁신교육에 열성적으로 참여했던 만큼, 그 좌절과 회한(悔恨)이 클 수밖에 없다.

2012년 당시 문재인 대통령 후보는 경기도 혁신학교로 널리 알려진 분당의 보평초등학교를 방문하여, 아이들과 축구하는 장면으로 자신의 교육적 가치와 철학을 드러냈다. 2017년 선거에서는 서울형 혁신학교인 대영초등학교에서 자신의 대선공약을 발표했다. 그뿐만 아니라 혁신교육을 상징하는 김상곤 전 경기도 교육감을 초대 교육부장관에 임명했다.

지난 대통령선거에서 이재명, 윤석열 두 후보는 학교 현장을 직접 방문한 적이 없다. 그만큼 교육정책이 ‘실종’된 대통령선거였다.

2022년 3월의 대통령선거가 교육공약의 위상이 약화된 선거였다면, 6월의 교육감선거는 진보와 보수의 공약 차이가 희미해진 선거였다. 기초학력 강화, AI 등 에듀테크를 활용한 학습 지원, 돌봄시간 연장 등을 거의 모든 후보가 공약으로 내걸었다. 평가혁신을 내건 IB(International Baccalaureate)

도입에 대해 서도 진보와 보수 교육감 후보의 구별이 무의미했다.

특히 경기도에서 보수 교육감 후보(임태희)는 전면적인 아침 무상급식을 약속했다. 10여 년 전 점심 무상급식을 둘러싼 진보와 보수의 극렬한 대립을 떠올리면 '격세지감'을 느낄 수밖에 없다. 그만큼 세상은 바뀌었고, 후보자는 유권자의 요구에 따라 언제든 자신의 과거 행적을 지울 수 있다는 것이다.

그런데 바뀌지 않은 게 있다. 보수 교육감 후보들로 구성된 '중도 · 보수 교육감 연대회의'는 "전교조 교육감들이 일제고사 폐지 등을 주도해 학생들의 기초학력 문제를 야기했다"며, "반(反)지성 교육, 반(反)자유 교육 행태를 끝내겠다"고 선언했다.(13개 시 · 도 중도 · 보수 교육감 연대…"전교조 시대 끝내겠다", EBS, 2022.5.17.)

2018년 서울 교육감 선거에서 보수진영의 박선영 후보는 별다른 공약 제시 없이 '전교조 해체' 플랜카드 한 장으로 36.15%를 득표했다. 2022년 선거에서도 보수 교육감 후보들은 '반 전교조' 프레임이 가진 선거 공학적 효과를 충분히 얻었다고 볼 수 있다. '전교조=혁신학교 및 혁신교육=교육에 대한 책임 방기(일제고사 폐지)=학력 저하' 프레임이 강력하게 작동했다. 심지어 보수 교육감 후보들은 "전교조 교육감들이 아이들을 즐겁게 바보로 만들었다"고 말하기도 했다.("아이들을 바보로 만들었다"? 임태희 '학생 비하' 논란, 오마이뉴스, 2022.5.19.)

2014년 이후 진보 교육감은 '압도적 다수'를 차지했고, 그들은 혁신교육을 중점과제로 추진했다. 그리고 최근 몇 년간 학생들의 기초학력이 지속적으로 하락했다는 것은 부인할 수 없는 사실이다. 특히 2017년 문재인 정부에서 전국학업성취도평가가를 전수 평가(일제고사)에서 표집 방식으로 전환되면서,

학력 저하가 더욱 심각해졌다고 보수 교육감들은 주장한다.

물론 보수 교육감이라고 해서, 이 문제에 대해 뾰족한 해결책을 갖고 있다고 보기 어렵다. 대구, 경북 등 보수 교육감 지역에서 학생들의 기초학력 저하에 대응한 뚜렷한 대책이 실행되었다는 이야기를 들은 적이 없다. 또한 최근 2년간(2020~2021년)의 학력 저하는 코로나 19 여파로 인한 전 세계 공통의 문제이다.(코로나19 학력저하 우려 현실로…미국 학생들 수학 성적 '뚝', 연합뉴스, 2020.11.23.)

어찌보면 전 세계 금융시장의 유동성 확대로 인한 부동산값 폭등과 유사하다. 통계상으로 OECD 주요 국가의 부동산 가격 폭등이 한국보다 더했다고 한다. 그럼에도 국민들은 지난 대통령선거에서 더불어민주당 정권을 '심판'했다.

또한 윤석열 정부 출범(5월 10일) 직후 치러진 전국동시지방선거(6월 1일)에서 보수진영은 압승했다. 여당(국민의힘)은 전국 17개 광역단체(시 · 도) 중 12개 지역에서 당선자를 배출했다.

전국동시지방선거와 함께 치러진 교육감 선거 역시 보수 교육감에게 절대적으로 유리했다고 볼 수 있다. 한마디로 보수 교육감 후보들이 내건 프레임에서 벗어나기 어려운 선거였다. 많은 유권자들이 혁신교육을 표방해 온 진보 교육감에 대한 '심판'을 선택했다. 그러면 혁신교육은 진정 실패했는가? 일각에서는 "이번 교육감 선거의 결과는 진보의 패배, 보수의 승리로 요약된다"고 평가한다. 혁신교육에 대한 불신이 표출되었다는 것이다.(양희준, 「2022년 교육감 선거의 특징과 평가」, 한국교육정책연구원 창립 기념 세미나, 2022.6.23.)

반면에, 혁신교육과 진보 교육감이 패배할 수밖에 없는 '정치적 상황'이 언급되기도 한다. 보수의 압도적 우위 상황에서 치러진 선거였다는 것이다. 또한 비록 선거에서 패배했다고 하더라도, 그것을 혁신교육의 실패로 단정하거나 그동안의 성과를 전면 부정하기는 어렵다고 평가하기도 한다. "혁신교육의 '퇴조 또는 부정'이라기보다는 혁신교육의 성과 위에서 '성찰'을 요구"했다는 것이다.(김용, 「지방교육자치의 향후 진로와 연구과제」, 한국교육정책연구원 창립 기념 세미나, 2022.6.23.)

지난 10여 년간 진행된 혁신교육은 이제 새로운 국면을 맞이했다. 보수 교육감들은 그것을 '대체할' 새로운 학교 정책을 내놓을 것이다. 그리고 진보 교육감들은 기존 혁신학교의 성과를 계승하면서도 질적인 변화를 꾀할 것이다.

무엇을 계승하고, 혹은 부정하고, 변화할 것인가? 한마디로 혁신교육의 '재(再)혁신'이 요구되는 시점이다. 이는 단지 4년 뒤 교육감 선거에서 승리하기 위해서가 아니라 우리 교육이 앞으로 어떻게 나아갈지 좀 더 근본적인 교육개혁의 근거를 마련하기 위해서 그렇다.

혁신교육이 가져온 변화, 그 성과와 의미

혁신교육은 2009년 경기도에서 처음 치러진 주민직선 교육감선거에서 김상곤 교육감이 당선되면서 등장하였다. 김상곤 교육감은 혁신학교, 학생인권조례, 무상급식 등을 주요 공약으로 내걸고 당선되었다. '진보 교육감' 시대가 열린 것이다.

혁신학교는 당시 이명박 정부의 '고교 다양화 300 프로젝트'에 기반한 외고 · 자사고 확대 정책이 공교육을 황폐화시킨다는 인식 아래 일반학교를 대상으로 하는 '공교육 혁신의 모델학교'로 출발하였다. 학생인권조례 제정은 기존의 권위주의적이고 억압적인 학교에서 인권친화적인 학교로의 전환을 의미했다. 그리고 무상급식은 기존의 선별적 복지를 비판하면서 보편적 복지 담론을 이끌었다. 이러한 김상곤 교육감의 정책을 아우르는 개념으로 혁신교육이라는 용어가 탄생했다.

2010년 전국동시지방선거에서 6명의 진보 교육감이 당선되었다. 진보 교육감들은 혁신학교 정책을 추진했다. 그리고 2014년, 2018년 선거를 거치면서 전국 17개 교육청 중 14개 지역에서 혁신교육을 내건 진보 교육감이 당선되었다. 혁신교육과 진보 교육감이 '압도적 다수'가 된 것이다. 전국시 · 도교육감협의회 회장 역시 진보 교육감이 번갈아 맡았다.

혁신교육의 개념은 지속적 변화 · 발전하였다. 혁신학교는 혁신교육지구, 마을교육공동체 등의 개념으로 확장되었다. 단위학교 혁신에서 지역과의 협력, 지역공동체의 참여를 통한 교육혁신이 추가된 것이다.

또한 혁신교육이 교육감 직선제의 산물인 만큼, 분권과 자율의 가치에 기반한 교육자치가 강조되었다. 교육부(장관) 권한의 교육청(교육감) 이양이 지속적 추진되었고, 학교의 자율성이 확대되었다. 교육자치는 혁신교육의 동의어처럼 인식되었다. 국가 교육과정의 경직성을 극복하고 지역의 특성과 자율성을 반영한 지역 교육과정도 다양하게 개발되었다. 이제야 비로소 우리는 국가 주도 산업화 과정에서 형성된 '중앙집중'과 '상명하달식' 교육행정 체제에서 벗어날 가능성이 열린 것이다.

수업과 평가혁신을 위한 교사들의 노력은 '전문적 학습공동체' 활동으로 나타났다. 교사들의 활동은 단지 하나의 학교, 혹은 동일 교과에 머물지 않았다. 교육과정, 수업, 평가, 학교자치, 지역생태계 구축 등 학교혁신의 모든 영역이 연구와 실천의 대상이었다. 그리고 자신들의 경험과 연구성과를 출판과 연수 등을 통해 전국적으로 공유하면서 거대한 학습공동체를 형성했다.

혁신교육 등장 이전, 교육 관련한 책들 대부분은 교육학 교수들에 의해 쓰여졌다. 혁신교육 등장 이후 현장 교사들의 경험과 실천, 연구성과를 담은 책들이 쏟아졌다. 그 자체로서 한국의 교육은 한 단계 성숙한 것이다.

혁신교육은 교육계 내부의 변화에 머무르지 않았다. 혁신학교는 신자유주의적 경쟁 교육을 강조한 이명박 정부의 교육정책을 무력화시켰다는 평가를

받기도 한다. 2007년 대선에서 참패했던 민주당을 기사회생시킨 것이다.(이에 대해서는 1장 참조)

요컨대 혁신교육은 낡은 산업사회 교육시스템을 미래형 교육으로 개편할 수 있는 가능성을 보여주었다. 기존 국가 주도의 산업화 과정에서 형성된 중앙집중과 상명하달의 교육행정에서 벗어나, 지역과 학교 현장이 주도하는 교육정책 결정의 가능성을 열어 놓았다. 즉, 아래로부터의 개혁, 분권과 자율성에 기초한 교육, 학습자의 삶으로부터 출발하는 교육의 가능성이 열린 것이다.

그리고 미래형 교육을 실현하기 위해서는 교사의 자발성과 창의성이 발현되어야 하고, 학교와 지역사회의 협력이 필요하다는 점도 확인되었다. 이제까지의 혁신교육이 미래형 교육체제에 얼마만큼 도달했는지는 평가가 다양할 수 있다. 설사, 미래형 교육체제의 실현에 실패했다고 해서, 그 방향을 부정할 수는 없다. 낡은 산업사회 교육시스템, 국가 주도의 중앙집중과 상명하달식 교육으로 되돌아갈 수는 없는 것이다.

혁신교육의 좌절, 그 지점에 대한 성찰

혁신교육의 성과와 의미에 대해서는 많은 논문과 도서가 발간되었다. 특히 학교 현장에서 학생들과 함께 직접 혁신교육을 실천한 교사들의 생생한 경험은 매우 감동적이다. 그러한 감동이 쌓이는 만큼, 우리 교육은 미래를 향해 나아갈 것이다. 그럼에도 2022년 6월 교육감 선거에서 혁신교육은 '냉혹한 평가'를 받았다. 그 이유가 무엇인지, 혁신교육이 좌절된 그 지점을 살펴볼 필요가 있다.

1 '자발성' 강조와 제도 개선의 미흡

혁신학교, 나아가 혁신교육에서는 교사의 '자발성'을 강조한다. 교사의 자발성은 기본적으로 '전문가로서의 교사'에 대한 신뢰를 바탕으로 한다. '전문가로서의 교사'는 '직업인으로서의 교사'와 상반된 개념으로, 전문가로서의 높은 도덕성(윤리의식)과 자율성, 책임감에 대한 믿음이 전제된 것이다.

어떤 면에서 혁신학교는 교사의 자발성, 혹은 전문가로서의 높은 도덕성과 자율성을 '회복'시키는 전략이기도 했다. 그러한 교사 문화가 만들어지고, 자발성을 가진 교사들에 의해 창의적 교육활동이 이루어질 때 진정한 교육혁신이 가능하다고 본 것이다.

그런데 모든 직업군(職業群)이 그렇듯이, 교사들 역시 전체 구성원이 높은 도덕성과 자율성, 책임감을 가질 수는 없다. 승진 점수에 집착하고, 보다 '편안하고 수월한' 보직을 얻기 위해 노력하는 일반적인 직업 세계의 모습이 교사 문화에도 투영된다. 학부모와 일반 국민들은 '직업인으로서의 교사' 모습에 익숙하다. 그리고 '부적격 교사 퇴출'을 주장하기도 한다.

혁신학교 도입 초기, 자발성이 높고 교사로서의 강한 도덕적 책임감을 가진 교사들이 교장공모제, 교사초빙제도 등을 통해 몇몇 혁신학교에 결집했다. 초기 혁신학교의 성공모델로 널리 알려진 학교들은 그렇게 만들어진 것이다.

혁신학교 지정이 늘어나고 양적 확대가 추진되는 과정에서 그만한 역량과 조건(자발성, 높은 자율성과 책임감)을 갖춘 교사들이 그 속도로 늘어나기는 어려웠다. 게다가 지정 초기 열정적으로 혁신학교를 이끌었던 교사들이 교원 순환 전보로 학교를 떠나는 순간, 그동안의 성과가 물거품이 되는 사례가 빈번했다. 또한 혁신학교 추진에 열정적인 교사들은 그렇지 않은 동료 교사들을 설득하느라 진땀을 빼는 경우도 많았다.

이에 대해 김용 교수는 "자율은 '책임지지 않는 자기 편의'로 흐를 위험성이 있다. '90년대생이 오면서' 조직에서 개인으로 권력이 넘어갔다고 한다. 이런 흐름과 규율되지 않는 '자율'이 결합할 때, 학교는 책임지지 않는 교사 개개인의 공화국이 될 위험이 있다"고 분석하기도 한다.(김용, 「서울 '혁신 교육 정책 1.0'의 전개와 과제」, 『교육비평』제47호, 2021, p.131)

'자발성'을 건조한 행정 용어로 변환하면 "해도 그만 안 해도 그만"이 된다.

즉, 행위 주체자(학교와 교사)의 입장에서는 '선택'의 문제가 되는 것이다. 혁신학교가 확대되고, 혁신교육이 공교육에 굳건하게 뿌리내리기 위해서는 '모든 학교와 교사들에게 적용되는 제도'가 마련되었어야 한다.

교원제도(임용 · 전보 · 승진 등)는 물론, 실질적인 행정업무경감, 자율과 책무성이 조화된 학교운영모델 등 교원의 자발성과 전문성이 실현될 수 있는 제도의 구체화가 필요했다. 진보 교육감과 혁신교육 진영에서는 제도 개선이 필요한 지점에 교사의 자발성을 반복적으로 강조한 게 아닌가 하는 생각이 드는 것도 그 때문이다.

무릇 혁신은 소수 선구자의 '도덕적 결단'으로 출발하지만, '제도 개혁'을 통해 다수가 참여하면서 완성된다. 혹시 혁신교육은 '교사의 자발성'을 강조하면서 근본적인 제도 개혁에 소홀하지 않았는지 따져볼 일이다.

2 혁신학교 학력 저하 논란

혁신교육에서는 기존 학력, 혹은 학업성취의 개념적 한계를 지적하면서 새로운 학력, 혹은 미래형 학력 개념을 정립하고 그것을 교육과정에 적용하려고 시도했다. 때마침 OECD에서 강조하는 '미래 핵심 역량' 개념이 널리 유포되면서, 경기도의 '창의지성역량', 전라북도의 '참학력' 등이 연구 · 개발되었다.

2018년에는 전국시 · 도교육감협의회 차원에서 혁신학교의 학력을 측정하기 위한 새로운 지표를 개발했다.('혁신학교 학력저하' 비판에 반격, 새 학력측정 지표 개발 나선 진보 교육감, 한국경제, 2018.7.15.) 하지만 그러한 시도들은 뚜렷한 성과를 남기지 못했다. 더구나 2018년 이후 우리 사회에서 진행된 대학입시제도 개편 논란은 그러한 혁신교육 진영의 노력에 찬물을 끼얹는 결과를 낳았다.

이러한 상황에서 일부 진보 교육감들은 기존 학력평가의 한계를 극복하기 위해 그 방안으로 IB를 도입했거나 도입을 고려 중이다.

보수진영은 혁신학교의 학력 저하, 기초학력 부족을 끊임없이 공격했다. 문재인 정부 초기, 전국학업성취도평가를 전수평가(일제고사)에서 표집평가로 전환하면서 그 논란은 가중되었다.

2017년 6월 20일로 예정된 전국학업성취도평가를 불과 6일 앞둔 6월 14일, 문재인 정부의 인수위원회 역할을 담당했던 국정기획자문위원회는 학업성취도평가를 전수평가(일제고사)에서 표집평가로 전환했다. 일제고사 폐지는 문재인 대통령의 공약이자 전국시·도교육감협의회의 요구사항이었다.(중고교 '일제고사' 9년만에 폐지, 한겨레신문, 2017.6.14.)

그 해 국정감사에서 당시 자유한국당 곽상도 의원은 2016년 국가수준 학업성취도 평가 자료를 바탕으로 혁신학교 학력 저하 논쟁을 촉발시켰다. "2016 국가수준 학업성취도 평가 결과 고등학생의 기초학력 미달 학생 비율이 혁신학교에서 11.9%로 전국 고교 평균인 4.5%보다 크게 높다"고 주장한 것이다.(혁신학교, 기초학력 미달 학생 3배 많다, 조선일보, 2017.10.12.)

2016 주요 시도별 고교 학업성취도 기초 미달자 비율

충북		인천		전북		서울		경남	
전체	혁신	전체	혁신	전체	혁신	전체	혁신	전체	혁신
2.0%	22.3%	3.2%	19.5%	4.5%	16.3%	7.6%	15.3%	5.0%	11.6%

최근 3년간 고교 학업 성취도 기초 미달자 비율

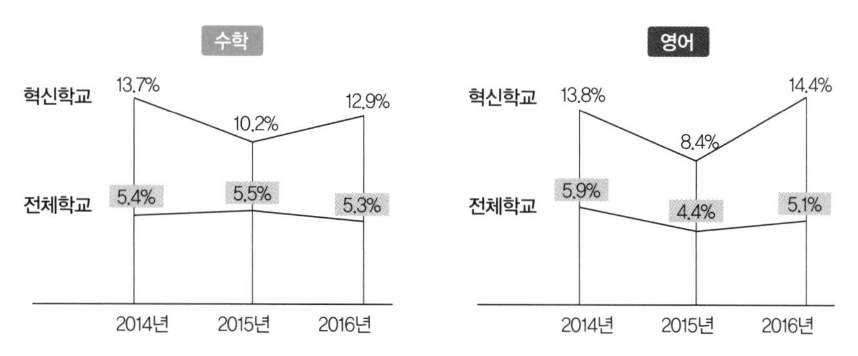

※ 자료 : 곽상도 자유한국당 의원실, 교육부

물론 이에 대한 진보 교육감 혁신교육 진영의 반박이 제기되었다. 혁신학교가 주로 '성적이 낮은 교육 소외 지역'에 많이 분포한다는 점, 그리고 개별 학교의 연도별 변화 추이에 주목해야 한다는 점 등을 주장했다. 이와 관련한 많은 논문과 연구보고서가 나왔다.

하지만, 그 어떤 보고서도 2017년 국정감사만큼 관심을 끌지 못했다. 또한 혁신학교가 "교육 소외 지역에 많이 분포해서 성적이 낮다"는 논리는 역효과를 낳았다. 2018년 서울시 송파구의 헬리오시티에서 시작된 '혁신학교 지정 거부'가 확산하기 시작한 것이다.(헬리오시티 입주민, "혁신학교 강행 땐 등교 거부 · 법적대응", YTN, 2018.12.1.) 어쩌면 혁신학교 지정 거부에 나선 중산층 지역의 학부모들은 '낮은 성적'보다 '소외 지역'이라는 단어에 더 격하게 반응했는지도 모른다.

2022년 교육감선거에서 보수진영은 "전교조 교육감들이 일제고사 폐지 등을 주도해 학생들의 기초학력 문제를 야기했다"고 집중 공격했다. 혁신학교뿐만 아니라 모든 학교에서 학력 저하가 심각하다는 것이다.

실제 학생들의 기초학력은 지속적으로 하락했다. 특히 코로나 19로 인한 2020~21년 기초학력 미달 학생수는 급증했다.(고2 학생 14%가 '수포자'…국영수 기초학력 미달 역대 최대, 중앙일보, 2022.6.14.)

2017~2021 기초학력 미달 비율

구분 연도	중3			고2		
	국어	수학	영어	국어	수학	영어
'17	2.6 (0.17)	7.1 (0.32)	3.2 (0.22)	5.0 (0.47)	9.9 (0.70)	4.1 (0.37)
'18	4.4 (0.26)	11.1 (0.41)	5.3 (0.29)	3.4 (0.35)	10.4 (0.66)	6.2 (0.51)
'19	4.1 (0.28)	11.8 (0.44)	3.3 (0.24)	4.0 (0.40)	9.0 (0.59)	3.6 (0.35)
'20	6.4 (0.4)	13.4 (0.59)	7.1 (0.43)	6.8 (0.52)	13.5 (0.75)	8.6 (0.64)
'21	6.0 (0.33)	11.6 (0.49)	5.9 (0.33)	7.1 (0.52)	14.2 (0.83)	9.8 (0.62)

※ 교육부 자료 재구성, (　)는 표준오차

물론 학업성취도평가를 전수평가로 전환하려는 시도가 없었던 것은 아니다. 서울교육청에서는 중학생을 대상으로 하는 '서울형 기초학력진단 평가' 도입을 추진했다.(조희연 "기초학력 저하 심각...내년 중학생 진단평가 검토", 서울경제, 2018.12.13.)

교육부 역시 "기초학교 수준 확인을 위한 진단은 단위학교에서 모든 학생에게 실시하되 학교 여건에 따라 진단 방법 등은 자율선택"하는 방안(행복한 출발을 위한 기초학력 지원 내실화 방안, 교육부, 2019.3.29.)을 발표하고, '기초학력 보장법' 제정을 추진했다. 모든 학생을 대상으로 기초학력 진단(평가)을 실시하되 진단(평가)도구를 학교가 선택하도록 해서 학교 간 비교를 하지 않도록 하겠다는 것이다.

이에 대해 전국교직원노동조합(전교조) 등 교원단체는 반발했다. 과거 일제고사로 회귀하는 것이고, 진단보다는 종합적인 지원대책을 우선 마련해야 한다는 주장이었다.(조희연 서울교육청 점거한 전교조 "기초학력평가 철회", 중앙일보, 2019.9.20.)

오랜 논란 끝에 2021년 9월 '기초학력 보장법'이 제정되었다. 법안에는 "학교의 장은 학습지원대상학생을 조기에 발견하고 효과적으로 지원하기 위하여 학생별 기초학력 수준 도달 여부를 진단하는 검사를 시행할 수 있고, 그 결과를 학생의 보호자에게 통지할 수 있다."고 규정하고 있다.

2022년 3월의 대통령선거에서 윤석열 후보는 '주기적인 전수 학력평가'를 공약으로 제시했다. 이재명 후보는 '중학교 3학년 기본학습역량 진단'을 내걸었다. 두 후보 모두 전수평가 도입을 약속한 셈이다.

그런데, 6월의 교육감 선거에서 학업성취도 전수평가를 공약으로 제시한 진보 교육감 후보는 거의 없다. 다만, 전담교사 배치를 통한 기초학력 지원, 코로나로 인한 학습결손과 격차 해소 등을 주로 내세웠다. 반면에 보수 교육감들은 혁신교육의 '학력 저하'를 주로 공격했다. 바로 그 점이, 이번 교육감 선거의 승패를 가른 셈이다.

3 대입 공정성을 둘러싼 논쟁

문재인 정부에서 지속된 대입 공정성 논란, 그 결과로 추진된 정시 확대 정책이 혁신교육의 동력을 떨어뜨린 원인이라는 지적도 있다. 특히 혁신교육에 열정적으로 참여했던 교사들은 정시 확대로 인해 혁신학교에서 이루어지던 학생 중심의 창의적 교육활동이 위축되었다고 분노한다.

맞는 말이다. 혁신교육이 표방하는 교육 철학과 방법론은 객관식 5지 선다형 평가인 수학능력시험(수능) 중심의 정시 전형과 충돌한다. 그래서 2017년 문재인 대통령은 '수능 절대평가'를 공약으로 제시한 바 있다. 수능의 영향력, 변별력을 줄이고 학생부 중심의 대학입시로 가겠다는 의미였다.

하지만 이는 '공정성'을 요구하는 국민들의 반발에 부딪혔고, 2018년 '대입 공론화'를 통해 정시 비율을 30%로 확대했다. 또한 2019년 이른바 '조국 사태'로 불거진 입시 공정성은 교육계뿐 아니라 사회 전체를 뒤흔들었다.

당시 야당인 자유한국당은 '공정한 경쟁 기회 보장'을 내세운 '저스티스 리그(Justice League)'를 출범하고 전국 순회 강연을 개최하였다. 같은 당의 김재원 의원은 '수시 · 특별전형 폐지와 정시 100%'를 골자로 하는 법안을 발의했다.(김재원, '수시 · 특별전형 폐지'…고등교육법 개정안 발의, 연합뉴스, 2019.9.18.) 결국 자유한국당은 정시 50% 이상을 당론으로 확정했다.(한국당 "'정시 50% 이상' 당론 확정…대입제도 개편하겠다", 중앙일보, 2019.10.23.)

이같은 상황에서 2019년 10월 22일, 문재인 대통령은 "정시 비중 상향을 포함한 입시 제도 개편안을 마련하겠다"고 국회 시정연설에서 밝혔다.([대통령 시정연설] 대입 정시확대 이르면 2022학년도 입시부터 가능, 연합뉴스. 2019.10.22.) 자유한국당의 '정시 50%' 당론이 발표되기 직전 대통령이 정시 비중 확대를 공언한 셈이다. 그리고 서울 주요 대학의 정시 비율을 40%로 늘리는 '대입 공정성 강화 방안'이 발표되었다.

이러한 문재인 정부의 정시 확대 정책은 정치공학적으로 불가피한 선택이었지만, 교육적으로 타당한 판단이었는지는 여전히 논란거리이다. 하지만,

혁신교육에 부정적인 영향을 미쳤다는 점은 부인할 수 없을 것이다.

4 부동산 · 주식 시장과 혁신교육

혁신교육이 처음 등장하던 2009년은 이명박 정부의 경쟁 교육, 혹은 신자유주의 교육정책이 교육 현장을 황폐화시키는 시점이었다. 또한 2008년 세계적인 금융위기의 여파로 부동산 가격이 하락하고 중산층 가정의 경제 상황이 안 좋아지는 상황이었다. 혁신학교 등장과 교묘히 맞물린다.

만약, 부동산 가격이 폭등했던 노무현 정부 시절에 혁신학교가 등장했다면 어땠을까? 그 시기는 특목고가 지속적으로 확대되고, 송도와 제주 국제자유도시에 국제학교 설립이 추진되던 때였다. 서울 강남을 중심으로 한 사교육 업체가 전국 체인망을 확대하고, 이른바 '상류층의 구별짓기'와 중산층의 '강남(상류층) 따라하기'가 극심했다. 아마도 그 시기였다면, 혁신학교는 성공하지 못했을 것이다.(이광호, 「새로운 세상을 만드는 교육생태계를 꿈꾸다」, 『유령에게 말 걸기』, 문학동네, 2014, p.201~204)

연도별 서울 아파트값 상승률(%)

혁신학교에 대한 사회적 관심은 아파트 가격 상승에서 시작되었다. 서울 아파트값이 떨어지는 상황에서, 경기도 혁신학교에 전입생들이 넘쳐나면서 주변 아파트 가격을 올려놓았다.(집값 1억 올린 '혁신학교의 힘', 한국경제, 2012.5.7.) '강남(상류층) 따라하기'에서 벗어난 중산층이 경기도 혁신학교를 선택할 수 있었던 셈이다.

반면 아파트 가격이 폭등하던 2018년 하반기, 서울 송파구 가락동의 재건축 아파트인 '헬리오시티'에서 혁신학교 지정 취소 움직임이 시작되었다. '혁신학교 = 낙후지역 학교'라는 왜곡된 이미지가 작동했다. 그리고 그 흐름은 이후 경기도 고양, 성남, 과천, 안양(평촌) 등 소위 중산층 지역으로 이어졌다. 이를 '강남(상류층) 따라하기'가 작동한 결과라면 지나친 판단일까?

부동산 가격 폭등이 2018년에 시작되었다면, 주식 시장은 2020년 이후에 폭등했다. 코스피(KOSPI) 지수는 2018년 2,041에서 2021년 2,977까지 뛰어올랐다. 상류층에 진입하려는 '영끌 투자', 혹은 '묻지마 투자'가 광풍처럼 몰아쳤다.

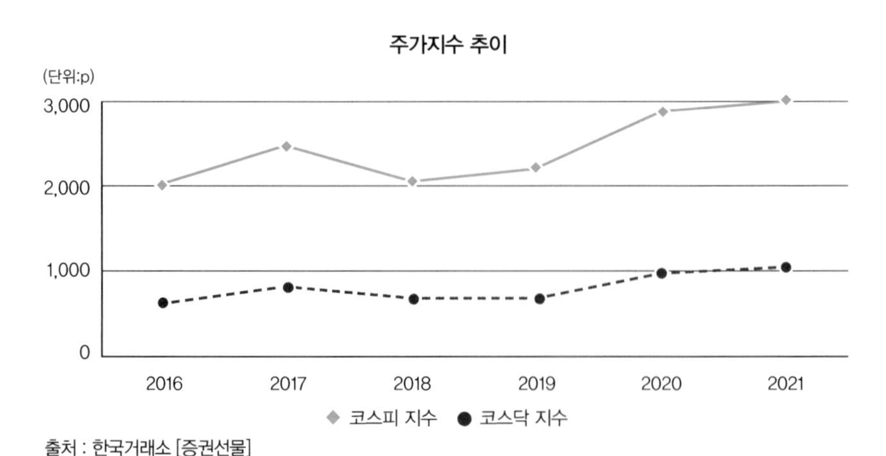

학생들의 월평균 사교육비도 가파르게 상승했다. 특히 고등학생의 경우 2018년 32.1만 원에서 2021년 41.9만 원으로 급증했다. 이러한 요인들이 혁신교육에 대한 부정적 인식으로 연결되었을 가능성이 매우 높다.

연도별 1인당 월평균 사교육비

연도	'08	'09	'10	'11	'12	'13	'14	'15	'16	'17	'18	'19	'20	'21
전체	23.3	24.2	24.0	24.0	23.6	23.9	24.2	24.4	25.6	27.2	29.1	32.1	30.2	36.7
초등학생	24.2	24.5	24.5	24.1	21.9	23.2	23.2	23.1	24.1	25.3	26.3	29.0	23.5	32.8
중학생	24.1	26.0	25.5	26.2	27.6	26.7	27.0	27.5	27.5	29.1	31.2	33.8	34.2	39.2
고등학생	20.6	21.7	21.8	21.8	22.4	22.3	23.0	23.6	26.2	28.5	32.1	36.5	39.6	41.9

※ 학생 1인당 월평균 사교육비 = 월평균 사교육비 총액 ÷ 학생 수

2022년, 미국 연방준비제도(연준)의 금리 인상, 러시아의 우크라이나 침공에 따른 국제 공급망의 붕괴, 경기 침체와 물가 불안의 공포가 우리 사회를 흔들고 있다. 그렇다면 혁신교육은 다시 부활할 수 있을까? 혁신교육이 표방하는 '한 명도 포기하지 않는 교육', '교육 복지 확대'의 중요성은 날로 증대할 것이다. 다만, 실제 그러한 교육을 실천할 준비가 되었느냐가 문제이다.

5 혁신의 유효기간

혁신학교가 바꾸어 놓은 학교 풍경 중에 '아침맞이'가 있다. 학교장이 등교 시간에 맞춰 교문 앞에서 학생들과 일일이 인사를 나누는 것이다. 모든 학생과 소통하는 교장, 학생 한 명 한 명을 소중하게 여기는 교육… 이 장면은 그 자체로서 감동을 주었다.

그런데 어느 순간, 이 장면은 '당연한' 것으로 인식되었다. 혁신학교뿐 아니라, 대부분의 학교에서 일상의 풍경이 된 것이다. 한 칼럼리스트는 "혁신에

는 유효기간이 있다"고 설명한 바 있다.

예컨대 '카카오 택시'나 '배달의 민족'과 같은 앱의 서비스 초기에 국민들은 열광했다. 그런데 일정 기간이 지나고 그 서비스들이 '일상의 습관'이 되면서 냉담한 반응을 보인다는 것이다.(혁신에는 유효기간이 있다, 이데일리, 2022.6.17.)

어찌 보면 혁신교육이 학교를 바꾸기 위해 시도했던 노력들의 유효기간이 끝났을 수도 있다. 학교를 많이 바꾸고 그만큼 혁신에 성공했다 하더라도, 이제는 그것이 '일상의 표준'이 된 것이다.

현재 학교에는 혁신교육 이전의 학교를 경험하지 못한 학생들이 대부분이다. 그들에게 혁신교육은 전혀 새로울 것도, 감동적인 것도 없을 것이다. 새로운 혁신이 필요한 것이다.

반면에 교사들은 혁신교육 이전의 학교 모습을 생생하게 기억한다. 이 둘 사이의 인식 차이가 현재 혁신교육의 성과를 평가하는 것에 가장 중요한 쟁점인지도 모른다.

혁신교육의 새로운 도전

우리 사회는 현재 4차 산업혁명과 디지털 대전환, 인구절벽과 기후위기 등 근본적인 변화를 맞이하고 있다. 이러한 변화에 근본적인 대안을 제시하고 정책을 실행하는 것에 대해서, 후대의 역사가는 '혁신교육'이라 평가할 것이다.

기존 진보 교육감과 혁신교육 진영은 기후 위기 등 생태교육, 민주시민교육 등에서 의미 있는 성과를 남길 가능성이 높다. 교육과정의 연구 · 개발은 물론 공간의 재배치 등 일상적인 운영에 이르기까지 생태적이고 민주적인 학교모델을 만들어 갈 것이다.

또한 교육복지의 확대, 학습 부진 등 위기 학생의 돌봄 강화에도 적극적일 것이다. 혁신교육의 뿌리는 우리 사회의 진보적인 정치이념, 혹은 공동체주의와 맞닿아 있기 때문이다. 혁신교육은 이 영역에서 끊임없이 진화해야 한다.

반면에 디지털 대전환 등의 이슈는 보수 교육감 진영에서 선점할 가능성이 있다. 이미 디지털 인재 양성, AI 교육 확대, AI 튜터를 통한 학습 격차 해소 등을 내세우고 있다. 하지만 반도체 인재 양성을 주장하는 윤석열 대통령의 발언에서 보듯이, 보수진영의 AI 교육 확대는 교육을 산업의 도구화로 전락시킬 가능성이 높다. 그만큼, 학교 현장의 반발에 부딪힐 것이다.

그동안 혁신교육 진영은 디지털 대전환 관련한 정책 의제 설정에 소극적이었다. 이제 그러한 태도를 버려야 한다. 디지털 전환에 걸맞는 교육과정과 인프라 구축에 집중해야 한다. 미래 교육에서 디지털 전환은 가장 중요한 요소 중 하나이고, 디지털 전환의 과제를 실행에 옮기지 못한다면 사회적 외면에 직면할 것이다.

인구절벽 문제 역시 마찬가지이다. 혁신교육 진영에서 적극적인 해법을 내놓아야 한다. 기존 체제 유지(폐교 및 통폐합 반대)에 머물러서는 안 된다. 지속가능한 교육체제를 구상하고 국민들에게 제시해야 한다.

결론적으로 과거 국가 주도의 산업화과정에서 형성된 법과 제도로 이 변화된 상황에 대응할 수 없다. 새로운 법과 제도를 제안하고, 때로 보수진영과 논쟁하고, 때로 타협하면서 자율과 분권의 미래교육을 향해 나아가야 한다. 그럴 때, 혁신교육은 새로운 가능성이 열릴 것이다.

CHAPTER

06 교육자치와 자율, 그 멀고도 가까운 길

- 교원제도와 교육자치
- 교육자치와 선거
- 미국식 교육자치의 본질과 한국교육
- 교육자치, 그 이상과 현실

교원제도와 교육자치

2009년 봄이었다. 지방의 농촌지역에 소규모 중학교 내부형 교장으로 근무하는 분께서 연락하셨다. 그는 교장에 취임하고 나서 학교를 근본적으로 개혁하고자 했다. 그리고 개혁의 핵심과제로 수업혁신을 꼽고, 나에게 교사 대상 강의를 요청하였다.

몇 번을 사양하다가, 그분의 간절한 부탁을 뿌리칠 수 없어 오전 수업을 마치고 3시간을 운전해서 그 학교를 찾아갔다. 3시 30분부터 4시 30분까지, 나에게 주어진 시간은 딱 한 시간이었다. 그 이유는 간단했다. 교사들이 도시에 거주하고, 대중교통 사정이 여의치가 않아 카풀로 출퇴근하기 때문이다.

당시 농촌학교들은 교육과학기술부(교과부)의 학력향상중점학교, 사교육없는학교 등으로 지정되는 경우가 많았다. 당연히 방과 후 프로그램 운영이 많을 수밖에 없다. 그걸 대부분 교장이 떠안고 있는 듯했다. 강의를 마치고 교장 선생님과 식사를 같이했다. 그때의 대화와 그분의 표정 등을 아직도 잊을 수가 없다. 학교를 바꾸고 싶은 열망과 그렇지 못하는 현실 사이의 '심연(深淵)'을 보았다.

그 후에도 교장으로부터 몇 차례 강의 요청이 있었지만 거절하였다. 한 시간의 강의를 위해 왕복 6시간을 운전한다는 건 아무래도 무리였다. 무엇보다 한두 번 강의를 더 한다고 그 학교가 변할 거라고 생각되지 않았다.

누구보다 교육운동에 헌신했고, 학교를 개혁하고자 노력했던 그 교장은 공모교장 임기를 다 채우지 못하고 암 투병 끝에 별세하였다. 지금도 그분을 생각하면 가슴 한 켠이 저리다.

2010년 6월 전국동시지방선거가 끝난 직후, 경기도의 한 시장 당선자로부터 연락을 받았다. 그는 지역사회와 전혀 관계를 맺지 않는 교사에 대한 불만을 토로하면서, 시장이 직접 대안학교를 설립하겠다는 의지를 밝혔다.

나는 시장이 학교 설립 주체가 되기 어렵고, 그래서도 안 된다고 설명했다. 그리고 그 무렵 논의가 시작된 혁신교육지구 사업 참여를 제안했다. 그 지역은 현재까지 혁신교육지구 사업의 전국적인 성공 사례로 평가받고 있다.

혁신교육지구 사업에 열의를 갖고 많은 재원을 투입하는 기초자치단체장(시장 · 군수) 중에는 유사한 불만을 토로하는 경우가 많다. 인사와 예산 편성의 권한을 가진 기초자치단체장의 입장에서 실질적인 권한이 없는 교육장과 파트너십을 형성하기 어렵다는 것이다. 무엇보다 정년을 앞둔 교장 출신 교육장들은 능동적으로 혁신적인 사업을 추진하기 보다는 '보신주의(補身主義)'적 행태를 보인다는 것이다.

경기도교육청 장학관 시절의 경험이다. 경기도 외곽의 교육지원청에서 교장 대상 강의를 마치고 나오는데, 교장 한 분이 다가와서 하소연을 시작했다. 자신이 시골학교 교장으로 발령받은 것도 억울한데, 도무지 학교를 운영할 조건이 안 된다는 것이다.

그 학교는 임용 2년 이내의 신규교사가 대부분이고, 일부 50대 경력교사가 있지만 소위 '교포'(교감 승진을 포기한 교사)가 많아 도무지 교장의 리더십이 발휘되지 않는다는 것이다. 그나마 교감 승진에 필요한 지역 가산점을 얻기 위해 40대 교사들이 학교에 오는 경우가 있는데, 최근에는 그런 경우도 거의 없다는 것이다. 교장으로서 부장교사 임명도 어렵다고 한다.

경기도는 임용고사 성적에 의해 지역을 배정한다. 즉, 임용고사 성적이 좋으면 자신이 원하는 도시 지역으로 발령을 받지만 그렇지 못할 때 원하지 않는 외곽의 농촌지역 학교에 배정이 된다. 그리고 그 학교에서 2년을 근무한 뒤 전보내신을 내고 대부분 도시 학교로 돌아온다. 결국 농촌학교들은 2년 이내의 신규교사들이 '거쳐 가는 곳'이자 '새내기 교사의 훈련장'이 된다. 경기도뿐 아니라 대부분이 그러하다. 어디 이뿐인가? 현재의 교원 인사제도를 포함한 교육행정 체계는 분권과 자치, 학교자율화 방향과 전혀 부합하지 않는다. 오히려 진정한 자치와 자율을 가로막는 장애물이다. 그 장애를 해결하지 않는 학교자율화, 혹은 교육자치 논의는 연목구어(緣木求魚)와 같다는 게 내 생각이다.

교육자치와 선거

1 교육감 선거, '깜깜이'와 '막강한 권력' 사이

2022년 6월에 치러진 교육감 선거는 몇 가지 특징을 보였다. 우선, 2014년과 2018년의 압도적인 진보 교육감 승리와 대비되면서, 보수 교육감의 약진이 두드러졌다.

또한 2021년 말부터 진행된 지방교부금 개편 논란의 연장선에서 교육감 직선제 회의론이 강하게 제기되었다. 특히 서울시 교육감 선거에서 나타난 보수 교육감 후보 단일화를 둘러싼 논란(박선영 서울시교육감 후보, '막말 논란' 조전혁 후보에 "사과 대신 사퇴하라", 경향신문, 2022.5.25.)이 알려지면서 교육감 직선제 폐지론이 거론되었다. 거기에 윤석열 정부가 '교육감 선거 제도 개선'을 공약으로 내걸면서 그 논의는 더욱 확산되었다.

교육감 직선제에 대한 비판은 보수진영에서만 나온 게 아니다. 진보 진영의 교육자치 분야 연구자인 김용일 교수 역시 현 제도의 개선을 주장했다. 2028년까지 국회를 중심으로 종합적인 평가를 거쳐, 늦어도 2030년 선거부터는 새로운 제도를 도입하자는 것이다.(김용일, 「지방교육자치 30년, 회고와 전망」, 한국교육정책연구원 창립 기념 세미나, 2022.6.23.)

현재의 교육감 직선에 대해 대한 가장 흔한 비판은 '깜깜이' 선거라는 점이다.(깜깜이 교육감선거, 무효표 90만표 쏟아졌다…시 · 도지사의 2.6배, 중앙일보, 2022.6.2) 소속 정당도 없고 후보가 누군지도 모르는 상황에서 유권자들이 선택한다는 것이다. 후보들은 어떻게든 자신을 알리기 위해 진보와 보수를 상징하는 옷을 입었다. 진보 교육감은 더불어민주당과 같은 파란색을, 보수 교육감들은 국민의힘과 같은 흰색과 붉은색을 선호했다.

이러한 '깜깜이' 비판 외에도, 교육감 직선제가 진정한 교육자치, 학교자치로 나아가지 못하고 교육감(교육청) 자치에 머물렀다는 비판도 있다. 교육감에게 과도한 권한이 집중되고 그 권한이 지역과 학교, 개별 교사와 학생 수준까지 확산되지 않았다는 것이다.

물론 교육감 직선제가 가져온 교육의 긍정적 변화에 대해서 부정할 수는 없다. 교육자치 30년 중 절반을 차지하는 '교육감 간선제' 시절(1991~2006년)과 비교해보면, 직선제는 교육자치의 원리에 부합할 뿐 아니라 실제 교육 혁신에도 중요한 역할을 담당했다. 하지만, 2022년 교육감 선거를 계기로, 현재의 선거 방식에 대한 '근본적인 검토'가 필요한 시점이 되었다. 그리고 그 검토는 서두르는 게 좋다. 어쩌면 김용일 교수가 주장하는 2030년은 늦을 수도 있다.

문제를 자각한 순간, 해결책을 강구하는게 가장 좋은 방법이다. 1~2년이 지나면 이 문제는 잊혀질 공산이 크다. 교육감 선거 제도의 개선에는 국회뿐 아니라, 국가교육위원회를 통한 사회적 공론화 과정을 거칠 수도 있을 것이다.

2 교육자치 권한을 교육지원청으로 확대하려면

전국에 176개의 교육지원청이 존재한다. 하지만 현재의 교육지원청은 교육청의 하급 기관으로 예산과 공문을 학교에 넘기는 역할에 머물고 있다. 교육장 역시 대부분 정년을 앞둔 교장 출신으로, 실질적인 인사와 예산 권한을 갖고 있지 못하다. 그리고 대부분 2년 내외로 교체된다.

이 같은 상황에서 지역의 실정에 맞는 창의적 교육이 실현되는 것은 불가능하다. 그만한 권한도, 책임도 없기 때문이다. 교육혁신지구 사업에 참여하는 기초자치단체장(시장 · 군수)들이 분통을 터뜨리는 것도 같은 이유이다.

이에 대한 대안으로 교육장 직선제, 혹은 시장 · 군수와의 러닝메이트제 등이 논의된 지 오래되었다. 하지만 논의만 무성할 뿐 제대로 실현된 적은 없다.

이제 이 논의를 본격화할 시점이 된 게 아닐까? 첫째, 교육장 직선제는 교육감 선거제도 개선과 함께 논의되어야 하는데, 2022년 선거를 계기로 그러한 논의의 조건이 무르익었다.

둘째, 2022년 1월에 출범한 수원 · 용인 · 고양 · 창원 등 4개의 특례시에서 새로운 지방자치 모델을 필요로 하기 때문이다. 인구 100만이 넘는 특례시는 교부세가 증액되고 복지 혜택 기준이 조정되는 등 광역자치단체에 준하는 권한을 갖게 된다.(수원 · 용인 · 고양 · 창원특례시 출범 · · · 달라지는 점?, 정책브리핑, 2022.1.13.)

하지만 여전히 특례시에 맞는 지방자치 모델이 충분하지 않다는 지적이 많다. 새로운 지방자치모델을 시도하는 과정에서 교육장 직선제를 도입할 수 있을 것이다.

셋째, 농산어촌 인구소멸지역의 위기를 막기 위해서라도 교육장 직선제는 필요하다는 목소리가 있다. 인구소멸이라는 심각한 위기를 정년을 앞둔 1~2년 임기의 교육장이 해결할 가능성은 거의 없다는 것이다.

교육장 직선제, 혹은 시장 · 군수와의 러닝메이트제 도입은 지방자치법 제4조(지방자치단체 기관구성 형태의 특례) 제1항 "지방자치단체의 의회(이하 "지방의회"라 한다)와 집행기관에 관한 이 법의 규정에도 불구하고 따로 법률로 정하는 바에 따라 지방자치단체의 장의 선임 방법을 포함한 지방자치단체의 기관구성 형태를 달리 할 수 있다."는 규정을 원용하면 될 것이다. 즉, 지방자치단체장의 선임 방법을 자율로 인정한 것이다.

또한, 새로운 제도의 도입인 만큼 시범사업을 통해 신중하게 접근하는 것도 필요하다. 특례시와 인구소멸 지역 중 주민이 희망하는 3~4 지역을 선택하여 시범적으로 적용해 볼 수도 있을 것이다. 지방자치법 제4조 제2항에는 "제1항에 따라 지방의회와 집행기관의 구성을 달리하려는 경우에는 「주민투표법」에 따른 주민투표를 거쳐야 한다."로 규정하고 있다. 주민들이 동의한다면, 교육감 직선제 개선은 물론, 교육장 직선제도 얼마든지 가능한 것이다.

미국식 교육자치의 본질과 한국교육

교육 분권과 자율, 교육자치를 고민하는 사람들에게 '학교자율경영'은 매우 매력적인 용어로 다가온다. 국가 주도의 산업화과정에서 형성된 중앙집중적이고 상명하달 중심의 교육행정에 익숙한 사람들에게, 단위 학교가 자율성을 갖고 교육과정은 물론 학교 운영 전반을 스스로 책임진다는 말은 얼마나 솔깃한가?

널리 알려져 있듯이, '학교자율경영체제(School Based Management, SBM)'이론은 주로 미국에서 논의된 이론이다. 이는 보수적 입장에서 국가권력의 관료적 통제를 극복하고 교육수요자 주권론에 기반한 시장주의적 개혁의 논리로 사용되었다. 반면, 진보적 입장에서는 국가 주도의 상명하달식 교육행정 관행을 극복하고, 분권과 자치를 강조하면서 학교 공동체의 민주적 운영을 위한 논리로 활용되었다. 혁신교육 초창기, 혁신학교 운영모델에도 자율 경영체제가 등장한다.

한마디로 SBM은 교육 분권과 자율, 교육자치를 논의하는데 있어 마치 '전가의 보도'처럼 인용되었다. 특히 이명박 정부 시절, SBM은 황금기를 구사한 것처럼 보인다. 이명박 정부 학교 자율화의 주된 논리적 근거가 되었을 뿐 아니라, 그 반대편의 혁신학교에도 SBM 이론이 등장했다.

그 이유는 간단하다. 한국의 교육계에서 활동하는 학자 · 연구자 중 상당수가 미국에서 유학했기 때문이다. 그들이 주도하는 '교육 담론'들이 교육 현장에는 넘쳐난다.

때로 SBM은 '단위학교책임경영제'로, 혹은 '학교장책임경영제'로 용어가 변경되기도 한다. 그만큼 '자율'과 '책임'의 범위, '권한'과 '책무'의 작동원리에 대해 제각각 이해한 것이다. 그런데 그 모든 논의에 SBM이 가능한 미국의 정치 · 사회적 배경은 잘 드러나지 않는다. 선진국을 따라갔지만, 껍데기만 모방한 셈이다.

1 미 군정기, 미국식 교육행정 체제의 도입 시도

해방 후 한국을 통치한 미군정은 미국식 교육체제를 이식(移植)하기 위한 노력을 했다. 또한 당시 좌익과 우익의 대립, 남한 단독정부 수립을 둘러싼 노선 갈등 속에서, 미군정이 선택할 수 있는 한국인 교육자의 범위는 그리 넓지 않았을 것이다.

남한 단독정부에 반대하는 민족주의 진영과 기존의 사회주의자를 배제하고(김용일, 「미군정기 교육정책 지배세력 형성에 관한 연구」, 『교육행정학 연구』vol 13, 1995), "남한에 미국식 민주주의 국가를 건설한다는 정책에 동조할 수 있는 사람들을 선택했다."(김상훈, 「미군정기 교육정책 수립과 한국인의 역할」, 『역사연구』28호, 2012.10, p.133)

그들은 '6-3-3-4 학제' 도입과 더불어 '미국식 교육자치제도'를 제안했다. 각 군마다 교육구를 설치하고, 교육구회(교육위원회)를 구성하여 지방자치와 정책 입안에 대한 독자적인 권한을 부여하고자 했다. 또한 교육구의 거주자들에게 세금을 징수하여 학교 재정을 지원하는 방안을 마련하였다.

> 한국에서 민주주의 교육제도를 실행하기 위한 일련의 노력은 '새교육운동'이라 불리었다. 새교육운동은 미국의 진보주의 교육철학자인 존 듀이(John Dewey)에 그 뿌리를 두고 있는데, 이것은 모두를 위한 평등한 기회를, 그리고 자립과 개인의 책임성을 강조했다. 새교육운동은 능동적 발달을 위해 교실에서의 학생 참여를 강조했고 모든 질문에 맞고 틀린 답이 없다고 가르쳤으며, 또한 문제해결의 실용적 접근을 장려했다. 〈…중략…〉
>
> 미국이 소개한 교육 개념들은 민주주의의 전달자라는 그들의 임무와 관련이 있었다. 민주적 학교 교육의 핵심적 요소는 미국의 지방자치에 기반을 둔 교육체제였다. 각 지역의 마을이 교육을 통제하며, 고도의 중앙집권적이고 권위주의적인 교육제도를 가지고 있던 독일과 일본과는 반대로, 권위주의적 통제에서 벗어나는 것이 교육에 있어 필수적인 것으로 고려되었다.
>
> 미국의 진보주의 교육은 부모, 지역사회의 지도자, 교사가 무엇을 가르치고 어떻게 가르칠지 결정하는 새로운 모델을 제시했다. 이는 중앙집권적이지 않은 교육행정을 요구하였고, 교사들과 학교가 상당한 권한을 부여받는다는 것을 의미했다. 〈…중략…〉
>
> 미국인들은 이러한 지방자치제가 민주적 가치를 고양하고, 지역의 필요에 따라 시스템을 세밀하게 조정할 수 있다고 믿었다. 미군정은 '학교 교육 프로그램의 주요 내용은 지역 단위의 민주주의 교육'이라고 단언했다.(Michael J.Seth 著, 유성상 · 김우영 譯, 『한국교육은 왜 바뀌지 않는가?』 p.71~77)

하지만 미군정의 시도는 온전히 실현되지 못하였다. 미군정은 자신들이 만든 법령을 제대로 시행하지 못한 채 이승만 정부에 권한을 넘겨야 했다. 이승만 정부는 1952년 4월 교육법 시행령(대통령령 제633호)을 공포하고, 교육자치제를 출범시켰다.

하지만 그 이듬해인 1953년, 도지사들은 연명으로 교육자치제 폐지를 대통령에게 건의하였다. 또한 1955년에는 내무부장관을 중심으로 각 시 · 도의회 역시 교육자치제 폐지를 주장하였다. 과다한 경비 비출 및 시기상조, 행정능률 저하 등이 근거로 제시되었다.

이후 5.16 쿠테타로 지방자치제가 폐지되고 교육자치제 역시 중단되었다. 행정일원화 원칙에 따라 교육구 및 교육위원회를 폐지하고, 지방의 교육 · 학예에 관한 사무는 시 · 도지사 혹은 군수로 하여금 관장토록 하였다.(이범국, 「교육자치제의 실태와 과제」, 『인문과학연구논총』12호, 1994.12, p.233)

해방 직후 미군정에 의해 시도된 교육자치제 도입, 미국식 교육행정체제의 이식이 좌절된 것에 대해 '5.16 쿠테타 때문'이라고 치부하면 간단하다. 중앙집중적인 정치권력을 지향하는 박정희 정권과 지방자치 · 교육자치는 공존하기 어렵다.

하지만 미군정이 의도했던 교육자치, 특히 교육구의 거주자들에게 세금을 징수하여 학교 재정을 지원하는 방안은 현실적이었을까? 지방자치의 경험이 거의 없고, 경제적으로 낙후된 당시 상황에서 실현 불가능했다. 당시 한국은 원조경제로 유지되는 국가였다.

2 미국 학교자율경영(SBM)의 실체

미국의 학교는 기본적으로 주민자치에 기반하여 운영된다. 학구(district)의 주민들이 낸 세금으로 학교 운영비를 충당한다. 물론 저소득층 지역의 경우 연방 정부 혹은 주 정부의 예산이 투입되지만, 기본적으로 지역주민이 납부한 주택보유세 등이 학교 운영의 주요 재원이 된다. 교장 임용도 학구에서 결정한다.

그런 만큼 학교는 지역사회에 자신의 교육성과를 알려 인정을 받아야 하고, 지역주민의 입장에서는 자신의 지역에 좋은 학교가 있어야 인구가 유입되고 집값도 유지된다. 학부모가 아니더라도, 지역주민과 학교는 공동의 이해관계를 공유하고 있는 것이다.

국가에서 내국세(內國稅)의 일부를 지방교육재정교부금으로 교육청에 배분하고, 그 예산으로 학교가 운영되는 한국과는 근본적으로 다르다. 미국의 SBM 이론에 근거한 학교자율화가 생뚱맞은 이유이다.

2012년 1월에 방문했던 미국 뉴욕 인근의 고등학교에서 만난 교장을 잊을 수가 없다. 청바지에 가디건을 입은, 30대로 보이는 교장의 첫 인사가 충격적이었다. "제가 교장으로 부임하기 전 3년 동안 두 명의 교장이 자살했습니다. 저는 이 학교에서 3년째 교장을 맡고 있는데 아직 살아 있습니다."

그만큼 지역사회의 요구에 비해 교육성과가 부족한 학교였다는 말이다. 이전 교장 2명은 그 압박을 감당 못 해 자살했고, 자신은 학교 구성원과 지역사회의 지지를 받아 아직까지 생존하고 있다는 것이다.

2015년 여름에 방문했던 미국 시애틀의 한 고교 교장은 우리를 갑자기 체육관으로 인도했다. 바로 직전까지 학생 선택 중심(학점제) 교육과정 운영실태 등을 자랑하던 교장은, 목소리를 바꾸어 낡은 체육관 시설에 대해 하소연하기 시작했다. 그 의문을 해소하는 데에는 오랜 시간이 걸리지 않았다. 당시 우리의 학교 방문을 취재하기 위해 지역 언론이 동행하였고, 결국 교장의 발언은 지역의 교육위원회에 호소하는 것이었다. 멀리 한국에서 배우러 올 정도로 교육성과가 좋은 학교에 더 많은 지원을 해달라는 것이다.

이와 유사한 경험을 여러 차례 하면서, 미국 학교자율경영체제(School Based Management, SBM)'의 실체를 깨닫게 되었다. 학교는 지역사회와 소통과 협력을 지속하고, 지속적인 지원을 받는다. 다른 한 편으로, 지역사회는 학교 운영에 직·간접적으로 참여하고 때로 납세자의 권리를 통해 학교를 '통제'하기도 한다.

또한 미국은 PTA(Parent-Teacher Association)가 학교별로 조직되어 있을 뿐 아니라, 전국적으로도 막강한 힘을 지니고 있다. PTA를 통한 일상적인 학부모의 교육활동 참여, 기부 캠페인 등이 정기적으로 이루어지고, 교사와 학부모 간의 소통과 협력도 자연스럽게 진행된다.

미군정의 지배를 받은 일본과 한국에도 PTA가 구성되었다. 일본에서는 여전히 학교 교육에서 PTA가 중요한 역할을 담당한다. 최근에는 기존 PTA에 지역공동체가 결합한 PTCA(Parent-Teacher-Community Association)으로 진화하고 있다.

반면 한국에서는 '사친회(師親會)'라는 이름으로 운영되다가, 박정희 정권에서 '일부 학부모의 치맛바람'을 이유로 폐지되었다가 '육성회(育成會)'로 명칭이 변경되어 재조직되었다. 사친회와 육성회는 학부모 교육 참여보다는 부족한 교육재정을 보충하는 역할을 주로 담당하였다.(이광호 외, 「세종시 교육 거버넌스 구축·운영 방안 연구」, 세종교육청 정책연구, 2014, p.73~74.)

최근 우연하게 본 영화에서는 미국의 학부모 교육 참여와 관련한 사례를 보여준다. 2012년 개봉한 영화 '원트 백 다운(Won't Back Down)'이 그것이다. 이 영화는 난독증이 있는 딸을 키우는 비정규직 노동자인 싱글맘의 분투기를 실화 바탕으로 그리고 있다.

"제이미는 초등학생 딸 말리아를 둔 싱글맘이다. 난독증이 있는 말리아는 글자를 잘 읽지 못해 새로 전학 간 애덤스 초등학교에서 친구들에게 놀림거리가 되지만, 학교와 교사들을 이런 아이를 도와주기는커녕 기계적으로 수업을 하고 자신의 일자리를 보장받기에 급급하다. 말리아를 전학시킬 수 없는 제이미는 말리아가 더 나은 교육을 받을 수 있도록 스스로 현재의 교육시스템을 개혁하기로 결심한다.

자신과 같은 생각을 가진 교사 노나와 함께 학교를 바꾸기로 결심한 제이미. 애덤스를 범죄자 양성소가 아닌 진정한 학교로 바꾸기 위해, 학부모와 교사들을 설득하고 이들이 동의를 받기 위해 고군분투한다. 교원 노동조합의 끊임없는 방해와 많은 시련에도 불구하고 학부모와 선생님들의 청원서를 받아낸 두 사람은 꿈의 학교를 일으키기 위한 제안서를 교육 위원회에 제출한다. 아이들을 위한, 미래를 위한 학교를 세우고자 한 제이미와 노나의 호소는 결국 교육위원회의 마음을 얻게 되고, 제안서 승인이라는 승리를 거머쥐게 된다."(네이버 영화 소개)

이 영화에서 말하는 '교육시스템 개혁', 혹은 '미래를 위한 학교 설립'이 어떤 제도적 변화를 의미하는지는 정확하지 않다. 아마도 교육위원회에서 교장을 새로 선출한 것일 수도 있고 '협약학교(Charter School)'로의 전환일 수도 있다. 주인공과 뜻을 같이했던 교사가 교장이 되었고, 개혁에 반대했던 기존 교사들은 학교를 떠나야 했다.

이처럼 미국의 학교자율경영체제(SBM)은 철저한 지방분권과 자치의 원리에 근거하고 있다. 그리고 교육주권자, 혹은 납세자로서 학부모와 지역주민은 언제든 학교운영에 '개입'할 수 있는 권한을 갖고 있다.

3 한국의 현실

5.31 교육개혁 이후 교육자치와 분권, 학교자율화를 위한 정책이 지속적으로 추진되었지만, 그것이 온전히 실현되었다고 생각하는 경우는 드물다. 왜 그럴까? 여전히 국가권력은 학교와 교사를 하급 행정기관으로 인식하여, 수많은 국책 사업을 학교에 쏟아붓는다. 또한 학교와 교사 역시, 지역사회 속에서 교육활동의 성과를 인정받기 보다 상급기관의 평가 기준에 부합하는 것에 초점을 맞출 수밖에 없다.

더 근본적으로는 국가 주도의 산업화 과정에서 형성된 중앙집권적, 상명하달식 교육행정 시스템이야말로 진정한 교육자치와 분권, 학교 자율화의 장애물로 작동한다. 교원의 임용과 학교 배치를 국가와 시 · 도교육청이 맡고, 그렇게 임용된 교사들이 순환전보시스템에 의해 정기적으로 학교와 지역을 옮겨 다니는 상황에서 진정한 자치는 불가능하다.

현재의 시스템에서는 교사들이 '우리 학교 의식(we-feeling)'을 갖기 어렵고, 지역사회와의 연계와 협력 역시 기대하기 어렵다. 그뿐만 아니라, 학교가 자율성을 갖고 교유한 교육활동을 지속적으로 운영하는 것도 불가능하다. 그 교육활동을 주도한 교사가 학교를 옮기는 순간, 대부분 그 성과는 사라진다.

나는 개인적으로, 교장자격연수를 받으면서 묘한 감정과 함께 의문이 들었던 경험이 있다. 도대체 교장자격증을 대통령 명의로 발급하는 국가가 또 있을까? 적어도 OECD 국가 중 그런 나라는 없을 것이다. 교육자치와 분권, 학교자율화 추진 이전에 이렇게 보다 근본적인 질문에 대한 답변을 준비해야 한다.

교육자치, 그 이상과 현실

1 자율과 책무성

자율의 사전적 의미는 "남의 지배나 구속받지 않고 자기 스스로 원칙에 따라 어떤 일을 하는 것, 또는 자기 스스로 자신을 통제하여 절제하는 일"이다. 즉, 스스로 판단하는 것 못지않게, 그런 판단과 행동이 자기 통제와 절제를 통해 규범에서 벗어나지 말아야 한다는 것이다. 이를 다른 말로 하면 교육적 책임, 혹은 사회적 책무성을 다하는 것이다.

이와 관련하여 공자의 말을 떠올리곤 한다. 공자는 논어에서 "일흔 살이 되어서야 마음 가는 대로 따라 해도 법도에 어긋나지 않았다[從心所欲 不踰矩]"고 고백한다. 공자의 말을 오늘날 교육 현실에 대입한다면, 그 어떤 외부적 통제가 없이 자유롭게 교육을 하지만, 그것이 교육의 사회적 책무성을 다하고 있는 것으로 빗대어 말할 수 있다. 그가 73세에 사망했으니, 평생의 노력으로 죽기 직전에서야 그 경지에 도달했다는 것이다. 그만큼 불가능에 가깝다는 말이기도 하다.

따라서 우리는 자율화를 위해 노력을 지속하지만, '완전한 의미의 자율'에 도달하기는 어렵다. 이 점을 인정한다면 학교에 요구되는 교육적 책임, 혹은 사회적 책무성을 어떻게 실현할 것인가? 책무성을 실현하는 기제로 무엇이 적절한지 따져야 한다.

주권자인 국민의 입장에서 보면 세 가지 경우를 떠올릴 수 있을 것이다. 가장 손쉽게 떠오르는 것은 '국가 주도의 관료적 통제'를 통한 책무성 실현이다.(이를 ①로 부르자) 사실, 우리에게는 매우 익숙한 방식이다. 한국 사회에서 오랫동안 교육에 대한 국민의 권한은 국가가 독점해왔다. 달리 말하면 주권자 국민의 권한을 국가가 위임받아 행사해왔다.

두 번째 방식은 '시장원리에 의한 통제'가 있을 수 있다. 교육에 대한 국민의 권한을 시장에 맡기는 것이다. 학교선택권과 학교(교사)간 경쟁, 학업성취가 낮은 학교 폐쇄 등이 그것이다(이를 ②로 부르자).

나머지 하나는 국민의 교육에 대한 권한을 국가나 시장에 위임하지 않고, '학부모(혹은 주민)들이 직접 참여하여 권한을 행사하는 방식'이 있을 수 있다(이를 ③으로 부르자). 이는 주로 영 · 미권의 국가에서 볼 수 있는 주권 행사 방식이다. 또한 한국에서는 공교육 밖의 대안교육에서 흔히 발견되고, 일부 혁신학교에서도 나타나는 모델이다.

이 경우 학부모(지역주민)는 주권자로서 다양한 방식으로 학교 운영에 참여하거나 의견을 제시한다. 그 참여가 '개별적 수요자(교육 소비자)의 욕망'에 머무는가(이를 ③-1로 부르자), 혹은 '공공적 가치를 가진 시민적 참여'로 이루어지는가(이를 ③-2로 부르자)에 따라 실제 학교의 모습은 전혀 다른 양상으로 나타난다.

물론 이 세 가지 방식은 다른 방식을 배제하지 않는다. 다만, 어느 것이 주도적 역할을 하는가에 따라 구분될 뿐이다. 가장 최악의 조합은 ①+②이고, A. Hargreaves가 말하는 '제2의 길(The second way)'이 그것이다.(A. Hargreaves & Dennis Shirley 著, 이찬승 · 홍완기 譯, 『학교교육 제4의 길』, 21세기교육연구소, 2015)

'제2의 길'은 미국 등에서 1980년대 중반부터 1990년대 중반까지 펼쳐진 정책으로, '시장주의와 표준화의 길'로 불리기도 한다. 공교육에 대한 투자가 축소되고, 정치적인 목표에 따라 위로부터 설정한 성과 목표에 근거한 학교 간 경쟁, 학교 폐쇄와 같은 강력한 징벌적 책무성, 교과 내용에 대한 사전 규율 강화 등으로 교사의 자율성과 동기가 상실되었다. 혁신교육의 탄생 배경이 되었던 이명박 정부의 교육정책은 '어설픈 제2의 길'이라 할 수 있다.

그렇다면, 교육 분권과 자치의 시대에 한국교육은 어떤 책무성 실현 방법을 선택할 것인가? 이에 대해 활발하게 논의가 이루어져야 한다.

가장 이상적인 것은 '③-2'가 아닐까? 이는 A. Hargreaves가 학교개혁의 방향으로 제시하는 '제4의 길(The fourth way)'과도 유사하다. 제4의 길은 '제3의 길'의 실패를 바탕으로 한다. 제3의 길은 과도한 중앙정부의 통제, 수량적 데이터에 의존하는 기술주의에 대한 집착, 피상적인 결과나 단기적인 개량을 목표로 하는 형식적인 열정 등으로 인해 원래의 목표를 상실했다고 A. Hargreaves는 평가한다.

제4의 길에서 국가(정부)는 학교 교육의 크고 높은 기본 방향과 정책만을 제시하고 지원할 뿐 세부적인 통제는 최소화한다. 학교(교사)는 효율적인 학습공동체적 노력을 통하여 최대한 자율적으로 학교를 운영해 나간다. 그리고 학생과 학부모, 그리고 지역사회 주민(시민)들은 보다 적극적으로 학교교육 운영에 참여한다.

그리하여 정부와 학교와 지역사회가 공동으로 학교 교육을 결정해 나가는 민주적 운영체제를 갖게 된다는 것이다. 즉, 학교는 높은 자율성을 확보하는 만큼, 학생과 학부모(지역주민)의 의견을 충분히 반영해야 한다.

그런데 세계 최고의 교육열, 높은 입시경쟁과 사교육, 각자도생의 태세가 고착화된 한국 현실에서 학생, 학부모(지역주민)의 학교 교육 참여는 자칫 '개별적 교육 소비자의 욕망'(③-1)에 머물 가능성이 높다.

그렇지 않아도 현재 학교 현장은 '자녀 이기주의'를 앞세운 일부 학부모들의 등쌀에 몸살을 앓고 있다. 일본에서 한때 몬스터 페어런트(Monster Parents)라고 불렸던 현상(교사 잡는 일본 학부모 '몬스터 페어런트', 조선일보, 2008.11.14.)이 한국에서도 확산되면서, 교권 추락이 걱정되는 상황이다. 그것을 어떻게 '공공적 가치를 가진 시민적 참여'(③-2)로 전환할 것인가가 곧 교육 분권과 자치, 학교 자율화를 실현하는 첩경이 될 것이다.

2 두 정부의 교육자치 구상

문재인 정부에서는 '미래형 교육자치 협력지구' 사업을 통해 기존에 교육청 차원에서 진행해 온 혁신교육지구와 마을교육공동체를 한 단계 발전시키고자 했다. 특히 행정안전부와 협력하여 읍면동 단위 주민자치회의 마을교육 자치분과를 만드는 등 타 부처와의 사업연계를 강화하여 마을과 학교가 중심이 되는 지역공동체 구축을 체계적으로 지원하고자 했다. 이를 지방자치단체와 교육청, 주민이 함께하는 '교육협력센터'를 통해 실현할 수 있다는 것이다.(교육부, 미래형 교육자치 협력지구로 지역중심의 교육공동체 확산 추진, 2019.12.11)

교육협력센터 역할 예시

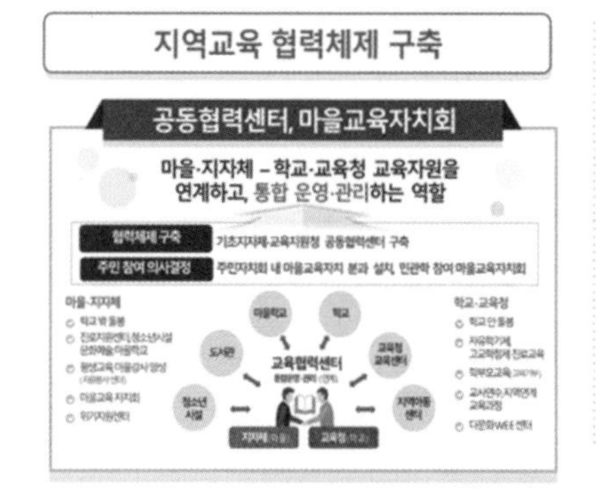

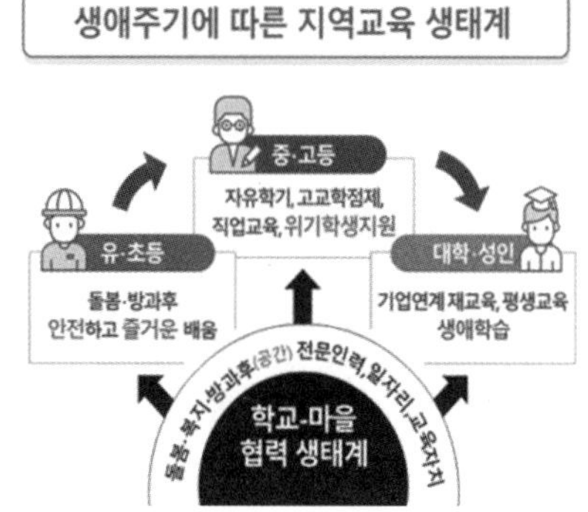

윤석열 정부 인수위원회 지역균형발전특별위원회는 '학교 교육 다양화를 위한 교육자유특구 시범 운영' 계획을 발표했다.(대통령직인수위원회 보도자료, 2022.4.28.)

- 또한, 김병준 위원장은 그동안 예고했던 히든카드로써 교육자율권확대 시범지구로서의 '교육자유특구' 방안을 제시
  - 이는 획일적인 교육 규제의 획기적 개선을 통한 다양한 교육 실험을 허용하고, 이의 성공 모델이 자연스럽게 다른 지역으로 확산될 수 있도록 하는 테스트 베드 역할로 추진
  - 교육수요자의 선택권 확대, 주민의 교육만족도 제고와 창의적 인재 양성을 위한 다양한 방안 추진
    - ▲ 과감한 규제 완화를 통해 학생선발, 교과과정, 교원 등에 있어 대폭적 특례를 적용
    - ▲ 일정 수 이상의 학부모가 설립하는 대안학교에 대한 간섭 없는 재정지원

교육자유특구가 실현될지, 실현된다면 어떤 모습일지 궁금하다. 다만, '특구(特區)' 형태로 진행된다면, 그 지역부터 과감하게 교육장 직선제를 실시하

고, 교장 선출과 교원 인사의 특례(特例)를 인정하고, 학생과 학부모(지역주민)가 학교 운영에 폭넓게 참여할 수 있는 방안이 제시되었으면 한다.

아마도 윤석열 정부가 고려하는 교육자유특구는 중산층 도시지역일 가능성이 높다. 중산층 이상 학부모들의 요구에 부응하여 교육수요자의 선택권을 확대하고, 이른바 명문학교 육성을 위한 구상으로 보이기 때문이다. 기존 외고 · 자사고가 동일 지역 내 학교간 경쟁과 서열화를 부추겼다면 교육자유특구는 또 다른 교육 격차와 불공정 시비를 낳을 것이다.

새로운 교육자치 모델의 구상

학교자치를 제도적으로 뒷받침하기 위한 법 개정 논의가 시작된 지 꽤 오래되었다. 최근에도 학생회 · 학부모회 · 교직원회 법제화를 둘러싼 논란이 진행된 바 있다.(학부모회 · 학생회 법제화 논쟁 재점화됐다, 조선에듀, 2020.07.16.) 주로 학교운영위원회를 둘러싸고, 거기에 어떻게 참여할 것인지가 쟁점인 듯하다.

2012년 경기도교육청은 학부모회 조례(경기도교육청 학교 학부모회 설치 · 운영에 관한 조례)를 전국 최초로 제정했다. 나는 정책연구와 함께 조례 제정, 학부모 대상 설명회 등 다양한 형태로 그 과정에 참여했다.

학부모회 조례 제정 과정에서, 민주적으로 선출된 학부모회장을 당연직 학부모 운영위원으로 인정하는 방안이 검토되었다. 학급-학년-전체 학부모회로 연결되는 구조에서 민주적으로 선출된 학부모회장이 학교운영위원장으로 선출되는 것이 가장 바람직하다고 생각했기 때문이다. 이미 혁신학교를 비롯한 일부 학교에서는 관행으로 정착된 제도였다.

하지만 초중등교육법은 물론 시행령 어디에도 학부모회에 대한 규정이 없다. 또한 초중등교육법 시행령 제59조(학교운영위원 선출 등) ②항은 "학부모위원은 민주적 대의 절차에 따라 학부모 전체 회의를 통하여 학부모 중에서 투표로 선출한다"고 규정하고 있다.

시행령의 '학부모 전체회의'는 '일상적으로 활동하는' 학부모회가 아니라, 학부모 전체가 '일회적으로 모인' 회의를 의미했다. 즉, 학부모회에서 선출한 회장과 무관하게 학부모 전체회의에서 학교운영위원을 새롭게 선출할 수 있는 것이다.

상위법(초중등교육법 시행령)에 없는 내용을 하위법(경기도 조례)으로 규정할 수 없다는 이유로, 학부모회장을 당연직 학교운영위원으로 인정하는 조항은 제외되었다. 그러다 보니 별도로 선출된 학부모회장과 학교운영위원장 사이의 갈등이 발생하기도 한다.

그뿐 아니라 '녹색어머니회'는 경찰청 소속으로 구성된 단체이고, 학교장의 의도에 따라 '아버지모임', '도서관 도우미', '급식 도우미' 등 다양한 학부모 조직들이 구성되기도 한다. 이 조직들이 전체 학부모회로 통합되어 운영되는 경우는 드물다. 학부모들의 민주적인 학교 교육 참여가 근본적으로 어려운 이유이다.

만약 학급 학부모 모임에서 대표를 선출하고, 그들이 학년 대표단을 구성하고, 그렇게 조직된 학부모들이 정기적으로 학부모 임원 회의를 진행하는 상황이라면, 학부모회 대표가 학교운영위원회에 참여하는 건 당연해진다. 그리고 그런 학교라면 개별 학부모들의 '자녀 이기주의'를 학부모회의 민주적 운영과정에서 상당 부분 제어할 수 있을 것이다.

2012년 경기도 학부모 조례 제정과정에서 당시 민주통합당 소속 국회의원과도 이 문제(학부모회장을 당연직 학교운영위원으로 인정)는 충분히 공유되었다. 그 의원은 법 개정을 약속했지만, 실현되지 않았다.

그만큼 학교자치, 혹은 거버넌스 관련 개편 논의는 어렵고 지지부진하다. 늘 논란의 대상이 되기 때문이다. 학생회 · 학부모회 · 교직원회 법제화에도 한국교원단체총연합(교총)은 반대 목소리를 강하게 내고 있다.

결국, 이는 국가교육위원회를 통해 사회적 공론화를 거칠 수밖에 없다. 국가교육위원회에서 사회적 공론화를 거친다면, 단위학교의 인사와 예산 관련한 권한을 확대하는 방안이 포함되어야 한다. 그리고 그 권한이 학교장에게 집중되지 않고, 학교 구성원 전체가 나눠 갖도록 해야 한다.

단위 학교뿐 아니라 지역단위의 교육자치, 실질적인 지역교육생태계 구축 방안도 함께 고민되어야 한다. 그래서 윤석열 정부가 추진하는 교육자유특구를 농산어촌 인구소멸지역에서 시도하는 건 어떨까 제안하고 싶다. '논란과 민원 소지가 적고, 필요성이 절실한' 지역에서 완전히 새로운 교육 거버넌스를 실험해 보는 것이다.

교육장 직선제를 통해 인사 · 재정 권한을 부여하고, 전면적인 교장공모를 도입하고 교원순환전보를 유예한다면 '지역주민으로서의 교사'들이 늘어날 것이다.

교사와 학부모들이 똑같은 지역주민으로, 똑같이 자녀를 키우는 부모의 입장으로 만났을 때, 상호 이해와 협력의 폭은 확장될 것이다. 그리고 '개별적 교육 소비자의 욕망'(③-1)에 머물던 학부모와 지역주민들이 '공공적 가치를 가진 시민적 참여'(③-2)로 전환될 가능성도 높아진다.

혁신교육이 성공적으로 진행되는 지역에서 실제 그런 사례들은 적지 않다. 한 지역에 머물면서 자녀를 그 지역에서 키우고, 그 지역의 학교에 근무하는 교사들이 있는 것이다.

아예 교육자유특구부터 교원의 지방직화(혹은 10년 이상 장기 근무제)를 검토할 수도 있다. 실제 '지역주민으로서의 교사'로 살아가는 경우, 지방직화를 요구하기도 한다. 이들에게 교육자치는 '당연하고 손쉬운 과제'인지도 모른다.

그뿐만 아니라 기존 학교운영위원회를 뛰어넘는 교육 거버넌스를 통해 학생 · 학부모(지역주민)의 참여를 제도화할 수 있다. 학생과 학부모(지역주민)들은 교육주권자로서 권한을 직접 행사할 수 있는 것이다.

다만, 농산어촌 인구소멸지역의 경우 학생이 부족하다. 따라서 기숙사를 운영하여 도시의 학생들이 입학할 수 있도록 해야 한다. 도시에서 유학 온 학생들은 도시와 농촌을 연결하는 매개체가 될 뿐 아니라, 지역소멸을 막는 실질적인 자원이 될 것이다.

우리는 새로운 교육자치 모델을 끊임없이 상상하고, 연구하고, 실험해 보아야 한다. 현재의 교육감 직선제 개선부터 교육장 직선제 도입, 학생과 학부모(지역주민)가 교육주권자로서 직접 권한을 행사할 수 있게 방안 등을 다양하게 모색해야 한다.

그것은 외국 이론으로 해결할 수 없고, 또한 한꺼번에 모든 걸 변화시킬 수 있다는 조급함을 버려야 한다. 한국의 구체적인 교육 현실 속에서, 오랜 기간 변화를 모색해야 한다. 다만, 논의와 연구에 머물지 말고 구체적인 시도가 이루어져야 한다. 조만간, 새로운 교육자치모델이 실험되기를 바란다.

CHAPTER

07 인구절벽, 그 피할 수 없는 고통

- 통계청 인구 추계와 교원 수급 계획
- 과밀학급 vs 소규모 학교
- 인구절벽 시대, 생각해 볼 문제

통계청 인구추계와 교원수급계획

1 2006~2018년 교원수급계획

통계청은 5년 단위로 인구추계를 발표해왔다. 그러면 그 추계를 근거로 교육부는 교원수급계획을 수립한다. 교원수급계획은 인구추계 결과를 단순 반영하지는 않는다. 교육환경의 변화, 정책 수요 등이 종합적으로 고려되어 교원 수를 산출하고 수급계획을 수립한다. 2006년 이후 발표된 교원수급계획에는 다양한 산출방식이 적용되었다.

중장기 교원 수급 계획(2006~2018)

발표 시점	적용 기간	산출 방식
2006년 7월	2006~2020년	학급당 학생 수 + 교원 주당 평균수업시수
2007년 9월	2008~2015년	교사 1인당 학생 수
2011년 6월	2012~2020년	교사 1인당 학생 수
2014년 6월	2015~2025년	학급당 학생 수
2018년 4월	2019~2030년	교사 1인당 학생 수

교원수급계획은 교원양성기관에게는 절대적 영향을 미친다. 중등의 경우, 이미 교사자격증 소지자와 교원 임용간의 균형이 깨진 지 오래되었지만, 초등의 경우 교원수급계획에 따라 교육대학의 정원을 조정해야 하는 상황에 직

면하는 것이다. 목적대학으로서의 성격이 분명한 교육대학의 경우, 초등학교 교사가 아니면 사실상 직업 선택의 폭이 매우 제한된다.

그런데 교원수급계획을 수립하면서 교육부는 당연히 교사 수를 늘릴 수 있는 방안을 찾는다. 그래서 산출방식의 변화가 있는 것이다. 아마도 당시의 조건에서 다양한 시뮬레이션을 했고, 한 명이라도 교사가 많은 산출방식을 선택했을 것이다. 이 같은 교육부의 교원수급계획 산출방식 변화에 대해 감사원의 지적이 있었던 것으로 알고 있다. 단일한 방식으로 산출해야 한다는 것이다.

2 2018년 교원수급계획과 2019년 특별인구추계

가장 최근의 교원수급계획은 2016년 말의 인구추계에 근거하여, 2018년 4월에 발표되었다. 교실수업혁신을 위하여 문재인 정부 임기 내(~2022년) 교사 1인당 학생 수를 OECD 국가 평균 수준에 도달하고, 매년 신규 채용 규모를 안정으로 유지하기 위해 연차별로 증감 규모를 조정하는 것을 기본 방향으로 제시하였다.

초등의 경우 ① 교사 1인당 학생수를 '22년 OECD 국가 평균수준(15.2)에 도달하도록 하고, ② '19년 4,040명(최대)에서 '30년에 3,500명(최대) 수준으로 신규 채용 규모를 안정화했다.

중장기('19~30) 교원수급계획_초등

초등	'18 (완료)	'19	'20	'21	'22	'23	'24	'25	'26	'27	'28	'29	'30
학생수 (천명)	2,659	2,637	2,575	2,544	2,502	2,396	2,323	2,292	2,262	2,228	2,224	2,263,	2,258

교사 1인당 학생수	16.4	16.2 ~16.1	15.7 ~15.6	15.5 ~15.4	15.3 ~15.2	14.8 ~14.7	14.5 ~14.3	14.5 ~14.3	14.5 ~14.3	14.5 ~14.3	14.6 ~14.4	15.0 ~14.8	15.3 ~14.9
신규 채용	4,088	3,940 ~ 4,040	3,910 ~ 4,010	3,880 ~ 3,980	3,830 ~ 3,930	3,750 ~ 3,900	3,600 ~ 3,900	3,500 ~ 3,800	3,400 ~ 3,800	3,300 ~ 3,700	3,200 ~ 3,600	3,100 ~ 3,500	3,100 ~ 3,500

중등의 경우 ① 고교학점제, 중학생 자유학년제 등 새로운 교육수요에 대응하기 위해 OECD 평균보다 개선된 교사 1인당 학생 수(11명 대) 유지하고 ② '19년부터 4,460명(최대)에서 '30년에 3,000명(최대)으로 신규 채용 규모를 안정화하기로 했다. 중등의 경우, 2018년의 교사 1인당 학생 수는 OECD 국가 평균(13.1명)을 넘어선 상황이었다.

중장기('19~30) 교원수급계획_중등

초등	'18 (완료)	'19	'20	'21	'22	'23	'24	'25	'26	'27	'28	'29	'30
학생수 (천명)	1,943	1,820	1,773	1,764	1,732	1,716	1,740	1,726	1,687	1,660	1,630	1,554	1,508
교사 1인당 학생수	12.1	11.3 ~11.1	11.1 ~11.0	11.1 ~11.0	11.1 ~11.0	11.1 ~11.0	11.4 ~11.2	11.7 ~11.5	11.7 ~11.5	11.8 ~11.6	11.9 ~11.6	11.6 ~11.3	11.5 ~11.2
신규 채용	4,468	4,310 ~ 4,460	4,300 ~ 4,450	4,290 ~ 4,440	4,270 ~ 4,410	4,050 ~ 4,250	3,800 ~ 4,200	3,600 ~ 3,900	3,400 ~ 3,800	3,100 ~ 3,400	2,900 ~ 3,300	2,800 ~ 3,100	2,600 ~ 3,000

그런데 2016년 말에 발표한 통계청 인구추계는 당장 2017~2018년의 출생아 수부터 오류가 발생했다. 2017년 출생아 수는 357,711명이었고, 2018년 326,822명, 2019년 302,676명, 2020년 272,337명, 2021년 260,500명(잠정)으로 급격히 감소했다. 2016년 인구추계 당시 2065년에 발생할 것으로 예측했던 '출생 26만 명'이 44년 앞당겨진 것이다.

2016년 말 인구추계

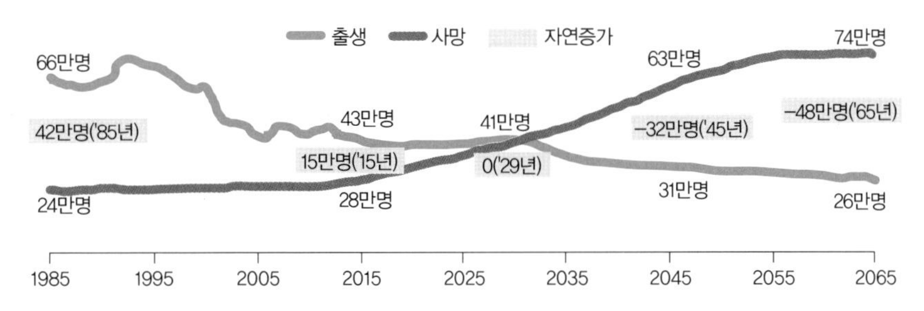

통계청은 인구추계를 2년마다 새롭게 내놓겠다고 밝혔다.('5년 주기' 장래 인구추계, 2년마다 내놓는다, 한국경제, 2018.9.10) 그리고 2019년 3월, 인구특별추계를 내놓았다.

2019년 3월 인구특별추계

당연히 교원수급계획의 '현행화'가 필요했다. 통상 교원수급계획은 발표 시점부터 5년간 변경할 수 없다. 고등학교 3학년 학생이 교육대학이나 사범대학에 원서를 쓰는 시점에서 4년 뒤 졸업하는 시점을 고려한 것이다. 즉, 2018년 발표된 계획은 2019~2023년 채용 규모를 크게 바꿀 수 없는 것이다. 2024년 이후의 신규 채용 규모 조정이 필요했다.

2019년 통계청이 인구특별추계를 발표한 이후, 교육부에서는 교원수급계획 관련한 수많은 시뮬레이션이 이루어졌다. 교육부는 학령인구 감소뿐 아니라, 기초학력 보장, 고교학점제, 다양한 학교 운영 등 미래 교육정책 방향 등을 고려하여 2020년까지 새로운 교원수급기준을 마련하겠다고 발표했다.(교육부, "교육부는 미래교육 환경 변화에 대응하기 위하여 다양한 요인을 고려한 교원수급기준을 마련할 예정입니다", 2019.11.6)

3 2020년 이후 교원수급계획 논의

2020년 초, 코로나 19가 왔다. 개학 연기에 이어, 온라인 개학이라는 초유의 상황을 맞이한 것이다. 교육계는 온통 코로나 대응에 몰두했다.

그런데 소규모 학교의 경우, 코로나 상황에서도 등교가 이루어지고 대면 수업이 진행되었다. 학급당 학생 수 감축 문제가 핵심적인 과제로 떠오른 것이다. '학급당 20명 상한제'를 주장하는 목소리가 높아지고, 국회에서 법제화가 추진되었다.

여기에 고교학점제 도입에 따른 교사 수를 연구한 보고서들이 공개되었다. 2020년 상반기에 발표된 한 연구보고서는 고교학점제 도입을 위해서는 최대 88,106명의 교사가 추가되어야 한다는 결론을 내놓았다.(국책연구원 "고교학점제 시행 땐 교사 최대 8만명 부족"…교원수급 전면수술하나, 서울경제, 2021.2.28.)

이같은 주장들이 제기되면서, 교육부는 2020년까지 발표하기로 한 교원수급계획 발표 시기를 다시 연장했다. 2020년 7월 23일, 교육부는 사회관계장관회의를 통해 2021년 발표 예정인 통계청 인구추계와 새로운 교원수급 모델에 따라 2022년 6월까지 중기 교원수급계획을 발표하겠다고 밝혔다. '학급당 학생 수', '초등학교 안심학년제' 및 '고교학점제' 등 정책 수요를 반영한 새로운 교원수급계획을 마련하겠다는 것이다.(교육부, 제10차 사회관계장관회의 보도자료, 2020.7.23.)

그런데 2022년 6월까지 발표하기로 했던 교육부의 중기 교원수급계획 발표는 다시 1년 연기되었다. "관계부처 협의가 미뤄져 발표가 지연되고 있다"는 것이다.(교육부, 새 교원수급계획 돌연 연기…"교원 감소 방치하나", 오마이뉴스, 2022.6.30.) 새로운 수급계획으로 교원 감소 추세가 완화될 것을 기대했던 예비교사들은 반발했다.

교원수급계획은 발표가 늦어지는 만큼 혼란은 더욱 커질 것이다. 교육계에서 주장하는 대로 교원 신규 채용 규모가 늘어날 가능성은 거의 없다. 설사 여러 정책적 요소와 교육적 필요성을 감안해도 학령인구의 감소폭이 너무 크다.

예컨대 2025년 초등학교 교사로 임용되는 경우, 2021년 인구추계(중위)에 따르면 그의 정년 무렵(2055년)에 초등학생들의 숫자는 157만 3천 명 수준이 된다. 2016년 인구추계에서 230만 4천 명으로 예측된 것에 비해 1/3 가깝게 줄어든 것이다. 저위 추계에서는 더욱 심각하다. 2055년 초등학생은 126만 6천으로 예측된다.

2016년과 2021년 인구 추계 비교(중위)　　　　단위 : 천명

연도	2016 인구 추계(2015~2065)			2021 인구 추계(2020~2070)		
	초등 (6~11세)	중등 (12~14세)	고등 (15~17세)	초등 (6~11세)	중등 (12~14세)	고등 (15~17세)
2017	2,726	1,386	1,716			
2018	2,763	1,342	1,575			
2019	2,772	1,320	1,454			
2020	2,725	1,359	1,383	2,724	1,364	1,390
2021	2,714	1,374	1,339	2,718	1,379	1,344

2022	2,693	1,364	1,317	2,701	1,366	1,322
2023	2,621	1,362	1,356	2,604	1,362	1,360
2024	2,558	1,384	1,372	2,480	1,382	1,374
2025	2,502	1,403	1,361	2,337	1,400	1,363
2026	2,473	1,357	1,359	2,192	1,355	1,359
2027	2,438	1,325	1,381	2,020	1,327	1,380
2028	2,421	1,284	1,400	1,848	1,294	1,398
2029	2,418	1,259	1,354	1,707	1,246	1,353
2030	2,417	1,228	1,322	1,592	1,151	1,325
2031	2,420	1,213	1,281	1,508	1,041	1,293
2032	2,426	1,209	1,255	1,467	946	1,244
2033	2,434	1,205	1,225	1,458	870	1,150
2034	2,440	1,203	1,210	1,474	808	1,041
2035	2,444	1,203	1,206	1,515	763	946
2040	2,356	1,223	1,209	1,814	774	703
2045	2,587	1,426	1,473	1,860	923	846
2050	2,373	1,276	1,368	1,688	928	953
2055	2,304	1,177	1,223	1,573	836	883
2060	2,316	1,149	1,160	1,370	784	818
2065	2,388	1,159	1,147	1,145	674	749
2070				1,091	562	623

※ 통계청 자료 재구성

특히 학령인구 감소의 영향을 먼저 받는 초등교사의 신규 채용 규모는 줄어들 수밖에 없다. 초등교원 양성 규모 축소는 물론, 교육계에서 오랫동안 논의되어 온 교·사대 통합이 '불가피한 선택'으로 남을 가능성이 높다.

2022년 7월 29일 교육부는 대통령 업무보고에서 2025년부터 만 5세로 취학 연령으로 낮추는 방안을 발표했다.(새 정부 교육부 업무보고, 교육부 보도자료, 2022.7.29.) 국가교육위원회와 함께 사회적 논의를 거쳐 만 5세 입학을 포함한 학제 개편안을 확정하겠다는 것이다. 교육부가 제시한 방안은 매년 3개월씩 입학 시기를 앞당기는 것이다.

연도별 초등학교 입학 대상

입학연도	초등~고등교육
2025년	2018년 1월 1일 ~ 2019년 3월 31일
2026년	2018년 4월 1일 ~ 2020년 6월 30일
2027년	2020년 7월 1일 ~ 2021년 9월 30일
2028년	2021년 10월 1일 ~ 2022년 12월 31일

이는 영 · 유아 단계 교육 기간의 축소로 유보통합에 들어가는 재원 규모를 축소하는 효과를 지닌다. 그리고 오랫동안 경제계를 중심으로 제기된 '사회 진출(취업) 연령'을 낮추는 효과도 있을 것이다. 윤석열 정부가 강력한 의지를 갖고 추진 중인 '연금 개혁'을 뒷받침할 수도 있다. 일찍 취업해서 연금을 내는 사람이 많아지는 만큼, 연금 고갈을 늦출 수 있기 때문이다.

하지만, 가장 중요하게 고려된 것은 '교원 수급 안정화'가 아닐까? 교육부 계획대로 '5세 입학'이 추진되면, 2025~2033년 사이의 초등학생 감소 폭을 줄일 수 있다. 2025년에 늘어난 입학생 수는 2030년까지 유지되고, 2028년에 입학한 학생들은 2033년에 6학년이 된다. 그만큼 초등교사의 신규 임용 규모를 축소하지 않아도 된다.

중등의 경우, 현재 출생아 수를 고려하면 2030년 무렵부터 학생 수가 급감한다. 중등 교사 신규 임용 규모도 그에 따라 축소할 수밖에 없을 것이다. '5세 입학'이 실현되면, 그 시기를 2039년까지 늦출 수 있다.

같은 날(2022년 7월 29일) 2023년 공립 신규교사 임용 규모가 발표되었다. 초등 3,518명, 중등 4,117명으로 전년도에 비해 초등 240명, 중등 293명이 줄어들었다. 당연히 교육청은 물론 교원단체와 예비교사들은 반발했다. (“교사 없으면 미래도 없어” 임용 축소에 교원단체 · 예비교사 반발, 뉴스1, 2022.7.29.)

하지만 2019년 3월 인구 특별추계 발표 이후 진행된 논란에 비해 감소폭이 크지 않았다고 볼 수도 있다. 2023년은 2018년 4월에 교육부가 발표한 교원 수급계획의 신규 임용 규모 약속을 지켜야 하는 마지막 연도이다. 당시 교육부는 2023년 신규 임용 규모로 초등 3,750~3,900명, 중등 4,050~4,250명을 약속한 바 있다. 교육부의 입장에서는 그 약속을 지키려고 노력한 셈이다.

그런데 만약 '5세 입학'을 고려하지 않는다면 어떻게 될까? 아마도 2024년 이후 신규 임용 규모는 대폭 축소될 가능성이 높다. 학생 수가 줄어드는 조건에서 2023년까지 기존 임용 규모를 유지했기 때문이다. 그런 면에서 '만 5세 입학'이 교원 수급 안정화와 깊은 연관이 있다고 판단하는 것이다.

교육부의 '만 5세 입학' 시도는 성공할까? 그럴 가능성은 높지 않다. 교육계는 물론 학부모들의 반발이 크기 때문이다.('만 5세 입학' 검토 후폭풍…학부모 · 교육계 반발 잇따라, TV조선, 2022.7.30.)

'만 5세 입학'이 좌절된다면? 전면적인 교원양성체제 개편으로 이어질 수 있다. 교 · 사대 통합은 물론 교원양성기관의 대폭 축소가 논의될 것이다.

과밀학급 VS 소규모학교

1 신도시 과밀학급과 개교 지연 문제

인구절벽과 학령인구 감소가 심각한 문제로 떠올랐지만, 여전히 수도권 신도시를 중심으로 거대학교와 과밀학급 문제는 해결되지 않고 있다. 안민석 의원이 교육부 자료를 바탕으로 국정감사에서 밝힌 자료에 의하면, 과밀학급 기준인 학생 수 28명 이상 학급은 전국의 40,439개 학급(전체 학급 수의 28%)이라고 한다. 경기도는 17,481학급(전체 학급의 43.2%)으로 과밀학급이 가장 많고, 그다음은 서울시로 4,700학급(전체 학급의 11.6%)이다.(안민석 "경기도, 전국 과밀학급 문제 가장 심각", 중부일보, 2021.10.11.)

과밀학급은 주로 신도시에 집중된다. 경기도의 경우, 화성, 오산, 용인, 김포, 광주, 하남 등 최근 인구 유입이 두드러진 지역에 과밀학급이 많다. 이는 과거 1990년대 분당, 평촌, 일산 등 신도시에서 발생했던 것과 똑같은 상황이다. 세종시도 똑같은 상황을 경험했다. 2014년 3월에 개교한 학교가 곧바로 증축공사 하는 경우도 발생했다.

왜 이런 일이 반복되는가? 소위 '학생 유발률' 계산의 한계이다. 지역별로 주택 유형별, 면적별 상황 등을 고려하여 학생유발률을 계산하지만, 정확도의 한계를 지닐 수밖에 없다. 그래서 한 편에서는 과밀학급이, 다른 한 편에서는 '미활용 학교부지' 문제가 발생한다.(임주호 외, 「개발사업의 적정 학생수요 추정기법과 계획기준 연구」, LH 토지주택연구원, 2020)

인구 유입이 많고 그만큼 학생 수 증가가 뚜렷한 경기도 용인교육지원청은 학생 유발률을 계산하여 학교 신설과 학생 수용 계획을 수립한다. 그런데 용인시 내부의 학생 유발률은 다를 수 있다. 예컨대 GTX가 예정된 구성역 인근과 나머지 지역의 차이가 발생할 수 있다는 것이다.

2017년 용인시 학생유발률 산정 지표(용인교육지원청)

구분	초등학생					중학생				
	임대주택	분양주택			단독주택	임대주택	분양주택			단독주택
	60m² 미만	60m² 미만	60~85m²	85m² 초과		60m² 미만	60m² 미만	60~85m²	85m² 초과	
일반 개발사업	7.4%	17.5%	25.5%	23.0%	11.1%	5.4%	7.7%	11.5%	12.3%	5.2%
택지 개발사업	16.3%	21.5%	35.6%	29.3%		6.4%	9.0%	15.7%	13.7%	

※ 임주호 외, 앞의 논문, p.20

세종시 경우에도 애초의 계산과 실제 입주 후 조사된 학생유발률은 차이가 있다. 그만큼 학생유발률 계산이 어려운 것이다.

행복도시(세종) 학생유발률 산정 사례

공급 방식	주택규모	학생유발률(안)			조사된 학생유발률		
		초	중	고	초	중	고
임대	50m² 미만	0.08	0.08	0.04	0.16	0.07	0.06
	51~84m²	0.15	0.06	0.06			
	84m² 이상	0.20	0.08	0.07			
분양	84m² 미만	0.20	0.07	0.06	0.35	0.14	0.11
	84~120m²	0.34	0.15	0.11			
	120m² 이상	0.25	0.15	0.15			

주상복합	0.09	0.04	0.03	-	-	-
전체	-	-	-	0.31	0.13	0.09

※ 임주호 외, 앞의 논문, p.22

2018년 감사원 감사 결과 주민등록자료를 기준으로 산정하는 교육청의 학생유발률보다는 인구주택총조사 등록센서스를 활용한 통계청의 자료가 정확한 것으로 나타났다. 통계청 자료의 정확도가 95%, 교육청 자료는 86%였다.

택지개발사업 학교수요 추정 관련 감사원 검토 내용(2018)

지구명	세대수	추정 학생수(명)		필요 초등학교 수(개소)	
		교육청 기준	통계청 기준	교육청 기준	통계청 기준
아산탕정	14,356	2,872	4,468	3	4
양주옥정	41,481	11,357	8,969	11	9
양주회천	21,909	5,369	4,135	5	4
파주운정3	47,091	11,529	13,452	11	13
화성동탄2	116,445	33,934	32,560	31	30
평택고덕	55,149	13,941	14,213	13	13
총계	296,431	79,002	77,797	74	73

자료: 한국토지주택공사 내부자료, 택지지구 관할 교육지원청의 감사원 제출 자료 재구성

※ 임주호 외, 앞의 논문, p.25

또한 학교 신설에는 입주 시기의 학생유발률뿐 아니라, 입주 후 일정 기간이 경과 한 시기까지 고려된다. 현재 분당 등 경기도 1기 신도시에는 학급 수가 줄어 공동화 현상을 보이는 학교도 있다. 입주 초기 5~10년간 과밀학급 상태를 지나면, '정상적인' 상황이 되는 것이다.

신도시의 또 다른 문제는 아파트 입주 시기에 비해 학교의 개교가 늦어진다는 것이다. 통상 택지개발의 경우 부지를 확정하고 설계를 마친 다음에 분양공고를 낸다. 그래야 교육청은 본격적으로 학교 설립 절차를 시작할 수 있다.

부지 마련과 설계부터 시작하니, 아무래도 아파트 완공과 입주보다 6개월 혹은 1년이 늦어지는 경우가 많다. 결국 주변 학교가 과밀학급이 되거나, 아니면 아예 기존 학교까지 먼 거리 통학을 해야 하는 상황이 발생하는 것이다.

이명박 정부와 박근혜 정부 시절 일부 아파트가 미분양되면서, 학교 설립 절차는 더욱 까다로워졌다. 분양 물량에 기초하여 학생 수를 추정하고, 그제서야 학교설립계획을 세웠기 때문이다. 당연히 학교 개교가 늦어질 수밖에 없다. 지금으로서는 상상할 수 없는, 수도권 아파트조차 종종 미분양되었던 시절에 그런 사례가 발생했다.

이런 절차와 규칙이 만들어진 이유는 납득 가능하다. 만약 학교를 설립했는데 학생 수가 턱없이 부족하면 그 또한 심각한 문제이기 때문이다. 지방에도 유사한 경우가 많다. 혁신도시나 기업이 들어서는 경우, 그 학생 수요를 예측해서 학교를 신축하거나 증축했는데 실제 학생 수가 거의 증가하지 않는 사례가 많다. '학생 수만큼 교실 수를 가진' 학교들이 그렇게 만들어진다.

최근 몇 년간 부동산 가격 폭등을 아무도 예상 못 했듯이, 수도권 신도시의 학령인구 예측에 실패한 경우가 많다. 정확한 예측 시스템이 필요하다.

교육부 중앙투자심사위원회(중투) 기준의 문제점을 지적하는 견해도 있다. 현재 교육부 중투는 도시 지역의 경우 초등 36학급, 중등 30학급을 일반적인 학교 신설 기준으로 적용하고 있다. 그 기준에 미달하면 매우 까다로운 심사 과정을 거쳐야 한다. 이 역시 이해가 되는 측면이 있다. 무분별한 학교 신설로 재정이 낭비되는 사례가 많기 때문이다.

여기에 학교 용지 부담금을 피하려는 건설회사의 소규모 개발, 혹은 '쪼개기 분양' 탓도 있다. 이상의 문제들이 결합되면서 신도시의 과밀학급과 개교 지연 문제가 반복되고 있는 것이다.

과밀학급 문제가 가장 심각한 경기도에서는 지난 지방선거에서 그것이 핵심적인 쟁점으로 떠올랐다. 김동연 경기도 지사는 중투 심사 횟수를 늘리는 방안(연 3회 → 6회), 학교 신설 관련 재정투자 확대, 중투 기준 완화 등을 주장했다. 또한 국회와 교육부, 경기도교육청 등과 함께 '경기도 신설학교 신속추진단'을 구성하겠다고 밝혔다.(김동연 "학급당 적정 학생 수 유지돼야"…경기도 교육 기본권 향상 다짐, 경기신문, 2022.5.27.)

임태희 경기도교육감도 후보 시절 ▲신도시 및 지구단위계획 설계 시 학교 및 학생수요 예측 조정지수 개발 ▲신규학교 계획 시 중앙투자심사위원회 심사기준 완화, 교육부 학교 총량제 허가권 시도교육감 이양 추진 ▲학군 유연화 및 공동학군 운영 통해 학교 학생 수 분산으로 적정규모 교육환경 조성 등을 약속했다.(임태희 후보 페이스북, 2022.5.29)

경기도는 '3기 신도시' 입주를 앞두고 있다. 이 문제를 조만간 해결하지 않으면, 똑같은 상황이 반복될 것이다. 경기도와 경기교육청, 교육부 외에도 국토부, LH 등이 함께 머리를 맞대야 할 것이다.

2 '학급당 20명'의 꿈

'학급당 20명 상한제' 법제화가 논의되면서, 국회예산정책처에서 그 예산을 따져 본 적이 있다. 학생 수 자연 감소를 고려하여 초등학교 7275개, 중학교 1만 7881개, 고등학교 7711개 등 총 3만 2867개의 학급을 추가하면 학급당 학생 수가 20명을 넘지 않을 것으로 전망했다.

또한 교원은 40,023명(초 9,149명, 중 20,227명, 고 10,597명)이 추가로

필요하다고 분석했다. 이를 위한 교실 증축비로 5조 9091억 원, 교사 신규 채용(2025~2028년) 등 인건비 7조 8202억 원을 합쳐 13조 7,293억 원의 예산이 필요하다고 분석했다.

학급 수 증가 시 재정 소요 : 2024~2028년 단위 : 억원

구 분	2024년	2025년	2026년	2027년	2028년	합계
교사 인건비	0	18,211	19,139	19,984	20,868	78,202
교실 증축비	59,091	0	0	0	0	59,091
합 계	59,091	18,211	19,139	19,984	20,868	137,293

자료 : 국회예산정책처

그런데 이 분석에는 몇 가지 '함정'이 있다. 먼저 과밀학급 지역은 학급을 증설할 공간이 부족하다. 예컨대 대표적인 과밀학급 지역인 서울 강남구의 경우, 새롭게 학급을 증축할 공간이 턱없이 부족하다. 당연히 주변의 땅값도 엄청나다.

어렵사리 학급을 새로 추가한다고 할 때, 그만큼 전입생이 늘어날 가능성이 높다. 근거리 배정을 원칙으로 하는 초등학교와 중학교의 경우, 더 많은 학생들이 강남으로 몰려들 것이다. 그 학생들의 전입을 막을 근거가 없고, 결국 과밀학급 상황에서 벗어나기 어려울 것이다.

강남의 한 초등학교는 과밀학급을 해소하기 위해 위장 전입으로 학구(學區)를 위반한 명단 공개를 계획했다가 사생활 침해 논란에 휩싸인 적이 있다.('과밀학급' 몸살 강남 초교, 실거주 위반 공개하려다 철회, 매일경제, 2021.10.11) 그 학교는 학급당 34~36명에 이른다고 한다. 그런데 위장 전입을 해서라도 그 학교에 다니고 싶은 욕망을 어떻게 잠재울 것인가? '학급당 20명'은 자칫 강남의 부동산 가격을 더 올려놓을 수도 있다.

현재에도 학교 간 학생 수 불균형은 심각한 수준이다. 단지 도시와 농촌의 문제만이 아니다. 예컨대 경기도 성남시의 N중학교와 C중학교는 500m 정도의 거리에 위치한다. 그런데 N중학교가 22학급 666명(학급당 평균 30명)인데 비해, C중학교는 6학급 98명(학급당 평균 16명)의 학생이 재학한다.

유사한 사례는 흔하게 발견된다. 이런 상황을 고려하지 않고, 일률적으로 '학급당 20명 상한제'를 도입하는 경우 불균형은 더욱 심화될 수 있다.

교사 신규 채용도 학령인구 감소를 고려하면 향후 심각한 교원 수급 문제를 야기할 수 있다. 2028년 이후 신규 채용을 전면 중지하거나 대폭 축소해야 할 것이다. 곧이어 과원 교사 문제로 몸살을 앓게 될 것이다. 교원이 정년퇴직하는 속도보다 학생 수 줄어드는 속도가 훨씬 빠르기 때문이다.

이제 '학급당 20명 상한제'의 꿈에서 벗어나야 한다. 그것이 가진 교육적 가치와 소망에도 불구하고, 현실은 불가능한 조건들로 가득하다.

현실적인 학급 상한 기준을 정하고 실제 달성할 수 있는 방안을 찾아야 한다. 또한 초등학교 저학년만이라도 학급당 학생 수를 줄일 수 있는 방안, 고교학점제에 실질적으로 필요한 교원 확보 등에 집중해야 한다. 그리고 신도시 지역의 반복되는 개교 지연과 과밀학급 문제를 막을 수 있는 실효성있는 정책을 내놓아야 한다.

3 농산어촌 소규모 학교를 둘러싼 논쟁

2021년 여름, 전북에서 소규모 학교를 둘러싼 논쟁이 진행되었다. 2021년 8월 21일, 당시 더불어교육혁신포럼 서거석 이사장(현 전라북도 교육감)은 일찌감치 교육감 선거 출마를 선언하는 기자회견에서 "작은학교는 아름답지만,

너무 작은 학교는 문제가 있다"고 주장했다. 학생들의 사회성 발달에 어려움이 발생하고 교육활동에도 많은 제약이 따른다는 것이다.

게다가 1인당 교육비에서 도시학교와 너무 큰 차이를 보인다고 말한다. 예를 들어 학생 수가 4명인 부안의 한 중학교 1인당 예산사용액이 연간 1억 7천만 원인데 비해, 859명의 학생이 다니는 전주의 한 중학교는 544만 원에 불과하다는 것이다. 즉, '너무 작은 학교'의 경우 적극적으로 통 · 폐합해야 한다는 것이다.(금기(?) 건드린 서거석 "유지비 거대한 작은학교, 도심학교 상생 위해 통합해야", 교육플러스, 2021.8.25.)

이에 대해 이항근 전북교육자치연구소 소장은 "도심과 시골 학교를 공동통학 구로 묶어 도심 과밀학급과 농촌 소규모학교 학생을 분산시키는 정책이 진정한 도 · 농상생"이라며 통 · 폐합 주장에 맞섰다.(전북 '작은학교 통합' 놓고 교육감 출마 예정자 격돌…서거석 vs 이항근 공방 쟁점은?, 교육플러스, 2021.8.31.)

이 논란은 오래된 것이다. 기억을 더듬어 보면, 1994년 경기도 가평의 두밀분교 폐교를 둘러싸고 벌어진 이 논쟁은, 그 뒤 남한산초등학교를 비롯한 '작은 학교 살리기' 운동이 전국에 들불처럼 번지면서 더욱 가열되었다. 그 논쟁은 주로 소규모 학교를 통폐합하려는 정부(교육청)와 그것을 저지하고 작은 학교를 지켜내려는 교육계와 학부모(지역주민) 사이의 갈등으로 표출되었다.

물론 작은 학교 살리기가 통폐합 반대 논리에 머문 것은 아니다. 인근 도시와의 공동학구제 도입으로 도시 학생들이 통학하면서 활기를 되찾은 경우가 많다. 이 방식은 남한산초등학교에서 적용된 것으로, 이후 전국으로 확산되었다. 특히 혁신교육 등장 이후, 농산어촌 혁신학교의 중요한 모델이 되었다.

아예 서울 등 수도권 학생들의 전입을 통해 학교를 살리고 도농(都農) 연계의 새로운 가능성을 만들어가기도 한다. 이는 일본의 산촌 유학 사례가 알려지면서 오래전부터 '대안적 교육을 희망하는' 학부모들의 선택에 의해 꾸준히 이루어져왔다. 그러던 것이 교육청이 직접 나서서 지원하면서, 양적으로 확대되고 보다 체계적으로 진행되었다. 서울교육청과 전남교육청 등이 직접 나섰다.

- 서울시교육청 농촌유학은 서울 학생들에게 생태친화적 농산어촌 환경 속에서 생태감수성을 기르고 상호협력하는 문화를 배울 수 있는 기회를 제공하기 위해 마련되었으며, 코로나로 많은 것들이 멈춘 상황에서도 서울 학생들은 1학기 이상의 농촌유학 생활을 통해 생태친화적 교육활동을 경험하면서 학생 개개인의 눈높이에 맞는 생태의 가치를 배우며 꾸준히 생태행동을 실천할 수 있는 학생으로 성장하였습니다. 그 성과로 2022학년도 1학기에는 200명 내외의 학생이 농촌유학에 참가하는 등 정책참여 학생의 확장뿐 아니라 이번 협약을 통해 농촌유학 지역 확대에 대한 수요를 충족하는 계기를 마련하였습니다.(서울시교육청, 고성 · 곡성 · 해남 · 정읍 지자체화 협력하여 가족체류형 농촌유학 지원 강화에 나선다, 2022.1.13.)

- 전남농산어촌유학은 2021년부터 전남교육청이 교육청 단위로는 전국 최초로 시행하고 있는 혁신정책으로 국내외 언론에서 주목하고 있다. 사업추진 1년 만에 유학생 수가 네 배 가까이 증가하는 등 양적 · 질적으로 성장을 거듭하고 있다.

  2022년에는 시즌 2를 시작하면서 정주형 장기유학을 본격화하고 있으며, 3월 새학기 시작과 함께 전국 각지에서 304명의 유학생이 전학 와서 18개 시 · 군 50개의 학교에서 생활하고 있다. 여기에는 정주형 장기유학생 44명이 포함되어 있다. 특히, 3월 현재 전남농산어촌유학 참여를 위해 500여 명의 도시 유학생과 동반가족이 전남으로 주소를 이전해 생활하고 있다.

  정주형 장기유학은 5년 이상 체류를 조건으로, 지자체와 마을은 주거와 일자리를 제공하고, 교육청은 유학경비와 프로그램운영비, 에듀버스 등을 지원하는 대표적인 민 · 관 · 학 협업정책이다. 첫 번째 모델은 해남북일초등학교와 두륜중학교이다. 전남교육청은 작은 학교 살리기 시범사례인 이 모델에 대한 지원을 늘려 일반화한다는 방침이다.

정주형 장기유학은 6개월 단위로 운영되는 기존 농산어촌유학의 단점을 보완하고, 실질적으로 전남에 정착하는 인구가 유입되는 효과가 있어 사업참여를 희망하는 지자체가 생겨나고 있다.

정주형 장기유학 활성화의 핵심은 주거와 일자리, 그리고 교육환경이다. 전남교육청은 지자체에 유학생 가족 수용을 위한 헌집 리모델링 및 모듈러 주택 설치, 그리고 일자리 발굴 · 정보 제공 등에 대한 협조를 요청했다. 또, 유학생 수용을 위한 가족체류형주택, 일자리 등에 대한 준비가 완료된 지자체에 유학생을 우선 배정한다는 계획이다.

전남교육청은 교육청-지자체의 상생협업을 바탕으로 한 정주형 장기유학과 지방소멸대응정책 연계는 소멸 위기에 있는 농어촌지역에 인구 유입을 촉진하고, 나아가 작은학교 활성화 및 농어촌의 지속가능한 발전의 토대를 마련하는 데 큰 도움이 될 것으로 기대하고 있다.(전남교육청, 정주형 농산어촌유학 · 지방소멸대응정책 연계 추진, 2022.4.26.)

농촌 유학은 단기(1학기, 혹은 학년) 유학으로 시작해서, 이제 가족 전체가 이주하는 장기 유학 형태로까지 발전하고 있다. 교육청과 지자체(일자리 및 주거 공간 제공)의 협업으로 지역소멸을 막는 정책이 된 것이다.

아직까지 농촌 유학은 주로 초등학생 중심으로 진행된다. 그 이유가 무엇 때문인지는 쉽게 이해가 된다. 초등학교 시절 농촌으로 유학간 학생들이 중학교와 고등학교, 대학과 일자리까지 연결되는 사회를 꿈꿀 수는 없을까? 이에 대한 해답을 찾아야 한다.

아무튼 작은 학교 살리기의 다양한 진화에도, 소규모 학교를 둘러싼 논란은 여전히 지속된다. 그 이유는 첫째, 작은 학교가 과연 학생들의 학업과 성장에 적합한가 하는 의문 때문이다. 적정규모의 또래 집단이 경쟁과 협력을 통해 성장하는 것이 학교의 역할이다. 과연 작은 학교가 그런 역할을 제대로 할 수 있는지 의문이 생긴다는 것이다.

특히 사회성이 본격적으로 발달하는 10세 무렵부터는 적정규모의 집단이 절대적으로 필요하다. 그래서 나는 K-2학교(유치원~초등 2학년)를 분교로 유지하고, 3학년부터는 통합을 통한 적정규모 학교를 여러 차례 제안했다.

K-2학교 구상은 2009년에 방문했던 핀란드의 회스마린퀴스토(Hösmärinpuisto)에 대한 강렬한 기억 때문이다. 글로벌 기업인 노키아(Nokia) 본사가 있는 에스푸(Espoo)에 위치한 그 학교는 유치원과 초등 2학년 학생들이 다니는 학교였다.

글로벌 기업도시답게, 그 학교는 전 세계 인종들이 다 모인 듯했다. 그곳에서 서로를 돌보며 함께 성장하는 법을 배우고, 무엇보다 핀란드어를 집중적으로 가르쳤다. 그리고 3학년이 되면 각자 집 근처의 초등학교로 전학을 간다. 이명박 정부에서도 K-2 학교를 꺼내든 적이 있지만,(농 · 어촌 교육지원 'K-2 학교 · 돌봄학교' 생긴다, 중앙일보, 2009.6.15.) 제대로 실현되지 않았다.

K-2 학교에 대한 나의 제안에 많은 분이 동의했다. 특히 다문화 학생이 많은 지역의 경우, 집중적인 돌봄과 한국어 교육이 필요하다고 공감했다. K-2 학교에서는 교사와 학생 비율이 거의 1:1 수준이어도 괜찮다고 생각했다.

하지만 K-2학교 제안은 구체적인 정책으로 실현되지 못했다. 진보 교육감 등장 이후 소규모 학교 통폐합에 소극적이었던 것도 원인이지만, 그보다는 K-2 학교가 도입되면(즉, 소규모 학교가 분교로 전환하면) 교장과 교감 정원이 줄어드는 게 부담이었을 것이다.

고교학점제 시행을 앞둔 고등학교의 경우, 소규모 학교의 상황은 더욱 심각하다. 지방에는 학년당 1학급, 전체 3학급 규모의 고등학교가 꽤 많다. 그 학교에서는 학생들의 다양한 교과 선택을 보장하는 학점제가 아예 불가능하다. 그렇다고 교원을 추가할 수도 없는 노릇이다. 이미 그 학교의 교사들은 대부분 주당 10시간 이내의 수업을 한다.

이런 경우에는 인근 학교와의 통합을 통해 적정 규모의 기숙학교로 운영하는 방안을 적극적으로 모색해야 한다. 고등학생이라면 기숙사 생활에 거의 거부감이 없을 것이다. 어쩌면 '집보다 나은 환경의' 학교가 될 수 있다. 농산어촌 소규모 고등학교의 1인당 교육비를 고려하면, 최고급 수준의 기숙사 시설과 급식이 가능해진다.

무엇보다 고등학생 수준에 적합한 배움과 성장이 이루어질 것이다. 문제는 K-2 학교와 마찬가지로, 교장 · 교감의 자리가 축소된다는 점이다. 그것 외에 소규모 고등학교의 통합을 주저할 이유는 없지 않을까?

소규모 학교를 둘러싼 두 번째 쟁점은 '예산'이다. 서거석 교육감이 연간 1억 7천만 원이 들어간다고 밝힌 전북 부안의 중학교가 어디에 위치 해있는지 정확히 알 수 없다. 아마도 가까운 중학교가 수십 Km 이상 떨어져 도저히 통학할 수 없는 학교인지도 모른다.

그런데 나는 모 광역시 외곽에서도 그런 학교를 발견했다. 그 학교는 사립 중학교이다. 학생은 15명, 교직원은 14명이었다. 2019년 예산 현황을 보면, 세입결산액이 24.1억, 세출결산액은 17.7억 원이었다. 세입 기준으로 1인당 연간 1억 6천만 원, 3년간 4억 8천만 원이 들어가는 학교인 셈이다. 세출 기준으로 해도 3년간 3억 5천만 원이 넘는다.

만약 그 돈을 학생의 가정에 직접 나눠주면 어떤 일이 벌어질까? 그 돈으로 학생과 학부모들은 다양한 선택을 통해 '더 나은 교육'을 받을 수 있을 것이다. 게다가 그 학교에서 10Km 남짓한 곳에 공립중학교가 여러 개 위치한다.

이제 농산어촌 소규모 학교에 대한 실질적인 해법을 마련해야 한다. 학교를 유지하느냐 없애느냐(통폐합하느냐)의 이분법적 논란에서 벗어나, 학교와 지역공동체가 상생 · 협력할 수 있는 재구조화 방안을 찾아야 한다. 그리고 무엇보다, 학생들의 배움과 성장에 적합한 조건을 갖추었는지를 따져야 한다.

4 학교시설복합화법을 제안한 이유

초등학생들의 방과후 돌봄은 사회적으로 요구가 높아지는데 비해 학교 현장에서는 갈등의 소지를 안고 있는 문제이다. 윤석열 정부는 돌봄시간을 오후 8시까지 연장하겠다고 약속했다. 국민의힘에서는 김종인 대표 시절부터 독일의 '전일제학교' 모델(정재훈 외, 「교육 · 가족 · 사회적 관점에서의 독일 전일제학교 실태 분석 연구」, 저출산 · 고령화위원회 정책연구, 2018) 도입을 시사했다. 독일에서 사회민주당의 정책으로 시작되었던 전일제학교가 한국에서는 보수정당이 먼저 제안한 것이다.('저출생' 해결 위해 '전일 보육제' 꺼내 든 김종인… 실현 가능할까?, 여성신문, 2020.6.9.)

2018년, '초등학교 3시 동시 하교제'가 뜨거운 이슈로 떠올랐다. 어린이집과 유치원보다 초등학교에서 하교를 빨리하게 되면서 돌봄 문제에서 어려움과 부담이 생기고 여성들의 '경력 단절'로 연결되므로 모든 초등학생을 3시에 하교시키자는 것이다. 여성가족부, 저출산고령화위원회 등에서는 그 필요성을 강조했고, 학교 현장의 교사들은 강하게 반발했다. 교육부와 교육청 역시 현장의 목소리에 따라 부정적이었다.

결국 안전한 돌봄을 어떻게 늘릴 것인가가 핵심 쟁점이었다. 학부모들은 대부분 학교에서의 돌봄을 희망했다. 또한 '다함께 돌봄센터', '우리동네키움센터' 등 지방자치단체가 운영하는 학교 밖 돌봄시설은 공간 확보 문제로 확대의 어려움이 많았다.

이런 상황에서 서울 중구의 돌봄사업은 전국적인 관심을 받았다. 학교가 시설을 제공하고, 지방자치단체(중구청)가 운영을 도맡는 방식이었다.('돌봄 만족도 99%' 서울 중구의 비밀…"지자체 직영", 오마이뉴스, 2021.1.25.) 물론 서울 중구의 모델을 무작정 모든 지역에 적용하기는 어렵다. 중구는 재정자립도가 69.2%로 서울시 25개 자치구 중 강남구(70.6%)에 이어 2위를 기록했다. 3위인 서초구(62.8%)보다 높다. 노원, 은평, 중랑구가 각각 20.2%, 22.1%, 22.7%이고, 30%에 못 미치는 서울 자치구는 10곳이다.(서울 자치구 재정자립도, 강남 · 중구 · 서초 순, 연합뉴스, 2021.5.16.). 게다가 중구에는 주거 공간보다는 업무시설이 많다. 당연히 학생 수가 적다. 그만큼 아동 돌봄에 지자체 예산을 투입할 여력이 많은 셈이다.

또한 지자체가 학교에 들어와 실질적인 운영권을 행사하는 것도 여러 난관이 있었다. 그동안 시설복합화, 학교 개방(체육시설, 도서관 등의 주민 공동 이용) 등이 추진되었지만, 학교는 언제나 소극적이었다.

그 이유는 간단했다. 초중등교육법 제20조의 '학교장 통할권' 규정 때문이다. 통할권이라는 애매모호한 규정은 권리와 책임의 범위를 무한대로 규정했다. 전형적인 일제 강점기의 잔재였다. 달리 말하면, 학교에서 일어나는 모든 일의 책임이 교장에게 있는 것이다. 이런 상황에서 시설복합화, 학교개방에 적극적으로 나설 교장은 없다.

2019년 초, 학교시설복합화법을 새롭게 제정하고 학교장 통할권을 삭제하는 방안을 교육부에 제안했다. 학교시설복합화법의 핵심은 학교시설을 학교 교육외의 다른 용도로 활용하는 것에 대한 관리 책임을 명확히 하는 것이다.

그 법은 2020년 3월에 국회에서 통과되었다.(초중고 부지에 주민센터 · 어린이집 등 설치 가능해져, 연합뉴스, 2020.3.26.) 그보다 1년쯤 늦게, '우여곡절 끝에' 초중등교육법 제20조의 "교장은 교무를 통할하고~"는 "교장은 교무를 총괄하고~"로 개정되었다.

학교시설복합화법 제안에는 학교 공간을 돌봄시설로 제공하고, '사회서비스원'에서 돌봄 교사를 고용하는 방안을 염두에 두었다. 당시 사회서비스원은 지방자치단체가 운영하면서 주로 장기요양, 노인맞춤 돌봄서비스 등을 제공했는데, 거기에 아동 돌봄을 추가할 수 있다고 생각했다. 기존 학교 돌봄 노동자들의 반발이 예상되는 만큼, 신설학교부터 그런 시스템을 적용할 수 있을 것이다. 그러면 학교와 교사는 점차 돌봄 업무에서 벗어날 수 있는 것이다.

학교시설복합화는 단지 초등학교 돌봄만을 고려한 건 아니다. 신도시 개발과 학교 신설 과정의 논란을 해결할 수 있는 방안이기도 하다. 교육부 중투에서 요구하는 신설 기준(초등 36학급, 중등 30학급)에 미달하는 경우, 시설복합화를 통해 그 문제를 해결할 수 있다. 또한 초 · 중 통합 모델도 적극 검토될 수 있다.

교육청과 지자체가 공동으로 재원을 마련하고, 학교와 주민생활 · 복지시설을 한 공간에 배치하면 된다. 학생유발률이 높은 아파트 입주와 개교 초기에는 교실로 대부분 활용하고, 학생 수가 감소 되면 주민시설로 전환할 수도 있을 것이다. 이미 수원 권선동 등에서 그런 모델이 실험되고 있다.(한국경제조사연구원, 수원 권선지구 내 학교복합시설 건립 타당성 조사 연구용역, 수원시 정책연구, 2019)

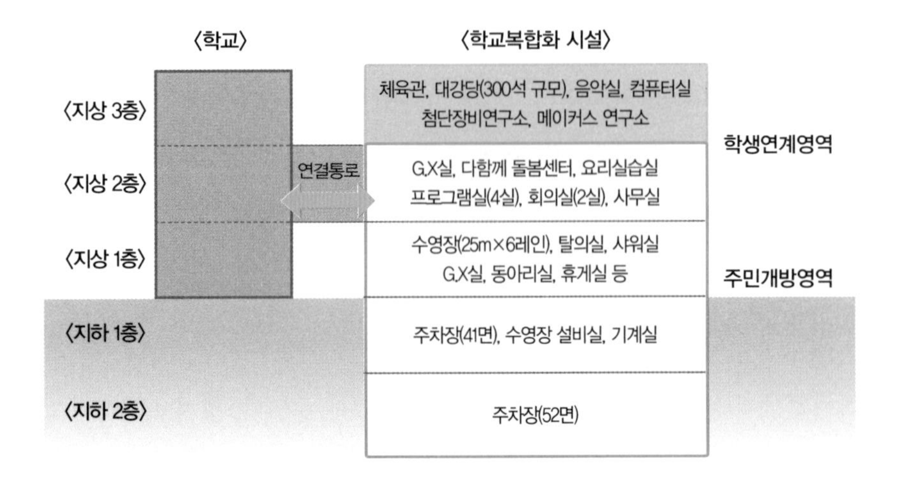

※ 한국경제조사연구원, 앞의 논문, p.185

또한 농촌지역 소규모 학교에서는 학교시설복합화법을 더욱 적극적으로 활용할 수 있다. 농촌학교의 유휴 시설에 어린이집, 혹은 주민생활 · 복지시설을 결합한다면 지역공동체의 구심으로서 학교 역할이 강화될 수 있을 것이다.

농림축산식품부에서는 귀촌을 유도하기 위한 다양한 정책을 추진했다. 코로나 19 이후 원격근무가 늘어나면서 도시 직장인들의 농촌 귀촌이 가능해졌다고 판단한 것이다. 도시 직장인의 귀촌을 지원하는 방안 중 하나가 스마트 업무 공간의 확보다. 인터넷 접속과 온라인 회의, 복사와 인쇄 기능을 갖춘 공간을 갖추는데 학교만 한 데가 있을까? 그러면 귀촌한 도시 직장인을 따라, 그 자녀들도 농촌 학교에 입학할 것이다.

이보다 더한 상상도 가능하다. K-2 학교를 만든다면, 아예 도시 은퇴자들의 주거 공간과 연계하는 방안도 고려할 수 있다. 농촌에 귀촌한 은퇴자들이 모여 살면서, 도시의 손자 · 손녀를 돌보는 것이다. 도시 맞벌이 부부 중에는 시골의 할머니 · 할아버지에게 자녀를 맡기는 경우가 꽤 있다.

학교시설복합화에 대한 상상을 더 확장해 보자. 지속적인 취업률 하락과 입학 정원 미달의 악순환을 겪고 있는 전문계 특성화고에 질 높은 직업교육기관을 유치할 수도 있을 것이다. 현재 전문계고의 가장 큰 문제점은 교사들의 전공과 취업시장의 요구가 불일치한다는 것이다. 그래서 산학겸임교사 등 다양한 제도가 도입되었지만, 실효성을 얻지 못하고 있다. 즉, 취업시장의 요구에 맞게 학과 개편이 안 되는 것이다.

아예 유휴 공간이 많은 전문계 특성화고등학교 안에 폴리텍, 혹은 성인 대상 직업교육기관을 유치하면 어떨까? 이는 핀란드의 세계적인 직업교육기관인 옴니아(Omnia) 모델이기도 하다. 두 개의 직업교육기관(전문계 특성화고, 성인 대상 직업교육기관)이 한 공간에 위치한다면 그 자체가 학생들의 동기를 유발하고 체계적인 위탁교육까지 가능할 것이다.

이렇게 되면 기존 전문계 특성화고에서 가르치지 못하는 반도체, 배터리, 바이오 등 첨단분야의 제조공정 관련한 전공을 설치할 수 있다. 용접, 금속 등 이른바 '뿌리산업'의 숙련공을 길러낼 수도 있다. 그뿐만 아니라 폴리텍이나 전문대학과 함께 3+2 교육체제를 구체화할 수 있을 것이다.

이제 하나의 공간에 하나의 학교라는 기존 인식에서 벗어나야 한다. 기존 학교의 공간과 운영에 대한 다양한 상상력을 발휘할 때, 우리 교육은 미래로 한 발짝 나아갈 것이다.

인구절벽 시대, 생각해 볼 문제

1 아이 한 명 한 명을 소중히 하는 교육철학

학령인구가 급속하게 줄어드는 만큼, 학생 한 명 한 명의 소중함은 더욱 절실하다. 특히 유아교육 단계부터 집중적인 교육 투자가 이루어져야 한다.

흔히 헤크먼(Heckman) 곡선이라고 알려진 것처럼, 영유아기 성장단계의 투자와 국가적 책임은 더욱 강조되어야 한다. 그런 면에서 유보통합을 포함한 유아교육 강화 방안이 구체적으로 논의되어야 한다.(이정림 외, 「사회적 격차 해소를 위한 빈곤가정 영유아 양육 지원 방안 연구(II)」, 2020 육아정책연구소 정책연구)

헤크만 곡선

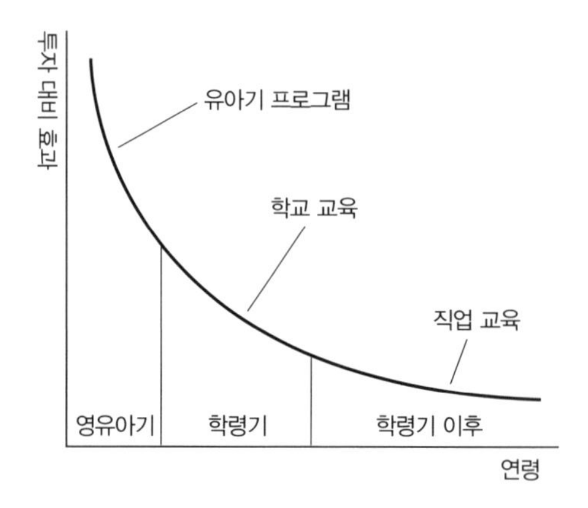

* 이정림 외, 앞의 논문, p.76

윤석열 대통령은 취임 후 반도체 인재 양성 등 주로 '당장에 필요한' 교육 과제에 집중하는 것처럼 보인다. 하지만 이는 국가의 중장기 미래를 외면하는 것이다. 교육계만이라도 영유아 단계 교육 투자 확대를 주장해야 한다.

그뿐만 아니라, 교육 소외 계층에 대한 보다 섬세한 교육정책이 제시되어야 한다. 특히 저연령 단계의 집중적인 지원 프로그램이 강화되어야 한다.

2 다문화 교육의 강화 방안

'2021 청소년 통계'에 따르면 초중고의 다문화 학생은 147,378명으로 전체의 2.8%에 이른다. 이는 2013년 0.9%에서 꾸준히 증가한 것이고, 앞으로 더욱 늘어날 수밖에 없다.

인구절벽 시대, 학령인구뿐 아니라 노동인구도 부족한 현실에서 다문화 학생을 온전하게 우리 국민으로 받아들이고 그들이 '한국인'으로서 살아갈 수 있도록 해야 한다. 다문화 학생들의 한국 사회 적응 지원, 이중 언어 교육 등에 보다 많은 노력을 기울여야 한다.

한마디로 다문화 학생들에게 한국은 새로운 '기회의 땅'이 되어야 한다. 그것은 한국의 소프트파워를 가늠하는 중요한 기준이 될 것이다. 우리가 글로벌 선도국가로 나아가는데 있어 잊지 말아야 하는 과제이다.

그런데 다문화 학생 교육은 그동안 '교육복지'의 성격이 강했다. 주로 3D 업종이나 서비스업에 종사하는 부모를 둔 학생들이 많았기 때문이다. 여전히 교육복지 중심의 다문화 교육은 대단히 중요하다.

하지만 앞으로 한국의 반도체, 배터리, 바이오 등 첨단산업 등에 취업하는 전문직 기술자들이 많아질 것이다. 지금도 삼성전자 등에는 외국인 개발자,

엔지니어들이 꽤 많다.

그들의 자녀들이 다닐 수 있는 공교육 환경이 만들어져야 한다. 그렇지 않으면 값비싼 사립 국제학교들이 무분별하게 늘어날 수 있다. 아니면 그들이 더 나은 자녀 교육환경을 좇아 해외 기업으로 나갈 수도 있다. 그만큼, 우리 기업의 손실이고 우리가 글로벌 선도국가로 나아가는 데 있어 소중한 자산을 잃어버리는 셈이다.

어떤 면에서 다문화 교육은 현재 2중의 과제를 안고 있는 셈이다. 그 과제를 동시에 실행할 수 있는 방안을 찾는데 지혜를 모아야 할 것이다.

3 도시 학생들을 농촌으로 전학시킨다면

농촌지역의 기숙형 대안학교(비인가 학교 포함), 혹은 대안형 특성화학교를 찾아 입학하는 도시의 학생들이 점차 증가하고 있다. 대안교육기관은 대부분 사립학교이고, 비인가의 경우 매우 비싼 등록금을 요구한다.

맞벌이 비율이 늘어나고 사교육 경쟁이 격화되는 상황에서, 가정에서 자녀를 양육하는데 한계를 느끼는 경우가 많아진 것이다. 그리고 도시 학부모 중에는 '사교육 헬리콥터 맘'에서 벗어나고 싶다는 분들도 많다. 그런 학부모들이 농촌의 대안교육기관을 찾는 것이다.

최근에는 교육청과 지자체의 노력으로 농촌 유학이 확대되면서, 사립 대안교육기관이 아닌 공립학교로 그 흐름이 확대되고 있다. 현재 주로 초등학생 중심으로 이루어지는 농촌 유학을 중학교와 고등학교까지 확대하려면 무엇이 필요할까?

가족 전체가 이주하지 않는 한, 기숙사가 필요할 것이다. 또한 도시의 학생 · 학부모들이 '신뢰할 만한' 교사 역량, 교육과정 등이 요구될 것이다. 예컨대 '거창고등학교'와 같은 학교를 농산어촌 지역에 100개쯤 만들고, 전국에서 학생 모집이 가능하도록 한다면 어떨까?

거창고등학교 외에도 농촌에는 이른바 '명문고등학교'들이 꽤 있다. 대부분 사립학교이다. 공립학교가 교원 순환 전보 등으로 학교의 전통을 유지하기 어려운 데 비해, 사립은 그것이 가능하기 때문이다.

지방에 좋은 학교, 도시의 학생 · 학부모들이 선뜻 입학할 생각을 하게 만드는 학교가 100개 만들어지려면 기존 사립학교만으로는 어렵다. 공립학교 중에서도 그런 학교가 만들어질 수 있는 제도를 도입해야 한다. 예컨대 교원 순환 전보를 유예하고, 아예 교원 선발 단계부터 학교 혹은 지역단위 임용이 가능한 방안을 찾을 수 있을 것이다.

윤석열 정부가 추진하는 '교육자유특구'부터 그런 정책을 시도할 수 있지 않을까? 또한 고등학교뿐 아니라, 중학교 기숙학교도 고려할 필요가 있다. 현재의 대안형 특성화학교(기숙사, 전국단위 모집) 같은 모델을 확대하는 것이다.

그렇게 전국에 중학교와 고등학교가 각각 100개씩의 학교가 만들어지고 전국 단위 모집을 한다면, 농촌학교의 폐교를 막고 도시 대규모 학교의 과밀학급도 일정하게 해소할 수 있을 것이다. 무엇보다 자녀의 교육을 위해 도시로 이주하려는 학부모들의 욕망을 일정하게 제어할 수 있을 것이다.

그 학부모들의 욕망은 교사들에게도 적용된다. 농촌지역에 '신뢰할 만한' 기숙학교가 늘어난다면, 교사들도 굳이 농촌학교를 떠나 도시로 전보 신청할 필요가 없어질 것이다. 실제 내가 아는 교사 중에는 자녀를 기숙학교에 입학

시키고 농촌지역에서 열심히 교육활동을 하는 분들이 꽤 있다.

또한 도시에서 농촌 학교로 입학한 학생들은 농촌지역의 소멸을 막고 도농(都農) 연계의 새로운 동력이 될 수 있다. 거기에 RIS 사업(지자체-대학 협력 기반 지역혁신사업) 등이 연계하여, 지방의 대학 진학과 일자리로 연결된다면 더할 나위 없는 교육생태계가 구축될 것이다.

CHAPTER 08

서울대 10개 만들기? 그 꿈과 현실

- 진보 진영의 쌍두마차, 국립대 통합과 공영형 사립대
- RIS, 반도체 계약학과, 한계대학 정리…
- 포용적 상향 평준화, 서울대 10개 만들기
- 윤석열 정부, '서울대 10개 만들기'와 '판도라의 상자'
- '서울대 10개 만들기'가 실현되려면

진보진영의 쌍두마차, 국립대 통합과 공영형 사립대

1 국립대 통합네트워크의 꿈과 현실

국립대 통합네트워크, 국립대 공동 학위제는 교육계 진보진영의 오랜 숙원과제였다. 나 역시 적극 동의했다. 관련한 토론회, 세미나에도 부지런히 쫓아다녔다. 2004년도에 내가 수업하는 고등학교 2학년 학생들에게 '국립대 공동 학위제'를 주제로 하는 수행평가를 출제한 적이 있다. '출제자의 의도'(?)를 파악한 많은 학생이 그 정책의 필요성과 실행방안 등을 서술해서 과제로 제출했다.

그런데 몇몇 학생들은 그것이 과연 타당하고 현실 가능한 것인지 의문을 던졌다. 국립대 사이의 격차가 크고, 입시경쟁이 심한 한국 현실에서 국민적 동의를 얻기 어렵다는 게 논리였다. 돌이켜보면, 그때 국립대 공동 학위제에 반대했던 학생들이 나보다 훨씬 "어른스러웠다."

어떻게 보면, 국립대 통합네트워크는 그 주장이 등장한 2000년대 초반이 마지막 실행가능한 시기였는지도 모른다. 20여 년이 흐른 지금, 서울대는 물론 서울의 주요 사립대와 지방 국립대 사이의 격차는 너무 커졌다. 그 격차가 단지 '입시 커트라인'만은 아니다. 대학 통합, 혹은 공동 학위제가 전혀 설득력이 없어진 이유다.

일각에서는 국립대 통합네트워크가 20년째 우려먹는 '사골곰탕' 같은 선거 공약이라고 평가하기도 한다. 20년 동안 대선과 총선에서 매번 공약으로 제시되었지만 한발짝도 못 나갔다는 것이다.("20년째 우려먹는 대선공약 '국립대통합네트워크', 교육개혁은 선거용이 아니다.", U's Line, 2021.12.8.)

교육평론가 이범 역시 국립대 통합네트워크가 '파산'했다고 주장한다. 국립대 간 서열화의 '물적 토대'에 대해 외면하고, 특히 사립대학의 비율이 압도적인 구조적 특수성을 간과한다는 것이다.

그는 대학서열화의 원인은 1인당 학생 교육비라고 말한다. 2019년 기준으로 서울대 4800만 원, 연 · 고대 평균 2800만 원, 서강 · 성균관 · 한양대 평균 2300만 원, 중앙 · 경희 · 외국어 · 시립대 평균 1500만 원, 지방 거점국립대 평균 1700만 원인데, '돈'의 격차가 '교육의 질' 격차를 낳는다는 것이다. 지역거점국립대를 서울대와 하나의 통합네트워크로 묶는다고 이 문제가 해결될 리 없다는 것이다.

또한 그는 수도권 사립대 비율이 압도적으로 많은 상황에서 국립대 통합네트워크는 자칫 수도권 사립대보다 못한 대학이 될 수 있다고 예측한다. 결국 사립대 중심의 대학 체계가 될 거라는 것이다.(이범, "국립대 통합 네트워크는 이미 파산했다", 경향신문, 2021.3.18.)

나는 이범 선생의 의견에 동의한다. 다만 한 가지, 학생 1인당 교육비 차이가 어디서부터 비롯되는지 꼼꼼하게 분석할 필요가 있다. 예컨대 서울대와 나머지 국립대의 차이가 단지 '대학(교비)회계'의 국가 지원금 차이만은 아닐 것이다. '산학협력단 회계', '대학 발전 기금 회계' 등을 합쳐 1인당 교육비가 산출된다.

연 · 고대의 1인당 교육비 평균이 2800만 원이라면, 그걸 학생 등록금만으로 편성할 수는 없다. 등록금은 거기에 훨씬 못 미치기 때문이다. 2020년 기준으로 고려대의 교비 회계(등록금 포함)는 7,245억이고, 산학협력단 회계는 4,061억 원이다. 산학협력단 회계는 정부 기관이나 기업으로부터 '사업과 예산을 따오는 것'이다. 이 외에도 다양한 세입이 있을 것이다.

다만, 연 · 고대의 산학협력단 회계는 지방 거점국립대의 산학협력단 회계보다 훨씬 많다. 달리 말하면 연 · 고대 교수들이 "열심히 사업과 예산을 따왔다"고 할 수 있다. 대학과 교수들의 '노력'도 1인당 교육비를 결정하는 중요한 요소라는 것이다.

2 공영형 사립대, 불가능한 공약

청와대 교육비서관으로 가면서 가장 고민이 된 분야는 고등교육이었다. 중등 교사 출신인 내가 전혀 모르는 분야였기 때문이다. 그래서 부지런히 고등교육 관계자들을 만나 면담을 시도했다. 국립대와 사립대, 수도권과 지방, 4년제와 전문대, 총장과 교수노조 관계자 등 다양하게 만나 그들의 의견을 듣고자 했다.

그런데 그 많은 분을 만나면서, 뭔가 정리된다는 느낌보다는 이질적인 요구들이 한꺼번에 밀려온다는 느낌을 지울 수 없었다. 만나는 분마다 고등교육에 대한 진단과 해법이 모두 달랐다. 공통적으로는 고등교육에 대한 재정 확대를 요구했는데, 어떻게 그 재원을 마련할 것인지, 그리고 그 재원을 어떻게 배분할 것인지에 대해서는 모두 의견이 달랐다.

특히 '공영형 사립대'는 가장 깊은 고민거리였다. 국립대 통합네트워크와 달리 매우 생경한 주제였다. 문재인 대통령은 2017년 대통령 선거 당시, 서울 대영초등학교에서 교육 공약을 발표한 바 있다. 그 자리에서 문재인 대통령은 "장기적으로 발전가능성이 높은 사립대학은 공영형 사립대로 전환시켜 육성하겠습니다."고 밝혔다. 그리고 국정과제에는 "2019년부터 공영형 사립대 단계적 육성 · 확대 추진"으로 표현되었다.

관련 논문과 보고서 등을 꼼꼼하게 읽어 보았다. 그리고 공영형 사립대 지정을 희망하는 총장, 교수들을 수차례 면담했다. 교육계에는 이미 널리 알려졌듯이, 오랜 '대학 민주화' 투쟁을 경험한 지방의 대학들이다. 그분들은 공영형 사립대가 대통령 공약이자 국정과제인 만큼 서둘러 시행해야 하고, 대학 민주화의 상징인 자기 대학이 선정되어야 한다고 주장했다.

그런데 그 대학들은 지방에 위치하고, 학생 수 부족으로 어려움을 겪고 있는 상황이었다. 거기에 국가 예산을 투입하는 것에 대한 비판적 의견도 많았다. 대신에 대통령이 후보 시절 밝혔던 '장기적으로 발전 가능성이 높은 사립대학'을 조용히 물색해 보았다. 서울의 중위권 대학 중 두어 곳을 타진해 봤지만, 그들은 전혀 공영형 사립대학으로 전환할 의지가 없었다.

이에 대해서는 다시 이범 선생의 의견을 덧붙인다. 공영형 사립대는 이사진의 절반을 공익이사로 교체해야 하는데, 이런 방안에 관심 가질 대학은 학생 수 감소로 위기 한계 상황에 빠진 지방 사립대뿐이라는 것이다.(이범, "국립대 통합 네트워크는 이미 파산했다", 경향신문, 2021.3.18.)

RIS, 반도체 계약학과, 한계대학 정리…

1 지자체-대학 협력 기반 지역혁신사업(RIS)

국립대 통합네트워크가 불가능한 상황에서 "지역 균형발전과 지방대 육성을 위해 어떤 정책이 필요한가"는 가장 큰 고민 중 하나였다. 장기적으로 국립대 통합네트워크를 실현하기 위해서도 거점국립대를 중심으로 하는 지방대의 역량을 높여야 한다고 생각했다. 또한 국립대뿐 아니라, 지방 사립대학의 참여가 가능한 정책이 필요하다고 판단했다.

2019년 봄부터 교육부 담당자와 수 차례 논의를 거쳐 구상한 것이 '지자체-대학 협력 기반 지역혁신사업'(RIS, Regional Innovation Strategy)이다. 노무현 정부에서 유사한 사업을 부분적으로 시도한 적이 있었고, 또한 당시 대구시를 중심으로 2019년부터 진행되었던 '대경혁신인재양성 프로젝트(HuStar)'의 사례(휴스타, 지역 혁신인재 양성의 산실로 자리잡다, 대경일보, 2022.5.29.)를 참조했다.

기존의 지방대학 지원 사업들은 대부분 대학에 직접 예산을 지원하는 방식이었다. 그리고 교육부의 예산 지원 사업이 그러하듯이, 특정한 과제와 목표를 내걸었다.

지자체-대학 협력기반 지역혁신 사업 추진 방향

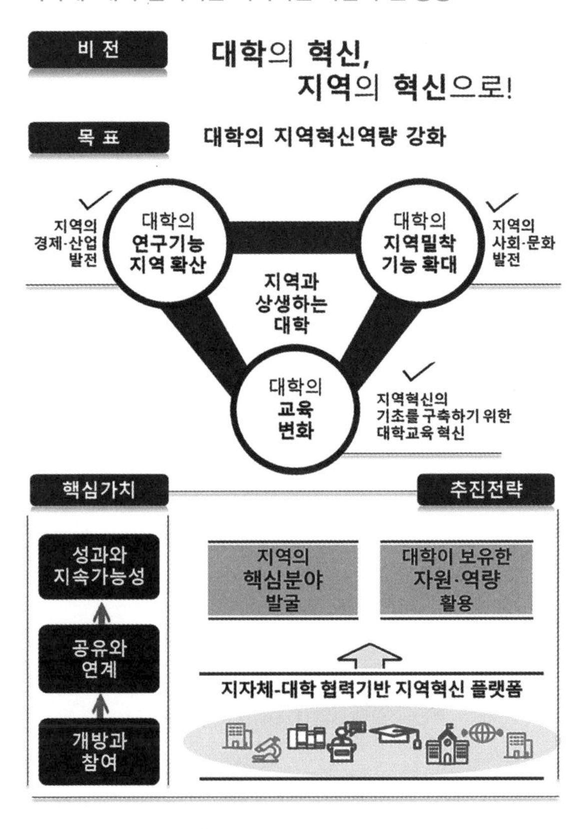

※ 지자체-대학 협력기반 지역혁신 사업 기본계획(교육부, 2020.3)

RIS는 중앙정부(교육부)뿐 아니라, 광역지방자치단체도 일정 비율(30%)로 재원을 투입한다. 그리고 거점국립대를 중심으로 하는 대학과 지방자치단체, 교육청, 산업계 등이 거버넌스를 구성하고, 지역 실정에 맞게 그 예산을 사용하는 것이다.

문제는 예산 확보였다. 대규모 신규사업에 대해 당연히 기획재정부에서는 난색을 했고 교육부 담당자의 어려움이 많았다. RIS 예산 확보에는 당시 김상조 청와대 정책실장의 지원이 있었다. 또한 RIS 사업모델과 운영체제 구상에는 당시 김경수 경상남도 지사의 도움을 받았다. 경상남도는 이미 유사한 협업체계(경남통합교육추진단)를 구성 · 운영 중이었다.

'경남형 공유대학(USG, University System of Gyeongnam)'은 현재 RIS 사업의 대표적인 모델로 알려져 있다.(수도권 대학과 경쟁한다…'경남형 공유대학' 학생 모집, 연합뉴스, 2021.3.16.) 공유대학 프로그램을 마친 학생들은 LG전자 등 지역의 대기업은 물론 중소기업에 취업이 확대되고 있다. 지역에서 태어나서 배우고, 취업하는 청년들이 늘어난 것이다.

이는 우리가 지역 균형발전에 기초한 글로벌 선도국가로 나아가는 데 있어 매우 중요한 요소이다. 사업의 경험이 아직 부족하고 성과도 미미하지만, 우리 고등교육이 나아갈 방향은 분명하다.

USG 공유대학 시스템

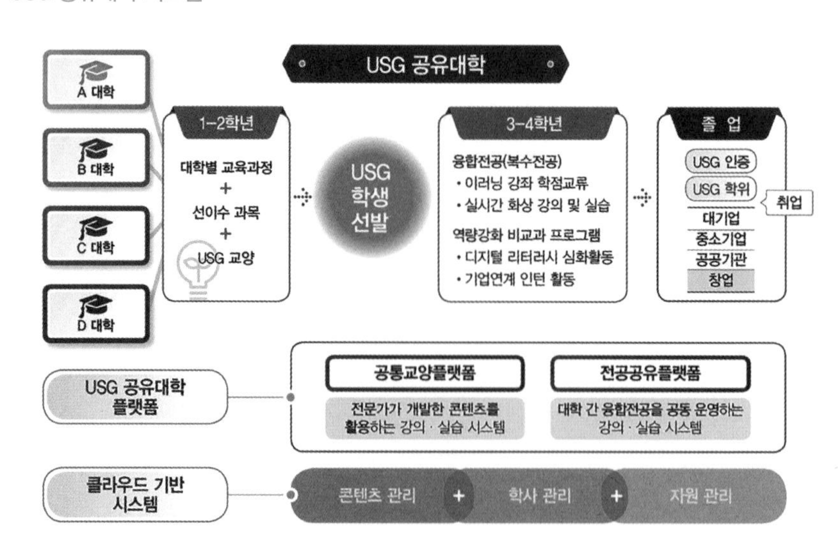

※ 제1회 지자체-대학 협력기반 지역혁신사업(RIS) 성과포럼 보도자료(교육부, 2021.9.14.)

공유대학 프로그램은 코로나 19로 인한 원격교육 시대가 열리면서 '혁신

공유대학사업'으로 확장되었다. RIS에 선정된 지역뿐 아니라 모든 대학의 참여가 가능해진 것이다.

혁신공유대학 개념도(안)

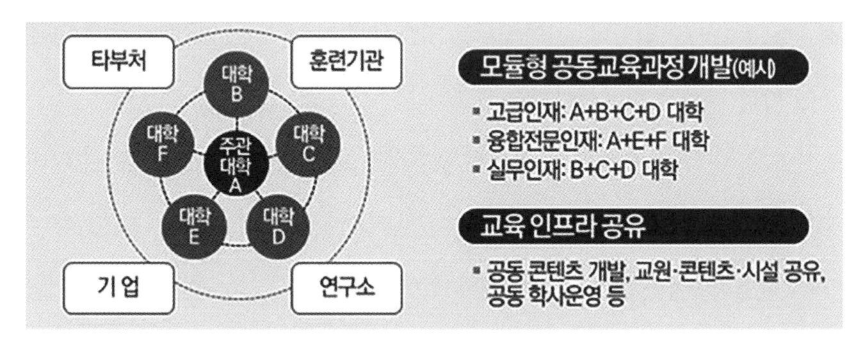

※「디지털 신기술 인재양성 혁신공유대학」 선정결과 발표(교육부, 2021.5.3.)

2021년 여름에 서울의 한 전문대학을 방문한 적이 있다. 그 대학 학생들은 한양대 교수로부터 홀로그램 관련 강의를 원격으로 듣고 있었다. 이제 공유대학은 대학혁신의 새로운 모델로 진화하고 있다.

최근 반도체 인재 양성과 학과 정원 확대를 둘러싼 논란이 지속되면서, 이혁재 교수(서울대 전기정보공학부)는 그것을 공유대학으로 해결하자는 의견을 제시했다.("반도체 인력 증원 갈등, 수도권 · 지방 공유대학으로 풀어야", 한국일보, 2022.6.30.). 이러한 공유대학 프로그램과 대학 간 학점 인정 등이 늘어나면서 대학 통합네트워크의 실질적인 가능성은 열릴 것이다.

2 반도체 계약학과

반도체는 윤석열 대통령만 강조한 게 아니다. 오랫동안 반도체는 우리의 핵심 산업이었고, 역대 그 어느 정부도 반도체 산업의 중요성을 강조하지 않는 적이 없다. 문재인 정부 들어서는 기존의 메모리 반도체뿐 아니라 비메모리, 즉 시스템 반도체의 중요성이 강조되었다.

2019년 초, 반도체 관련 인재 양성, 그 핵심과제로 대학의 반도체 학과 증설 필요성이 제기되었다. 기업에서는 SKY(서울 · 연세 · 고려)대학과 KAIST 등에 학과 신설을 희망했다.

수도권 대학 정원은 '수도권정비계획법'에 의해 총량이 규제된다. 그런데 이전 정부에서 대학 정원을 감축하면서 일부 수도권 정원도 줄여, 꽤 많은 '여유'가 있었다. 법률적으로 SKY 대학의 정원을 늘려도 되는 것이다.

하지만, 아무리 국가 핵심 산업이라 해도, 그 분야의 인재 양성을 위해 수도권 대학의 정원을 무작정 늘릴 수는 없었다. 그래서 결국, '계약학과' 형태로 시스템 반도체 학과가 신설되었다. 계약학과는 기업과 대학이 계약을 맺고 기업이 요구하는 특정 분야를 전공으로 개설하여 인력을 양성하는 것을 말한다.

계약학과는 입학 정원 외(外) 선발이 가능하고, 운영 기간도 계약에 따라 정해진다. 또한 재학생의 학비(등록금)는 물론 학과 운영비를 기업이 부담하고, 졸업생의 채용을 보장해야 한다. 그것이 '채용 연계형 계약학과'인 것이다.

새로운 학과를 신설하기 위해서는 고등학교 2학년 4월 말까지 모집 요강 등을 확정 · 발표해야 한다. 2019년 4월까지 서둘러야 2021년부터 신입생을 받을 수 있는 것이다. 시간이 충분치 않았다.

결국, 2021년부터 삼성전자가 연세대학교에, SK하이닉스가 고려대학교에 반도체 계약학과를 신설하는 것으로 결정되었다. 이미 2006년부터 운영된 성균관대학(삼성전자)를 포함하면 3개의 반도체 계약학과가 설치되는 셈이다. 기업에서는 연대와 고대 외에 서울대학교와 KAIST에 계약학과 신설을 희망했지만, 짧은 기간에 협의가 구체적으로 진행되지 못했다.

문재인 대통령은 2019년 4월 30일, 삼성전자 화성사업장에서 열린 '시스템 반도체 비전 선포식'에서 "2030년까지 시스템 반도체 · 파운드리 분야 세계 1위, 팹리스 분야 시장 점유율 10%를 달성해 종합반도체 강국으로 도약하겠다"고 선언했다.("2030년 비메모리 1위" 文,삼성 직접 찾아가 힘실어줬다, 중앙일보, 2019.4.30.)

같은 날 정부(산업통상자원부)는 앞으로 10년 동안 차세대 반도체 연구개발에 1조 원 이상을 투자하는 한편 대학 반도체 계약학과 신설 등을 통해 2030년까지 1만 7000명의 전문인력 양성을 지원한다고 밝혔다.(정책브리핑, 2019.4.30.)

언론에서도 깊은 관심을 보였다.(관심 끄는 연 · 고대 반도체학과…서울대 등도 학과 신설 논의중, 연합뉴스 2019.5.1.) 일부 언론에서는 대학이 고등교육의 원칙을 훼손하며 "기업 주문형 인력양성소로 전락한다"는 비판의 목소리를 전하기도 했다. (또 대기업 취업 보장 학과… "대학의 종속 심화 우려", 한겨레신문, 2019.4.26.)

당시 유은혜 교육부장관은 계약학과 신설과정에 지방 거점 국립대 중 하나를 포함시키고 싶어 했다. 나 또한 비슷한 생각이었다. 그런데 반도체 계약학과에 참여하는 기업의 입장은 부정적이었다. 왜 그랬는지 '짐작'은 된다.

현재 반도체 계약학과는 성균관대(삼성전자), 연세대(삼성전자), 고려대(SK하이닉스), 서강대(SK하이닉스), KAIST(삼성전자) 포항공대(삼성전자), 한양대(SK하이닉스) 등으로 늘어났다. 2023학년도에는 총 320명이 입학하게 된다.

3 한계대학 정리

학령인구가 급속히 줄어들면서 교육여건이 부실하거나 재정 상황이 어려운 '한계대학' 정리 문제가 중요한 과제가 되었다. 노무현 정부에서는 '한시법'으로 부실 사립학교가 스스로 학교법인을 해산할 수 있는 길을 열어준 적이 있다.

사실 한계대학 정리는 매우 어렵다. 우선, 대학교수 등 구성원들의 생계가 직접 연관된다. 교육비서관 시절에 폐교된 대학의 교수들을 여러 차례 만나보았다. 폐교된 대학 교수 중 타 대학이나 공공기관 등에 자리를 잡은 경우는 극히 소수였다. 치킨집을 개업해서 망했다는 사례도 여럿이다. 평생 공부만 하던 사람들이 할 수 있는 게 별로 없기 때문이다.

그분들은 적극적으로 폐교 대학 교직원들의 생계 대책을 만들어 달라고 요청했지만, 사실 국가가 나설 수는 없는 노릇이었다. 그래서 그분들께 협동조합이나 사회적 기업을 만들어서, 정책연구나 평생교육 위탁 사업을 하는 게 어떻겠느냐고 조심스럽게 제안한 적이 있다.

MBC 보도에 따르면 10년 뒤 4년제 대학의 1/3이 문닫을 가능성이 높다고 한다.(대학들의 '벚꽃엔딩?'··10년 뒤 '3분의 1' 폐교 위기, mbc뉴스, 2021.10.31.) 사립학교 교직원은 폐교 즉시 연금을 수령한다.(34세부터 월63만원 · · · 폐교 즉시 받는 이상한 사학연금, 중앙일보, 2019.9.18.) 사립대학의 폐교는 교직원들의 생계뿐 아니라 사학연금이 조기에 고갈되는 상황으로 번질 수 있다. 사학연금을 낸 사립학교 교직원들이 은퇴후 연금을 못 받을 수 있는 것이다. 공무원 연금과 달리 사학연금 부족분에 대해 국가 예산을 투입하는 것에 대해서는 국민적 동의가 쉽지 않다.

한계대학 정리의 가장 큰 장벽은 해당 지방자치단체와 정치인들이다. 예컨대 인구 10만 남짓한 지방 소도시에서 4년제 대학이 문을 닫으면, 1만 명 가까운 인구가 사라진다. 학생들이 주민등록을 옮겼든 아니든 그들은 도시의 중요한 '소비자'들이다. 군(君) 단위 학교의 경우, 그 충격은 훨씬 크다.

지방의 한 대학은 올해 입학 정원의 10%도 못 채우고 4년째 교직원의 월급이 체불되어 있지만, 여전히 새로운 학교를 인수할 희망자를 기다리며 '버티고' 있다. 지난 6월 지방선거에서 기초단체장 선거에 출마한 한 후보는 그 대학의 "정상화"를 약속했다. "대학 존립만이 지역의 필수 자산"이라는 것이다.

이런 상황에서 한계대학 정리는 "그 필요성을 모두 인정하지만, 누구도 선뜻 나서기 어려운" 과제이다. 하지만 학생 수가 급격히 줄어드는 조건에서 한계대학의 정리 없이는 대학 교육의 질을 담보하기 어려웠다.

2019년 여름 교육부는 한계대학 정리 방안을 마련했다. 노무현 정부 때와 같은 한시법을 제정하는 것이었다. 김상조 청와대 정책실장 역시 적극적이었다.

그 방안은 이낙연 당시 국무총리에게 직접 보고되었고 다양한 채널로 협의가 진행되었다. 하지만 결국 교육부가 마련한 방안은 실현되지 않았다. 그 이유를 추론하는 건 어렵지 않을 것이다.

포용적 상향 평준화, 서울대 10개 만들기

1 교육평론가 이범의 '포용적 상향 평준화'

교육평론가 이범은 국립대 통합네트워크의 비현실성을 지적하면서, 국립대뿐 아니라 서울의 주요 사립대학까지 참여하는 '포용적 상향 평준화'를 주장했다. 연간 4~5조 원의 예산으로 15만 명을 공동입학시키는 전국적 시스템을 만들자는 것이다.

그리고 그 시스템에 참여하는 대학에 매년 교수 1인당 1억 원을 지원금을 지급하면 거점국립대는 물론, 서울의 주요 사립대, 그리고 KAIST 등 과학특성화대학, 포항공대 등이 참여할 수 있다고 주장한다.(이범, 『문재인 이후의 교육』, 메디치, 2020, p.348~353) 이를 통해 '망국적인' 입시경쟁을 극복하고, 대학의 상향 평준화를 이루자는 것이다.

이 방안은 사립대 비중이 압도적으로 많은 한국 현실에서 나름 '현실성'이 있어 보인다. 그리고 서열화 문제를 추상적으로 보지 않고, '돈'이라는 구체적 기준을 중심으로 해석한 점이 기존 논리와 구별된다.

그런데 이범 선생이 생각하는 '상향 평준화'가 가능할지는 의문이다. 수십 년간 서열화 구조에서 고착화된 대학과 교수들이 '평준화된' 학생들이 입학

한다고 해서, 하루아침에 상향 평준화가 일어나지는 않는다. 상당한 시간이 걸릴 것이다.

반도체 계약학과를 만드는 과정에서 기업이 지방 거점 국립대를 선택하지 않은 것도 그 때문일 것이다. 만약 당장에 SKY대학을 희망하는 학생이 지방 거점 국립대에 추첨으로 배정된다면 그에 대한 불만이 폭발할 수도 있다.

이범 선생의 자료에 의하면 KAIST 전임 교원은 632명, 포항공대는 282명이다. 그 대학에 각각 632억, 282억을 준다고 해서, 공동입학 시스템에 들어올지도 의문이다. KAIST는 2022년 1월부터 7월 5일까지 420억 원의 기부금이 접수되었다. 굳이 632억 원을 안 받아도 되는 것이다.

연간 4~5조 원의 재원을 마련하는 것도 쉽지 않다. 정부 예산의 1% 미만이어서 충분히 가능하다고 판단하면 안 된다. 정부 예산은 다 쓰임새가 정해져 있다. 이범 선생은 교육청의 지방교육재정교부금을 일부 사용하자고 하는데, 이 역시 교육감들의 동의를 받기 어려울 것이다.

무엇보다, 15만 명의 입학 정원에 포함되지 않는 지방 사립대학의 반발을 피할 수 없을 것이다. 15만 명의 범위에 포함되지 않는 순간, 그 대학은 폐교 위험에 직면할 것이다. 그들의 격렬한 저항으로 교육계는 '내전(內戰) 상태'에 이를 수도 있다. 대학 관계자뿐 아니라 해당 지역의 자치단체장, 국회의원 등이 폭넓게 내전에 '참전'할 것이다.

그들을 위한 현실적인 대안을 제시해야 한다. 자발적인 학교법인의 해산이든, 평생학습기관으로의 전환이든, 아니면 대규모 해외 유학생 유치든 그들이 선택 가능한 대안을 마련해야 한다.

2 김종영 교수의 '서울대 10개 만들기'

이범 선생의 책이 나온 지 정확하게 1년 뒤인 2021년 12월, 김종영 교수는 『서울대 10개 만들기』를 펴냈다. 아마도 대통령 선거를 앞두고, 교육 공약에 반영되기를 기대했는지도 모른다. 김종영 교수는 우선 기존 국립대 통합네트워크의 장점과 약점을 분석한 뒤, 현실가능한 '최소주의' 전략으로 '서울대 10개 만들기'를 제안한다.

그리고 지방의 거점국립대 9개를 미국 캘리포니아 모델을 따라 서울대 수준의 '연구중심 대학'으로 육성하자고 제안한다. 그러면서 다양한 통계와 사례를 제시한다. 또한 국립대 자체의 구조조정과 내부 혁신도 요구한다.

> 현재 서울대를 제외한 9개의 거점국립대학들은 약간의 차이가 있지만 대학통합네트워크를 반기고 있고 여론을 주도하고 있다. 이들은 자체적인 개혁방안을 제시하지 않고 대학 자율화, 예산 상향 조정, 국립대학 지원을 위한 특별법 등의 요구만 쏟아내고 있다.
>
> 그럼에도 우리는 왜 학문적 역량이 저조한 대학들을 지원해야 하는가? 왜 수조 원의 국민 세금을 해마다 우수하지 못한 대학들을 위해 써야 하는가? 다른 지방 국립대와 사립대들의 불만이 고조되는 상황에서 대학통합네트워크를 지원하는 교육부와 정부는 정당성의 위기에 직면할 수 있다. 대학통합네트워크가 세계적인 대학체제가 되기 위해서는 이 대학들을 지원하되 대대적인 구조적, 조직적, 문화적 개혁을 요구해야 한다.(김종영, 『서울대 10개 만들기』, 살림터, 2021, p.241)

김종영 교수는 매우 타당한 질문을 던지고 있다. 그런데 그 책 속에는 '대대적인 구조적, 조직적, 문화적 개혁'의 구체적인 실행방안을 찾기 어려웠다. 다만, 연구중심대학이 되기 위해서는 학과의 규모가 커야 하고(규모의 학문),

따라서 거점국립대학의 구조조정은 학과별 그리고 학과를 묶는 단과대별로 통합이 있어야 한다고 주장한다. 가령 충남대 사회학과 교수 6명과 충북대 교수 5명을 통합해서 규모를 키우자는 것이다.(김종영, 앞의 책, p.244)

이런 얘기는 별로 새로울 게 없다. 수십 년째 비슷한 주장이 반복되었고, 수십 년째 실행된 것은 거의 없다. 같은 대학 내부에서도 학과 조정은 매우 어렵다. 하물며 타 대학과의 통합, 혹은 조정은 거의 불가능할 것이다.

달리 말하면 "왜 학문적 역량이 저조한 대학들을 지원해야 하는가? 왜 수조 원의 국민 세금을 해마다 우수하지 못한 대학들을 위해 써야 하는가?"에 대한 답변이 부족하다. 답변의 자리에 미국 캘리포니아 모델의 성공 사례들만 잔뜩 열거하고 있다.

서울대 10개 만들기를 적극 지지하는 한 교육계 원로를 만났을 때의 이야기이다. 그는 "캘리포니아 인구가 대략 4000만쯤 되는데, 인구 5000만 명이 넘는 한국에 최소한 연구중심대학 10개는 필요하고 거점국립대학을 그렇게 키워야 한다"고 주장했다. "그래야 한국의 국가 경쟁력이 살아난다"는 것이다.

그래서 내가 답변했다. "그런 논리라면 한국에서 가장 '좋은' 대학에 투자하는 게 빠르다. 서울에 있는 상위권 대학 4~5개, 그리고 KAIST 등 4개의 과학특성화대학, 포항공대 등을 합치면 10개가 된다. 당장의 국가 경쟁력을 위해서라면 그 길이 훨씬 빠르다."

거점국립대를 중심으로 하는 서울대 10개 만들기를 국가 경쟁력과 연결시키면 국민적 동의를 얻기 어렵다. 오히려 지역 균형발전을 위한 '장기적 투자' 관점에서 설명하는 게 낫다. 김종영 교수가 말하는 '창조권력'이 되기까지 최소한 10년을 기다려야 하는 것이다. "'듣보잡'에서 세계적인 명문이 되는 데 칼텍은 10년이 걸렸고, 스텐퍼드는 25년이 걸렸다"(김종영, 『서울대 10개 만들기』, 살림터, 2021, p.254)

사실 서울대 10개 만들기의 '맹점'은 바로 여기에 있지 않을까? 현재 우리 앞에는 "글로벌 경쟁이 치열해지는 조건에서 어떻게 대학이 국가 경쟁력 확보에 기여할 것인가?"의 과제와 더불어 "어떻게 지속 가능한 균형발전을 이룰 것인가?" 하는 두 개의 과제가 놓여 있다.

서울대 10개 만들기가 두 가지 과제를 동시에 해결할 수 있다면 더할 나위 없이 좋을 것이다. 하지만 현실은 그렇지 않다고 느껴지는 경우가 많다.

윤석열 정부, '서울대 10개 만들기'와 '판도라의 상자'

1 서울대 10개 만들기, 윤석열 대통령 공약이 되었지만…

윤석열 대통령은 후보 당시 "지역 거점대학에 대한 1인당 교육비 투자를 상위 국립대 수준으로 끌어 올리겠다"는 교육공약을 발표했다. 이는 2022년 2월 9일 10개 거점국립대 총장들이 제안한 "전국에 서울대 10개 만들자"는 주장(10개 국립대 총장들 "전국에 서울대 10개 만들자", 국민일보, 2022.2.10.)에 대한 답변처럼 보인다. 그로부터 5일 뒤인 2월 14일, 윤석열 후보는 교육 분야 8대 공약을 발표하면서 거점대학 투자 확대를 약속했다.

문재인 대통령은 2017년 선거 당시, 서울 대영초등학교에서 교육 공약을 발표하면서 "대학 서열화는 지역 국립대 육성으로 바꿔내겠습니다. 서울 주요 사립대 수준에 뒤지지 않도록 거점국립대의 교육비 지원을 인상하겠습니다."고 약속한 바 있다. 그리고 공영형 사립대학도 함께 공약했다.

2022년 대선에서 이재명 후보는 '고등교육 재정 확충', '지역대학 혁신체제 구축', '공유대학을 연합대학까지 발전시키는 구상' 등을 밝혔다. 그리고 '한국형 대학원 공유체제', '대학평가제도 개선'등을 공약으로 내걸었다.(이재명 후보 선대위, "미래를 여는 상생교육, 공정한 교육기회 보장을 위한 교육 대전환 8대 공약 제시", 2022.1.10.) 이재명 캠프 내부에서도 서울대 10개 만들기 공약을 둘러싸고 논쟁이 있었다고 한다.

아무튼, 윤석열 대통령의 공약은 대단히 '파격적'으로 보인다. 그동안 진보 진영에서 꾸준히 주장했던 국립대 통합네트워크, 혹은 서울대 10개 만들기를 수용한 것처럼 보이기 때문이다. 게다가 2017년 문재인 대통령은 거점국립대 지원 규모를 '서울 주요 사립대 수준'으로 약속한 데 비해, 2022년 윤석열 대통령은 '상위 국립대 수준'으로 언급했다. '상위 국립대' 교육비는 '서울 주요 사립대'에 비해 1인당 연간 1500~2000만 원이 많다.

그런데, 대선 후 인수위 보고서에는 '지역 소재 연구중심대학 육성 추진'으로 표현되었을 뿐, 구체적인 재정투자 목표를 제시하지 않았다. 대신에 지방대학에 대한 행 · 재정적 권한을 중앙정부에서 지자체로 위임하고, 지자체 · 지역대학 · 지역 산업계 등이 참여하는 (가칭)지역고등위원회를 설치하겠다고 밝혔다.(제20대 대통령직인수위원회, 「윤석열 정부 110대 국정과제」143쪽)

일각에서는 대학에 대한 중앙정부의 재정투자 책임을 지방자치단체로 떠넘긴 게 아닌가 하는 비판이 제기되었지만, 인수위는 지속적으로 지방교육재정교부금의 일부를 돌려 지방대학 예산을 늘리겠다고 강조했다.

2022년 6월 16일 대통령 주재로 열린 '새정부 경제정책방향' 보고행사에서는 "고등교육 재정 확충과 연계한 지방교육재정교부금 제도 개편"이 제시되었다. 하지만, 구체적인 목표와 실행 시기는 명시하지 않았다.

또한 7월 7일 '국가재정전략회의'에서는 지방교부금의 일부(3.6조 원)를 떼어 대학에 지원하기로 결정되었다. 그런데 그 돈은 '거점국립대의 1인당 교육비를 상위 국립대 수준으로 끌어올리는' 예산으로만 쓸 수 없다. 고등교육 전체에 나눠야 할 것이다. 서울대 10개 만들기 추진을 기대했던 사람들에게는 '희망 고문'의 시간이 연장되고 있는 것이다.

현재까지의 상황을 놓고 보면, 윤석열 정부의 공약(公約)은 공약(空約)으로 전락할 가능성이 높다. 특별히 새로울 건 없다. 선거 당시의 약속이 슬그머니 사라지는 건 한국 정치에서 흔한 일이다.

핑계를 댈만한 것들도 많다. 교육감들의 반발로 지방교육재정교부금 개편에 실패해서, 경제 위기로 세입이 줄어들어서, 반도체 인재 육성이라는 '시급한 과제'에 집중하느라…

2 윤석열 정부, '판도라의 상자'를 열 것인가?

지난 6월 7일 윤석열 대통령이 국무회의에서 요구한 '반도체 인재 양성을 위한 특단의 조치'는 한 달 넘게 교육부는 물론 대학 사회 전체를 뒤흔들어 놓았다. 언론 역시 연일 관련 보도들이 넘쳐났다.

그 과정에서 오랫동안 금기처럼 여겨왔던 단어들이 튀어나왔다. '판도라의 상자'가 열린 것이다. 그중 하나가 수도권 대학 정원 확대다. 그동안 '수도권정비계획법'에 의해 수도권 대학 정원은 정부가 '강력하게' 규제해왔다. 전체적인 대학 구조조정 과정에서 수도권 정원도 일부 감축되고, 그만큼 입학 정원 숫자의 '여유'가 생겼지만, 역대 어느 정권도 수도권 대학 정원 확대 카드를 꺼낸 적은 없다.

그런데 반도체 인재 '열풍'이 번지면서 수도권 대학 정원 문제가 수면 위로 떠오른 것이다. 근거는 간단하다. 우수 인재 확보를 위해서는 어쩔 수 없다는 것이다. 또한 반도체 인재 육성에 대해서는 학과 정원을 늘리는 게 급한 게 아니라, 가르칠 교수와 시설 · 장비가 부족하다는 지적이 이어진다. 석박사 수준의 고급인력을 가르칠 교수진, 그리고 최첨단 장비, 풍부한 연구비가 필요하다는 것이다.("반도체 인재 양성, 학부생 늘리기보다 교수 확보가 시급", 동아일보, 2022.7.5.)

국가 주도의 산업화과정에서 형성된 '선택과 집중'의 논리가 힘을 얻어가고 있다. 언뜻 보면 윤석열 대통령은 '제2의 박정희'가 되고 싶은지도 모른다. 하지만, 그것은 불가능하다. 대신에 '민간'을 앞세울 것이다. 이는 '민간이 끌고 정부가 미는 역동적 경제'를 표방하는 윤석열 정부의 국정목표(제20대 대통령직인수위원회, 「윤석열정부 110대 국정과제」, p.14)와도 부합한다,

결국 지금의 '열풍'은 반도체 계약학과가 설치된 소수의 상위권대학에 대한 집중 지원으로 마무리될 가능성이 높다. 계약학과는 민간(기업과 대학)의 필요에 의해 만들어졌기 때문이다. 현재 삼성전자, SK하이닉스와 계약학과를 운영 중인 7개 대학(고려대, 성균관대, 연세대, 서강대, KAIST, 포항공대, 한양대)이 중심적 역할을 담당할 것이다. 아직 계약학과를 설치하지 않은 서울대 등 '상위권 대학'이 추가될 수도 있다.

어쩌면 계약학과가 설치된 대학에서는 유사한 명칭의 반도체 관련 학과를 일반학과로 추가 신설할지도 모른다. 그 학과에서는 기존 계약학과의 교수진과 시설 · 장비를 함께 활용할 수 있을 것이다. 그만큼 입학 정원이 늘어나는 것이다. 현재도 수도권 대학 정원의 '여유'는 충분하다.

또한 국가가 직접 나선다면, 기업들 입장에서 굳이 계약학과를 운영하지 않아도 된다. 계약학과 운영에 들어가는 비용을 줄일 수 있을 뿐 아니라, 졸업생의 '채용 보장' 부담에서도 벗어날 수 있다.

계약학과는 말 그대로 대학과 기업의 계약에 의해 설치된다. 2023년부터 학생을 모집하는 서강대, 한양대 등은 2023~2027년이 계약기간이다. 그 이후에 계약을 해지할 수도 있는 것이다.

계약이 해지된다고 해서 7개 대학의 반도체학과가 사라질까? 아마도 일반 학과로 개편하고 입학 정원을 늘릴 것이다. 아무튼 반도체학과 증설은 수도권 입학 정원 확대의 신호탄이 될 것이다.

수도권 정원 확대에 대해 지방대 총장들은 일제히 반대했다.(윤석열 정부 '반도체 육성' 갈등 커지나…지방대 총장 93% "수도권 정원 확대 반대", 경향신문, 2022.6.26.) 또한 국가거점국립대총장협의회는 "지역별 국 · 공 · 사립대 10개를 선정해 대학별로 평균 100여 명씩 연간 1000여 명을 반도체 관련 기업과 연계한 채용연계형 계약학과로 운용해야 한다"고 주장했다.("반도체산업 인력난, 지역 거점대학의 획기적 육성으로 해결 가능", 동아일보, 2022.6.21.) 그런데 '채용연계형 계약학과'는 기업이 동의하고 재원을 투자해야 한다. 그럴 가능성은 거의 없어 보인다.

윤석열 정부가 "이제는 지방대학 시대"를 국정과제로 제시한 만큼, 지방대학에도 반도체 관련 학과 정원을 늘릴 것이다. 하지만 지금도 지방의 반도체 학과는 미달되는 경우가 있다.(지난해 비수도권大 반도체학과 8곳 중 3곳 정시모집 미달, 한국경제, 2022.6.12.) 무조건 정원을 늘린다고 해결될 문제가 아니라는 것이다.

지방대학의 반도체 학과 운영에 필요한 교수진 확보, 시설 · 장비 마련을 지원해야 한다. 수도권의 상위권 대학이 주로 기업의 지원으로 계약학과 형태로 반도체학과를 늘린다면, 지방대학은 결국 국가 예산이 투입될 수밖에 없다.

국가가 개별 대학의 반도체학과에 직접 지원하기 어렵다면, 기존 RIS 사업으로 그 지역 대학의 반도체학과를 지원할 수 있도록 RIS 예산을 늘리고 공유대학 프로그램을 확대하는 방안을 고려할 수 있다. 그리고 2023년으로 예정된 3단계 재정 분권 과정에서 늘어나는 지방자치단체의 예산을 투입할 수도 있을 것이다.

이 모든 것이 윤석열 정부가 약속한 (가칭)지역고등위원회에서 결정할 수 있도록 해야 한다. 즉, 지역의 구체적인 실정, 산업 생태계, 실제 대학의 역량 등을 종합적으로 판단해서 재정투자가 이루어져야 한다.

윤석열 정부가 판도라의 상자에서 두 번째로 꺼내든 것은 '등록금 인상' 카드이다. 이 역시 이명박 정부 이후 판도라에 갇혀 있던 난제이다. 당연히 강력한 반발을 불러왔다.("청년 위하겠다던 윤석열 정부는 어디 갔는가"…대학생들, '등록금 인상' 반대, 경향신문, 2022.6.29.)

정부도 한발 물러서는 듯하다. 7월 5일 윤석열 정부의 첫 교육부장관으로 '뒤늦게' 취임한 박순애 장관은 "등록금을 당장 올리지 않겠다"고 밝혔다.(박순애 부총리 "대학등록금 당장 올리지 않을 것", 연합뉴스, 2022.7.5.) '당장'이라는 수식어는 묘한 해석을 낳는다.

만약 등록금 인상이 '감행'된다면, 그것은 사립대학의 재정 위기를 일부 해소할 수 있지만, 지방대(특히 사립대학) 소멸의 신호탄이 될 수도 있다. 등록금 인상분만큼 국가장학금을 늘린다고 하지만, 그것은 쉽지 않을 것이다. 향후 경제 상황을 고려하고, 고등교육 투자의 우선순위를 고려하면 국가장학금을 늘리는 게 쉽지 않을 것이다. 어쩌면 윤석열 정부는 대학 구조조정의 '실질적 방안'으로 등록금 인상을 고려하는지도 모른다.

윤석열 정부가 그동안 굳게 닫혔던 판도라 상자에서 또 무엇을 꺼낼지는 모른다. 교육계 일각에서는 미뤄왔던 교 · 사대 통합을 완료하고, 교육대학부지 매각을 통해 고등교육 재정을 확보하자고 주장한다. 혹시 그것을 판도라의 상자에서 꺼낼 수도 있다.

서울교대와 서울대학교 사범대학을 통합하고 서울교대를 매각한다면, 아마도 2~30조 원의 예산이 확보 가능할 것이다. 2014년 현대그룹이 한국전력에서 10조 원에 매입한 삼성동 부지에 비해 서울교대는 경제적 가치가 훨씬 높을 것이다.('10조 고가매입 논란' 현대차 GBC 부지…땅값 22조로 올랐다, 한국경제, 2021.06.13.)

대부분의 교육대학은 인근 거점국립대보다 '경제적 가치'가 높은 곳에 위치한다. 예컨대 부산교대의 경우, 금정산 국립공원으로 둘러싸인 부산대학교에 비해 훨씬 부동산 가치가 높을 것이다. 다른 지역의 교대들도 유사하다.

교육대학부지를 매각한다면 부족한 고등교육 재정에 집중 투자할 여력이 생긴다. 아니면 장기 임대 형태로 매년 고등교육 예산에 보탤 수도 있을 것이다.

이 밖에도 판도라 상자에는 그동안 말 못하고 숨죽이던 난제들이 있다. 과감한 대학 구조조정과 한계대학 정리, 국립대 교수 연봉 체계 개편, 교수 겸직 범위 확대 등 수 많은 쟁점들이 들어 있다.

과연 윤석열 정부는 판도라의 상자를 어디까지 열고, 무엇을 꺼낼 것인가? 수십 년 그 속에 묻어둔 만큼 사회적 논쟁과 갈등의 요지가 높은 난제들이다. 판도라의 상자를 여는 것은 윤석열 정부의 '선택'이지만 그 갈등을 해결하는 것은 윤석열 정부의 '실력'이다.

'서울대 10개 만들기'가 실현되려면

1 서울대 10개 만들기와 '돈'

서울대 10개 만들기가 실현되려면, 우선 거기에 들어가는 '돈 문제'를 해결해야 한다. 서울대 10개 만들기를 주장하는 분들은 연 3~4조의 예산으로 충분히 가능하다고 주장한다. 국가 예산의 1%도 안 되는 규모이니 대통령이 마음만 먹으면 얼마든지 가능하다는 것이다. 그러면서 이명박 정부의 '4대강 사업 22조'를 국가 예산 낭비 사례로 든다.

하지만 국가 예산은 모든 쓰임새가 정해져 있고, 그걸 바꾸기 위해서는 어디선가 줄이거나 아니면 증세를 해야 한다.(2장의 〈2021~2025년 분야별 재원배분 계획〉 참조) 그 돈을 어떻게 마련하고, 어디에 쓸 것인지에 대해서는 계획이 불분명해 보인다.

서울대 10개 만들기가 현실성을 가지려면, 고등교육 관련한 재정 전체를 면밀히 분석 · 연구해서 재정 대책을 제시해야 한다. 교육부 예산뿐 아니라 타 부처와 지자체의 예산(현재 대학에는 약 800여개의 재정 지원 사업이 있다. 이제 대해서는 3~4장 참조), 국가 R&D 예산 등을 꼼꼼하게 분석해서 중복되거나 낭비되는 부분을 가려내야 한다.

아직까지 이런 방식으로 고등교육 전체 예산을 분석한 자료는 많지 않다. 대부분 교육부 예산만으로 OECD와 비교하면서 '고등교육 예산 확충'을 주장할 뿐이다. 대학에 지원되는 전체 예산을 꼼꼼하게 분석하고, 그것을 서울대 10개 만들기 예산으로 재구조화하는 방안을 찾아야 한다.

그런 다음에 국가 예산의 추가 편성을 요청할 수 있다. 그 과정에서 필요하다면 국립대학의 과감한 통합과 재산 매각을 통한 재원 확보 방안도 고려해야 한다. 이런 모든 논의들이 대통령이 직접 주관하는 '인재양성 컨트롤타워'(3장 참조)에서 논의되어야 한다.

2 전업(專業) 박사과정 연구자 지원

서울대 10개 만들기가 되려면 지방 거점국립대학의 '교육력'이 획기적으로 신장되어야 한다. 더구나 지방 거점 국립대를 연구중심 대학으로 키워야 한다고 주장하려면, 그 대학 석 · 박사과정의 '양'과 '질'을 함께 따져야 한다.

특히 '전업(專業)으로 공부하는 석 · 박사과정의 연구자'들이 많아야 교수는 그들과 함께 충실하게 연구하고 논문도 발표한다. 만약 그렇지 않다면, 교수의 '연구자 DNA'는 쇠퇴할 수 밖에 없을 것이다. SKY 대학에 비해 지방 국립대학들의 '산학협력단 회계' 예산이 턱없이 적은 것도 이와 연관될 것이다.

요즘은 SKY대학에서도 박사과정에 입학하는 '전업 연구자'들이 줄어들고 있다. 김경범 교수(서울대)는 우리나라 대학원이 서울대부터 붕괴된 상태라고 말한다.(학부 늘려 반도체 인재 공급?…김경범 교수 "포인트 잘못 잡았다", 이데일리, 2022.6.12.) 서울대 사정이 저러할진대 지방의 사정은 더 말할 필요가 없다.

전업 연구자들이 줄어드는 이유는 여러 가지이다. 그중의 하나는 미국이나 유럽의 대학 중에는 박사과정 학생들에게 학비뿐 아니라 생계비를 지원하는 경우가 많기 때문이다. 실제 '연구'와 '생계'를 동시에 해결하기 위해 미국이나 유럽 유학을 선택하는 경우를 많이 본다.

차제에 이 문제를 근본적으로 검토해야 한다. 그리고 기존 BK21 사업 등을 조정하고 확대하는 방안을 찾아야 한다. 그 과정에서 거점국립대의 붕괴된 석 · 박사과정을 강화하고 '전업적 연구자'를 늘리는 방안을 강구해야 한다.

달리 말하면 우수한 석 · 박사과정 학생들이 생계의 어려움이 없이 연구에 매진할 수 있는 여건을 만들어줘야 한다. 그것이 지방 거점국립대를 연구 중심대학으로 성장시키는 지름길이 될 수 있다.

3 국가 교수제 도입 고려

대학혁신을 위해 학과 개편, 혹은 구조조정의 필요성이 제기된 지 꽤 오래되었다. 하지만 그 과제를 대학 스스로 실현하는 경우는 매우 드물다. 학과 간 칸막이가 강하고, 교수 집단 내부의 이해관계가 복잡하기 때문이다. 예컨대 지난 20년간 교육청에서 거의 교사를 뽑지 않은 과목이 사범대에 학과로 버젓이 남아 있는 경우도 있다.

아예 국가가 직접 나서서 교수를 채용하고, 그들을 국가 전략상 필요한 지역의 대학에 배치하는 방법은 어떨까? 예컨대 바이오(Bio) 분야를 지역 중점 산업으로 강조하는 충청북도의 경우, 관련 박사학위 소지자를 국가가 직접 뽑아서 충북대에 보낼 수 있을 것이다. 그 교수들로 새로운 학과를 만들 수도 있고, 기존 학과의 연구 역량을 강화시킬 수도 있다.

무엇보다 새로 박사학위를 취득한 젊은 연구자들의 활로가 될 수 있다. 왕성한 연구 역량과 의지를 가진 그들이 대학의 교수 자리를 얻기 위해 여러 대학을 기웃거리지 않아도 될 것이다.

또한 국가 교수제는 국립대의 지역별 특성화에도 기여할 수 있다. 대학 자체의 의사결정으로 어려운 첨단분야 학과 개편 등을 촉진시킬 수도 있다. 정부가 나서서 교수를 보내주겠다는데, 학과 개설이나 확대를 거부할 대학은 없다.

국가의 전략은 바뀔 수도 있다. 지역별 대학 특성화 과제도 변경될 수 있다. 이 경우, 국가가 임용한 교수들은 대학과 지역을 옮길 수도 있을 것이다. 한마디로 국가 교수제는 국가의 전략적 판단에 의한 지방대학의 특성화를 실질적으로 구현하는 방안이 된다. 그 돈을 지역 거점국립대에 나눠주고, 대학이 알아서 교수를 뽑으라고 하면 그런 특성화는 거의 불가능할 것이다.

4 균형발전 전략에 대한 국민적 동의 확보

앞에서도 말했지만, 서울대 10개 만들기를 국가 경쟁력 방안으로 설명하면 국민들은 동의가 어렵다. '이미 존재하는' 10개 대학을 집중 지원하는 것이 훨씬 효율적이라고 판단할 것이다. 그만큼 글로벌 경쟁은 치열하고, 그 경쟁에서 살아남기 위해서는 "연습할 시간이 없다."

그럼에도 국민들은 지역 균형발전의 필요성을 느낀다. 마치 당장의 불편함에도 불구하고 '탄소 중립' 정책을 지지하는 것과 마찬가지이다. 우리가 진정한 글로벌 선도국가, 민주주의와 인권이 꽃 피우고 불평등과 불균형을 뛰어넘어 전 세계인이 부러워하는 국가가 되기 위해서는 지역 균형발전은 매우 중요한 과제이다.

바로 그 점이 서울대 10개 만들기 정책이 파고들어 국민을 설득할 지점이다. 우리는 끊임없이 국민들에게 국가 균형 발전의 비전을 제시해야 한다. 그리고 아이들이 그 지역에서 태어나고, 배우고, 취업해서 살아갈 수 있는 가능성을 보여줘야 한다.

진정한 글로벌 선도국가가 되기 위해서는 각 지역의 자율과 분권에 기반한 민주주의가 꽃피워야 한다. 국가 주도의 산업화 과정에서 형성된 중앙집중, 서울과 수도권 중심의 정치 · 경제 · 사회체제에서 벗어나야 한다.

그러기 위해서는 지역 거점 국립대학이 '창조권력'으로서 연구중심 대학으로 우뚝 서야 한다는 점을 말해야 한다. 그리고 그 가능성을 입증해야 한다. 만약에 거점국립대학의 석 · 박사과정이 살아나고, 국가 교수들의 왕성한 연구와 결합하여 질 높은 논문과 연구성과가 쌓인다면 그 믿음은 커질 것이다.

또한 현재 진행 중인 RIS 사업에서 거점국립대의 역할을 강화하고, 거점국립대 중심의 지역 대학혁신을 실질적으로 추동해야 한다. 그러면 국민들이 먼저 서울대 10개의 필요성을 주장하지 않을까? 자기가 사는 지역에 서울대를 만들겠다는데 반대할 국민은 없다.

CHAPTER 09

글로벌 선도국가를 실현하는 아시아 인재 플랫폼

- 매년 10만 유학생 유치의 '꿈'
- 아시아 우수 인재 플랫폼의 '꿈'
- 그 '꿈의 실현을 위한 조건

매년 10만 유학생 유치의 '꿈'

때로 새로운 미래에 대한 계획은 목표에 대한 상상으로부터 시작되기도 한다. 박정희 시대 학교를 다닌 사람들은 기억할 것이다. "1981년까지 국민소득 1000달러, 수출 100억 달러를 달성하겠다" 아마도 1972년 유신체제를 선포하면서 했던 것으로 기억된다.

당시 충청도 시골에서 초등학교(당시 국민학교)를 다니던 나의 뇌리에도 못이 박히도록 들었던 말이다. 그 말은 지상목표이자 희망의 메시지인 동시에 다른 한 편으로는 국가 주도 산업화의 일사불란한 동원체제를 의미하기도 했다.

50년 전의 그 말이 요즘 자꾸 생각나는 것은, "매년 한국의 대학에 아시아 우수 인재 10만 명이 입학한다면…" 이라는 상상을 하기 때문이다. 매년 10만 명씩 입학하고 그들이 4년을 다닌다면 최소한 40만 명의 외국인 유학생이 한국 대학에 적을 두는 것이다. 그들 중 일부가 석 · 박사과정에 입학한다면, 그 숫자는 더 늘어날 것이다.

꿈같은 이야기이다. 하지만 해외 청(소)년들의 한국 문화에 대한 열풍, 한국의 소프트파워 가능성을 생각하면 전혀 불가능한 상상은 아니다. 또한 인구절벽으로 폐교 위기에 내몰리는 대학들의 상황을 고려하면, 다른 선택지가 별로 없다. 소망 가득한 꿈이자, 절박한 현실적 과제인 것이다.

박정희 대통령이 '국민소득 1000 달러, 100억 달러 수출'처럼 구체적인 숫자를 명기하지 않았다면, 어린 내 머리속에 그토록 강하게 각인되지 않았을 것이다. 그래서 나도 '10만 유학생'을 외치고 싶다. 우리 교육계는 물론, 전 사회가 이 목표를 갖고 모든 역량을 집중했으면 좋겠다는 것이다.

교육부가 2021년 8월에 발표한 자료에 따르면 한국에 유학중인 학생 수는 15만 2,281명이다. 이 중 학위과정 유학생 수는 120,018명으로 전년 대비 6.2%가 증가했다. 그리고 어학연수, 교환학생, 방문연수 등 비학위과정은 32,263명으로 전년 대비 7% 감소했다. 코로나 19로 인한 국가 간 이동이 제한된 때문으로 보인다.(2021 교육기본통계 결과 발표, 교육부, 2021.8.27.)

외국인 유학생 수

연도	총계	학위과정				비학위과정		
		합계	학사 /전문학사	석사	박사	합계	어학 연수생	기타 연수생
'21년	152,281	120,018(78.8)	80,597(52.9)	25,169(16.5)	14,252(9.4)	32,263(21.2)	23,442(15.4)	8,821(5.8)
'20년	153,695	113,003(73.5)	74,851(48.7)	24,996(16.3)	13,156(8.6)	40,692(26.5)	32,315(21.0)	8,377(5.5)
'19년	160,165	100,215(62.6)	65,828(41.1)	23,605(14.7)	10,782(6.7)	59,950(37.4)	44,756(27.9)	15,194(9.5)
'18년	142,205	86,036(60.5)	56,097(39.4)	21,429(15.1)	8,510(6.0)	56,169(39.5)	41,661(29.3)	14,508(10.2)
'17년	123,858	72,032(58.2)	45,966(37.1)	18,753(15.1)	7,313(5.9)	51,826(41.8)	35,734(28.9)	16,092(13.0)
'16년	104,262	63,104(60.5)	38,944(37.4)	17,282(16.6)	6,878(6.6)	41,158(39.5)	26,976(25.9)	14,182(13.6)

※ (　)는 외국인 유학생 비율(%) = (해당 과정 외국인 유학생 수 / 전체 외국인 유학생 수) × 100

전체 유학생 수는 2019년 160,165명을 기점으로 2020년 153,695명, 2021년 152,281명으로 점차 줄어들었다. 하지만 학위과정만 보면 100,215명

(2019년) → 113,003명(2020년) → 120,018명(2021년)으로 늘어났다. 이 중에 석 · 박사과정을 빼고 학사(4년제 대학) 및 전문학사(전문대) 유학생 수는 65,828명(2019년) → 74,851명(2020년) → 80,597명(2021년)이다. 한국전문대학교육협의회에 따르면 2021년 전문대 유학생 수는 12,479명이라고 한다. 즉, 80,597−12,479=68,118명이 2021년 4년제 대학에 재학 중인 유학생 수이다.

4년제 대학을 기준으로 '매년 10만 명 입학, 전체 40만 명 재학생'이 되려면, 현재보다 거의 6배가 늘어나야 한다. 4년제와 전문대를 합쳐서 '전체 40만 명'을 확보하려면, 대략 4배가 늘어나야 한다. 엄청난 목표이다. 하지만 아래 그림을 보면, 더 엄청나다. 당장 코앞의 2024년에 대학입학정원의 12만 명이 부족하다.

물론 그동안 논의만 무성하고 제대로 추진이 안 된 한계 · 부실대학 퇴출을 포함한 대학 정원 감축, 구조조정이 실현되어야 한다. 그럼에도 갑작스러운 입학생 감소는 우리 사회의 엄청난 혼란을 야기할 것이다.

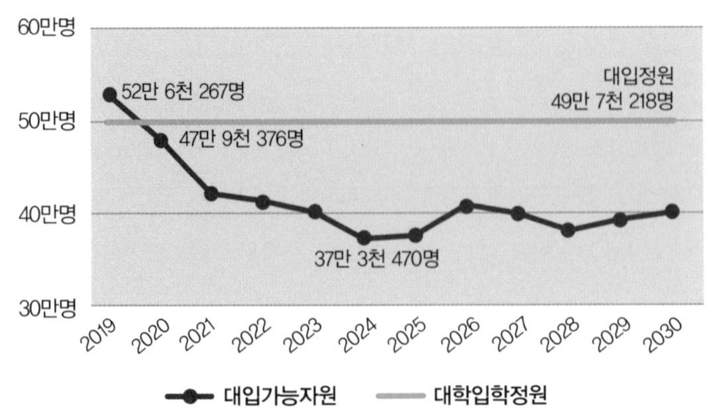

아시아 우수 인재 플랫폼의 '꿈'

갑작스럽게 코로나 19 사태가 발생한 2020년 초, 중국인 유학생 관리 실태를 점검하기 위해 서울의 대학 두 곳을 방문한 적이 있다. 당시 한국은 3월 개강과 함께 귀국할 중국인 유학생 관리에 모든 관심이 집중된 상황이었다.("7만 중국유학생 관리 사실상 불가"…신학기 앞둔 대학 '코로나' 비상, 머니투데이, 2020.2.18) 교육비서관실은 물론 청와대 전체의 최대 과제였다. 특히 우한을 비롯하여 코로나 창궐이 심한 중국의 10개 성(城) 출신 학생들을 파악하여 특별대책을 강구하고자 했다.

그런데 두 대학은 중국인 유학생에 대한 자료가 거의 정리되지 않은 상태였다. 중국인 유학생의 출신 지역, 출신 고교에 대한 데이터가 없었다. 고등학교에서 곧바로 한국 대학에 진학하는 경우도 있지만, 입학 전에 귀국해서 어학원을 거쳐 등록하는 경우가 있기에 출신 지역을 따로 정리하지 않은 것이다. 입학생의 실태가 제대로 정리되지 않았으니, 당연히 외국인 졸업생의 진로 따위를 대학이 관리할 가능성은 거의 없다.

다만, 중국인 유학생들이 납부하는 등록금이 전체 등록금 수입의 10% 정도라는 것만 알 수 있었다. 어차피 외국인 유학생은 '정원 외'로 관리된다. 입학 정원과 등록금이 동결된 상태에서, 유학생은 대학의 '돈줄'인 셈이다.

지방대학, 특히 재정 상태가 열악한 사립대학의 유학생 관리는 더욱 심각하다. 우선 입학생들의 학습 능력이 떨어진다. 한 대학의 입학처장은 "유학생들의 대부분이 중국이나 베트남 같은 동남아시아에서 오는데 한국 학생들과 학력 차이가 많이 난다"며 "교수님들 입장에서도 시험 문제를 따로 출제해야 해서 학사운영 상의 애로사항들이 많다"고 전한다.("외국인 유학생, 지방대 자구책 될 수 있을까", 한국대학신문, 2021.6.25)

그렇게 대학 과정을 마친 외국인 유학생들이 '대학 졸업'에 걸맞는 일자리를 얻을 가능성은 별로 없어 보인다. 그러니 일부 유학생들은 제조업이나 유흥업소 등으로 '불법 취업'을 감행하기도 한다. 그 피해는 같은 대학의 한국인 학생에게도 미칠 가능성이 높다. 외국인 유학생의 등록을 유지하려면, 강의 수준을 낮춰야 하기 때문이다.

정부가 2012년 'Study Korea 2020 Project'를 추진할 때만 해도, 유학생 수는 꾸준히 증가하고 있어 그 과정에서 제기되었던 질 관리 문제에 주의를 기울였었다. 하지만, 2012년부터 2014년까지 유학생 증감률은 오히려 하락세를 보이면서, 2020년까지 외국인 유학생 20만 명 유치라는 양적 목표를 달성하기 위한 각종 규제를 완화하기 시작했다. 문제는 유치 절차 간소화, 의료보험 특례 등과 같은 정책적 지원이 아니라, 한국어능력시험(TOPIC) 입학 및 졸업 등급을 낮추는 등 유학생의 질 관리 수준까지 낮춘 것이다.(김한나 · 우한솔 · 이승호, 「한중일 3국의 외국인 유학생 유치 정책 비교 연구」, 『아시아교육연구』 17(4), 2016.12, p.330)

즉, '질 관리'보다는 '양적 목표 달성'에 정책의 초점이 맞춰져 있었다는 것이다. 결과적으로 '2020년 20만 명'이라는 목표는 달성되지 않았다. 질 관리

가 없는 상황에서 당연한 결과이다. 공부란 게 원래 그런 것이다. 쉽게 가르치면 학생들이 좋아하지만, 나중에 원망을 받게 된다.

그나마 최근 꾸준하게 외국인 유학생이 늘어난 것은 순전히 방탄소년단(BTS), 블랙핑크 등의 영향 때문이라고 할 수 있다. 앞으로 K-Pop의 위상이 높아지고, 한국의 소프트파워에 열광하는 전 세계 청(소)년들이 늘어날 것이다. 따라서 '양적 증가'의 가능성이 높다는 것이다.

현재 한국의 대학에 입학하려면 한국어능력시험(TOPIC) 3급을 요구한다. 일부 대학에서는 학과 · 전공에 따라 4~5급을 요구하지만, 그런 학교는 극히 소수이다. 또한 대학별로 자체 어학원을 통해 입학생을 선발하고, 심지어 TOPIC 3급 이상 미취득자에게 자체적인 온라인 시험으로 입학 자격을 부여하는 경우도 있다. 사실, 3등급 이하 학생들의 입학이 가능하다는 이야기이다.

2016년 방문했던 중국의 소주대학, 북경수도사범대학 등은 중국어능력평가(HSK) 4급이 입학기준이다. 의예과, 컴퓨터공학 등 인기 학과는 5급 이상이다. TOPIC과 HSK는 모두 언어능력을 1~6급으로 구분된다.

만약 베트남이나 태국의 고등학생이 유학을 고려할 때, 어떤 선택을 할까? 혹시 학습 능력이 뛰어난 학생들은 중국을 선택하고, 그렇지 않은 학생들이 한국을 선택하는 건 아닐까? 방탄소년단과 블랙핑크의 나라, 개인의 자유가 한껏 보장되어 있는 나라이니 공부 외에도 그들이 한국을 선택할 여지는 많다.

일부에서는 국제화 시대에 걸맞게 영어 등 외국어 시험을 기준으로 유학생을 뽑자는 의견도 있다. 그렇게 입학한 학생들이 영어 전용 강의만으로 교육과정을 이수하도록 한다는 것이다. 하지만 대부분 대학에서 이는 매우 어려운 게 현실이다. 일부 석 · 박사과정이면 가능하고, 또 그럴 필요가 있다.

실제 일본에서는 영어시험 등을 기준으로 해외의 우수 유학생 유치에 열을 올린 적이 있다고 한다. 거기에는 일본이 자랑하는 영어 검정시험(영검, EIKEN)도 활용되었다. 그런데 그렇게 일본대학에 입학한 학생들이 정작 일본 생활에 적응하기 어려웠다고 한다. 일본어를 잘못하니 일상생활이 얼마나 고통스러웠겠는가?

대다수 유학생은 영어보다는 한국어 능력을 강화하는 게 필요하다. 이는 그들이 한국에서 대학 생활을 제대로 하기 위해서도 필요하지만, 장기적으로는 한국에 정착하도록 하는 데에도 절대적으로 요구된다. 인구절벽, 노동력 부족의 문제를 한꺼번에 해결해야 하기 때문이다.

외국인 유학생이 잠시 한국을 스쳐 지나기보다는 한국에 정착하거나 꾸준히 교류할 수 있도록 해야 한다. 그러기 위해서는 그들이 한국어는 물론 한국의 문화, 역사를 깊이 이해하도록 해야 한다. 즉, 외국인 유학생들에게 한국은 '제2의 조국'이 되어야 한다.

이제 '질 관리', 즉 외국의 우수한 인재들이 한국 대학에 입학하는 것을 정책 목표로 설정해야 한다. 예컨대 한국어능력시험(TOPIC) 등급을 높이고 엄격하게 질 관리하는 방안을 모색해야 한다. 최소 4급 이상, 인기 학과의 경우 5급을 입학기준으로 내걸어야 한다.

물론 당장에 '돈'이 필요한 대학들이 반발할 수 있다. 그렇다면, 거점국립대와 서울의 상위권 대학(주로 사립대학)부터 단계적으로 도입할 수 있을 것이다. 그리고 그 대학들에 대해서는 '글로벌 선도대학'과 같은 명칭으로 예산 지원과 함께 적극적인 프로그램 질 관리를 하는 게 필요하다.

글로벌 선도대학에서는 엄격한 질 관리뿐 아니라 외국인 유학생의 정원을 일정한 숫자로 제한해야 한다. 그래야 그 대학에 입학하지 못하는 유학생들이 다른 대학을 선택할 수 있다.

차제에 우수한 유학생들에게 지원되는 GKS(Global Korea Scholarship) 장학사업을 대폭 늘리는 방안도 고려해야 한다. 현재처럼 적당히 대학에 골고루 나눠주는 수준이 아니라, 입학 단계부터 자국 고등학교 성적이 우수하고 높은 TOPIC 점수를 가진 학생들을 적극적으로 한국의 대학에 '영입'하는 것이다. 그 유학생들이 한국에 정착하고 가정을 꾸린다면, 저출산 · 고령화를 막기 위해 사용하는 수많은 예산보다 훨씬 효율적일 수 있다.

그렇게 한국의 대학을 졸업한 학생 중 일부(주로 성적 우수 학생들)는 석 · 박사과정에 진학할 것이다. 그러면 BK21 플러스(Brain Korea Plus) 등을 통해 우수한 외국인 유학생들이 마음껏 공부할 수 있는 여건을 만들어야 한다.

한국의 대학, 혹은 대학원을 마친 졸업생들은 한국 기업 · 연구소에 취업하거나, 본국에 돌아가서 교수 등 그 사회의 '리더그룹'으로 활동할 것이다. 해외로 뻗어나가는 한국 기업의 외국 지사에 근무할 수도 있다. 한국의 대학이 아시아 우수 인재들의 정거장, 혹은 플랫폼이 되는 것이다.

물론 일부는 미국이나 유럽, 중국, 일본, 싱가폴 등 해외로 진출할 수 있다. 하지만 그것을 두려워하거나 아까워할 필요는 없다. 그들에게 한국이 '제2의 조국'으로 각인되었다면, 오히려 우리의 글로벌 네트워크를 풍부하게 만들 것이다.

다시 상상해보자. 매년 10만 명, 아시아를 비롯한 세계 각국에서 한국어능력시험 4~5급의 우수한 학생들이 한국 대학에 입학한다면 어떤 일이 벌어질까? 우선, 위기에 처한 대학이 살아날 것이다. 단지 부족한 대학 재정을 메꾸거나 학생 숫자를 늘리는 것뿐 아니라, 그들과 협력하고 경쟁하는 과정에서 한국의 학생들이 성장할 수 있을 것이다. 대학 또한 질 높은 교육프로그램 개발에 노력할 것이다.

또한 그러한 인재들이 매년 10만 명 이상씩 배출된다고 상상해보자 한국이 '진정한 글로벌 선도국가'로 나아가는데 든든한 동력이자 버팀목이 될 것이다. 우리가 '즐거운 상상'을 멈출 수 없는 이유이다.

2005년 한 민간단체의 초청으로 터키를 방문한 적이 있다. 한참 뒤에 안 사실이지만, 우리를 초청한 곳은 펫훌라흐 귈렌(Muhammed Fethullah Gülen)이 이끄는 '귈렌 운동(Gülen Hareketleri)' 단체였다. 귈렌은 우리에겐 2013년 만해상 수상자로 알려졌고, 2016년 에르도안 터키 대통령이 쿠테타의 배후로 지목한 인물이기도 하다. 당시 미국에 체류 중인 그의 터키 소환을 놓고 트럼프 미국 대통령과 에르도안 터키 대통령 사이에서 갈등이 빚어지기도 했다.

귈렌이 이끄는 그 단체는 "더 이상 이슬람 사원을 짓지 말고 학교를 세우자"는 모토로 터키 전역에 수백 개의 학교를 운영 중이었다. 그뿐만 아니라 과거 오스만튀르크가 지배했던 외국에도 비슷한 학교를 세워 나갔다. 이스탄불과 앙카라의 대학에는 과거 오스만튀르크 지역 출신의 유학생들이 많았다.

그걸 보면서 나는 터키인들에게 오스만튀르크라는 '제국(Empire)'을 경영했던 유전자가 살아있음을 느꼈다. 우리는 그 유전자가 없는지도 모른다. 수천 년 동안 강대국 사이의 새우(Shrimp)처럼 살아온 우리는 스스로 고래

(Whale)가 되었다는 사실을 자각하지 못한다. 이제 우리는 새로운 상상이 필요하다.

우리가 아시아의 선도국가가 되는 꿈, 나아가 국제질서의 균형과 평화를 유지하는 글로벌 중추 국가가 되는 꿈을 꿔야 한다. 과거의 제국이 아닌, 그렇다고 미국과 중국의 패권주의도 아닌, 인류를 위한 새로운 글로벌 선도국가로 나아가야 한다.

그 '꿈'의 실현을 위한 조건

1 한국어 교육의 대폭 확대

문재인 정부는 동남아 국가를 대상으로 '신남방 정책'을, 중앙아시아에서는 '신북방 정책'을 추진하였다. 교육비서관실에서는 주로 신남방, 신북방 지역에서 한국어 교육을 어떻게 확대할 것인가를 고민하였다. 폭발적인 한국어 교육 수요에 비해 공급이 현저히 부족했다. 교재도, 교사도 부족했다.

또한 한국어능력시험(TOPIC)는 국내에서 출제한 문제로 국내는 물론 해외에서 지필고사를 실시하고, 답안지를 한국으로 들여와서 채점하는 구조였다. 연간 3회씩 해외에서 치러지는 한국어능력시험(TOPIC)의 시험장소를 구하는 것도 문제였다. 그리고 응시자들은 몇 시간씩 기차를 타고 왔다는 사례가 많았다.

그래서 생각해 낸 것이 인터넷 기반 시험(IBT)으로의 전환이다. TOPIC I (1~2급)을 우선 전환키로 했다. 당시 교육부 담당자에게 이렇게 말했던 것으로 기억한다. "어릴 적 태권도 도장에 가면 흰띠 차고 시작해서, 노란띠, 초록띠까지는 시간 지나면 대충 주지 않나요? 빨간띠부터, 특히 검은띠는 엄격한 기준이 필요하고…" 우선 많은 외국 학생들이 한국어에 관심을 갖도록 하고,

조금이라도 배웠을 때 성취감을 얻도록 하자는 것이었다.

2019년 TOPIC을 IBT로 전환하는 계획을 수립했다. 그러면 장소에 구애되지 않고 더 많은 외국인이 응시할 수 있는 것이다. 2022년부터 본격적으로 IBT가 도입되는데, 응시자가 대폭 늘어날 것으로 보인다.(한국어능력시험(TOPIC), 인터넷 전환…"22년 응시자 37만→70만", 이데일리, 2020.2.24.) 또한 2022년 하반기부터는 '말하기' 평가가 추가된다. 언어능력 평가로서 타당성과 공신력을 더욱 확보할 수 있게 되었다.

네이버가 운영하는 K-Pop 사이트에 한국어 온라인 강좌가 링크된 것도 2019년 무렵이다. 하루 3~400만 명이 접속하는 사이트 링크를 통해 한국의 대중문화 열풍을 한국어 교육과 연계하고자 했다. 지금은 방탄소년단, 블랙핑크 등 K-Pop 스타들이 직접 한국어와 한국 문화를 알리고 있다. 앞으로 전 세계 수백만이 K-Pop을 통해 한국어를 배울 것이다. 그리고 학교에서 '제2외국어' 교과로 한국어를 배우고 TOPIC을 보는 학생들이 늘어날 것이다.

그런데 정작 해외에 나가서 한국어를 가르칠 교사가 턱없이 부족했다. 그래서 한국의 대학 졸업생, 혹은 휴학생들이 한국국제협력단(KOICA) 해외봉사단이나 인턴십 프로그램으로 6개월~1년씩 동남아와 중앙아시아에 가서 한국어 교사로 활동하는 사업을 구상하였다.

또한, 내 주변에는 국어 교사로 은퇴한 뒤 한국어 교사자격증을 별도로 받아서 다문화가정의 학부모를 지원하는 분들이 꽤 많았다.(학교에서 국어를 가르치던 교사도 외국인 대상으로 한국어를 가르치려면 별도의 자격증이 있어야 한다. 학교 교사 자격증은 교육부가 발급하고, 외국인 대상 한국어 교사 자격증은 문화체육부관광부에서 발급한다.) 대부분 무료봉사지만, 굉장한 보람을 느낀다고 한다. 그분들에게 해외봉사도 가능하느냐고 물었더니, 얼마든지 가능하다는 답변이었다.

그런 구상을 한창 하던 어느 날, 김현철 경제보좌관이 교육비서관실에 찾아왔다. 경제보좌관실은 교육비서관실과 마주하고 있었지만, 정작 서로 방문하거나 단둘이 대화를 나눠본 경험은 거의 없었다. 당시, 김현철 경제보좌관은 신남방정책특별위원회 위원장과 북방경제협의회 간사를 맡고 있었다.

때마침 찾아온 김현철 경제보좌관에게 당시 나의 구상을 말했다. 김현철 경제보좌관은 크게 공감하고, 조만간 다시 만나 구체적인 사업을 함께 논의하기로 약속했다. 문제는 다음날 발생했다.

대한상공회의소가 주최한 CEO 조찬 간담회에서, 김현철 경제보좌관은 "50~60대들은 한국에서 할 일이 없다고 산에나 가고, SNS에서 험악한 댓글만 달지 말고 아세안으로 가세요."라면서 "국문과 졸업하면 취직 못 하잖아요. 그런 학생들 많이 뽑아서 태국, 인도네시아의 한글 선생님으로 보내고 싶다"고 말한 것으로 언론은 보도했다.(김현철 청 경제보좌관 "50~60대, 댓글 달지 말고 아세안 가세요", 한겨레신문, 2019.1.28.) 조찬 간담회 직후 언론은 일제히 김현철 경제보좌관을 비난했고, 그는 점심 무렵에 사표를 제출했다.

여러모로 안타까운 일이다. 평소 매우 부드러운 성격의 소유자인 그의 입에서 '험악한 댓글' 같은 표현이 나왔다는 것도 그렇고, 그 이후에 함께 새로운 사업을 구상하려던 게 좌초된 것도 그렇다.

해외 한국어 교육 확대의 가장 큰 걸림돌은 부처 간 칸막이다. '국어기본법'은 문화체육관광부(문체부) 소관이다. 그래서 해외 한글 교육을 가장 많이 담당하는 세종학당의 운영 주체는 문체부가 된다. 학교에서 한국어 교육을 채택하거나 학과를 개설하면, 그것은 교육부의 업무가 된다. 그리고 재외동포

대상의 한국어 교육은 외교부의 몫이다.

향후 정부 조직 개편에는 이 주제가 꼭 다뤄지길 바란다. 각 부처로 쪼개진 해외 한국어 교육 관련 업무가 통합된다면, 여러 법령과 제도가 개선되어야 한다. 우선, 중 · 고등학교에서 수십 년 국어를 가르친 사람이 일반인과 똑같은 과정을 밟아 한국어 교사 자격을 얻어야 하는 이 불합리한 시스템이 없어져야 한다. 그들은 국어에 대한 충분한 지식이 있는 만큼, 대상 국가의 언어에 맞는 학습법 등 최소한 과정만으로도 한국어 교사자격증을 취득할 수 있어야 한다.

그리고 KOICA를 통하든, 아니면 별도의 사업을 통해서든 한국의 청년들, 그리고 은퇴한 교사 등을 해외 한국어 교사로 파견할 수 있도록 해야 한다. 수요가 폭발할 때 공급이 뒷받침되어야 한다.

매년 10만 명의 유학생을 유치하고, 그들이 TOPIC 4급 이상의 실력을 갖게 하려면 TOPIC I (1~2급)의 합격자가 100만이 넘어야 할 것이다. IBT로 전환한 만큼, 그 가능성은 충분히 열려 있다. 문제는 TOPIC II (3~6급)을 어떻게 확대할 것인가이다. 이 역시 IBT 방식을 고려할 만하다. 토플도 점차 집에서 보는 방식(Home Edition)을 도입해가는 것으로 보인다. 우리도 이와 관련한 준비를 서둘러야 한다.

2 수준 높은 원격교육시스템 구축

2015년 미네르바 대학의 설립자인 벤 넬슨(Ben Nelson)이 내가 교장으로 있던 이우학교를 방문한 적이 있다. 당시 미네르바 대학은 한국에서 이러저러한 가능성을 타진하면서, 한국의 교육관계자들을 만나는 듯했다.

나는 평소에 관심을 갖고 있던 만큼 미네르바 대학의 커리큘럼에 대해 주로 질문을 던졌다. 그런데 벤 넬슨은 주로 자신들이 개발한 원격교육 시스템에 대한 설명을했다. 실리콘밸리 최고의 기술이 응축되었다는 것이다.

캠퍼스가 없이 전 세계를 돌아다니며 학생들이 배우는 만큼, 원격교육 시스템이 중요한 것은 이해되지만 그 시스템을 장황하게 설명하는 건 좀 의외였다. 그는 스냅퓌시(Snapfish)라는 웹기반 서비스회사의 CEO이자 휴렛패커드(Hewlett-Packard)를 운영한 경영자였다. 그래서 원격교육 시스템에 대한 자부심이 많을 거라고 생각했다.

그런데 나중에 실제 미네르바 대학에 다니는 학생들의 경험을 접하면서, 나의 생각이 잘못되었음을 깨달았다. 미네르바 대학의 원격교육 시스템은 '도구 이상'의 의미를 지니고 있었다.("난생 처음 간 학교가 미네르바 스쿨", 신동아, 2021.10.6) 어찌보면 그 자체가 학습법이자 커리큘럼인 것이다.

만약 미네르바 대학 수준의 원격교육 시스템이 구축된다면, 한국 대학에 입학하는 해외 유학생들이 모두 한국에 거주할 필요는 없다. 2년, 혹은 3년을 자신의 나라에서 원격으로 수업을 하고, 나머지 1년, 혹은 2년을 한국에 직접 와서 공부하도록 할 수 있을 것이다. 그리고 한국에 거주하는 1~2년 동안 '제2의 조국'으로 한국을 각인시킬 수 있는 노력을 기울여야 한다.

그만큼 우리는 '10만 유학생'의 목표에 쉽게 도달할 수 있을 것이다. 원격으로 수업에 참여하는 유학생들은 굳이 자신이 입학한 대학의 수업만 들을 필요는 없다. 이미 공유대학 프로그램으로 타 대학의 강의를 수강할 수 있는 제도적 장치가 마련되어 있고, 공유대학은 대부분 원격으로 진행되기 때문이다. 한국어 능력과 전공에 필요한 학습 능력만 있다면, 원격으로도 최고의 대학 교육을 받을 수 있을 것이다.

그런데 2020년 코로나 19에 대응하면서, 우리는 대학 원격 교육시스템의 한계를 깨달았다. 그 이유로 여러 가지 꼽을 수 있지만, 가장 큰 것은 소프트웨어진흥법의 '대기업 참여 제한'이라고 생각한다.

대기업 참여가 제한된 조건에서 중소기업들이 주로 외국의 LMS(Blackboard, Canvas, Moodle 등)를 가져다 약간의 커스터마이징(customizing)을 거쳐 한국의 공공기관(주로 대학 등 교육기관)에 영업하는 수준이라고 할 수 있다. 그 수준의 LMS 시스템으로는 미네르바 대학과 같은 질 높은 원격 교육을 기대하기 어렵다.

파운드리와 펩리스로 구성되는 시스템 반도체 생태계를 원격교육 개발에도 적용할 수 있지 않을까? 클라우드 서비스를 운영하는 대기업과 복수의 에듀테크 기업들이 컨소시엄을 구성하여 한국형 원격교육 시스템을 개발하는 것이다. 예컨대 네이버가 복수의 에듀테크 기업들과 공동으로 LMS 시스템을 개발할 수 있고, KT, 카카오, LG-CNS 등도 유사한 방식을 채택할 수 있을 것이다.

소프트웨어진흥법 개정을 통해 대기업 참여 제한을 풀고, 대기업과 중소 에듀테크 기업의 상생 방안을 마련한다면 충분히 가능한 일이다. 그렇게 개발된 원격교육 시스템을 대학들은 일정한 요금을 지불하고 사용하면 될 것이다.

그리고 국내 대학뿐 아니라, 해외에도 수출할 수 있을 것이다. 원격교육 시스템뿐 아니라 클라우드 및 포털 서비스 해외 진출도 가능하다. 이미 아시아 주요 대학과 원격교육 관련한 일체의 서비스 공급을 추진하는 회사가 있는 걸로 알고 있다. 충분히 가능한 일이다.

3 다문화 국가 준비

매년 10만 명의 우수 인재를 한국의 대학에 입학시키고, 그들 중 상당수가 한국에 정착한다면 그에 따른 제도적 준비를 해야 한다. 윤석열 정부에서는 이민청 신설을 추진한다고 한다.("인구절벽 대비…이민청 설립해 우수인재 확보 등 추진해야", 한국경제 2022.6.8.) 반가운 소식이다.

이민청은 김대중 정부에서 논의가 시작되어 노무현 정부에서 추진 계획을 밝혔지만 국내 여론에 밀려 답보상태인 것으로 알려져 있다. 해외 이민자들의 유입이 국내 일자리를 빼앗거나 불법 체류 등 각종 범죄, 문화 차이로 오는 갈등에 대한 우려 때문이다.

하지만 그동안 사회가 많이 변했고, 무엇보다 눈앞에 닥친 인구절벽은 국민의 인식을 변화시킬 수 있다. 또한 아시아의 우수 인재를 대학 교육을 거쳐 한국 국민으로 인정하는 것에 대해서는 거부감이 덜할 것이다.

그런데 이제까지 알려진 바로는 이민청을 검찰청과 같이 법무부 외청으로 출범하는 방안이 논의된다고 한다. 이에 대해서는 우려를 하지 않을 수 없다. 단지 국내에 들어온 외국인을 '법적으로' 관리하는 것처럼 보이기 때문이다. 오히려 외국인들이 국내에 들어오도록 한국어와 한국 문화를 가르치고, 그들의 진학과 취업, 주거 문제 등을 함께 지원하는 이민청이 되어야 한다.

즉, 이민청의 설립에 앞서 부처별 칸막이로 나뉜 한국어 교육 시스템을 재편하고, 한국 대학의 입학 지원을 강화해야 한다. 또한 그동안 논란이 되었던 외국인 의료보험 문제, 외국인 유학생 주거 문제, 취업 지원 등을 해결해야 한다. 그러기 위해서는 법무부 외청보다는 국무총리 산하 혹은 사회부총리 산하에 설치하는 방법도 고려할 만하다.

아무튼 이제 우리는 다문화 국가임을, 그리고 그것이 우리의 미래를 지속 가능하게 한다는 사실을 전 국민이 깨달아야 한다. 10만 유학생 유치도 그런 관점에서 추진해야 한다.

에필로그

- 글로벌 선도국가의 비전, 어떻게 만들 것인가?
- 디지털 대전환을 가로막는 낡은 시스템
- '낡은 과거'와 '새로운 미래'를 구별하는 법

글로벌 선도국가의 비전, 어떻게 만들 것인가?

1 '반도체 인재 양성' 주장에 숨겨진 산업화 시대 그림자

『눈 떠보니 선진국』으로 화제를 모았던 박태웅 한빛미디어 이사회 의장은 최근 한 YouTube 방송(박종훈의 경제한방)에 출연해서 윤석열 정부의 '반도체 인재 양성' 주장에 대해 "과거 산업화 시대의 선진국 추격형 모델"이라고 혹평한다.

삼성전자가 최근 개발한 3나노 반도체(삼성전자, 세계 첫 3나노 반도체 생산 시작…대만 TSMC 추격 발판 마련했다, 한국일보, 2022.6.30.)와 같은 최신 공법에는 '양자역학' 등 최고급 이론이 적용되며, 이는 학부 수준에서는 도저히 해결할 수 없다고 한다. 따라서 기존 물리학 · 화학 · 전자공학 등 석 · 박사과정의 학과 간 경계를 허물고 협업을 강화해야 한다는 것이다. 이미 유사한 주장이 다양하게 제기된 바 있다.

국가 주도의 산업화 과정에서 박정희 대통령은 직접 공업고등학교와 공과대학의 설립을 주도했다. 당시 중화학공업에 필요한 기술은 공업고등학교와 공과대학을 졸업하고 곧바로 생산과정에 투입이 가능한 수준이었다. 달리 말하면 당시 대학과 기업의 연구 · 기술 격차는 크지 않았다.

하지만 지금은 첨단분야 기업의 연구소와 대학의 연구 · 기술 수준은 큰 차이를 보인다. 특히 반도체와 같은 최첨단의 시설 · 장비가 필요한 분야일수록 그 격차는 커진다.(90년대 장비에 맡긴 반도체 미래, 서울대 연구실엔 '고장' 딱지가…, 조선일보, 2022.6.11.)

박태웅 의장은 또한 우리나라의 반도체 기업과 대만의 TSMC를 비교하면서, '생태계적 사고'의 필요성을 강조한다. 즉, 파운드리(대기업)와 다양한 팹리스들이 공존하며 협업하는 생태계를 구축해야 한다는 것이다. TSMC의 경우 수많은 팹리스를 지원하고 협업하는 시스템이 잘 구축된 것으로 평가받는다.

그런데 한국의 경우 국가 주도의 산업화 시대에 형성된 시스템(자원의 집중, 대기업 중심의 산업체계)에서 크게 벗어나지 못했다고 박태웅 의장은 꼬집는다. 즉, 기존 대기업-하청기업의 불공정한 거래 관행이 여전히 파운드리-팹리스의 관계에도 남아 있다는 것이다.

박태웅 의장이 말하는 '생태계적 사고'에서는 서울대학교 반도체 연구실의 오래된 장비 고장은 있을 수 없는 사건이다. 그런 조건에서 반도체 학과를 늘려봤자 아무 소용없는 것이다.

2 국가 교육 비전을 만들려면

박태웅 의장은『눈 떠보니 선진국』에서 독일의 노동 개혁을 예로 들면서 '녹서(Green paper, Grunbuch)의 중요성을 강조한다. 녹서란 어떤 정책을 결정하기 전에 사회 전체의 토론을 요청하는 제안이다. 토론 결과는 나중에 백서(White parer, Weissbuck)에 담기고 정책 추진의 근거가 된다.

'노동(Arveiten) 4.0'은 2011년에 발표된 '산업(Industrie) 4.0'이 기술적 발전에만 중점을 두고 이에 수반되는 노동에의 영향을 간과했다는 점에 주목하여, 미래 노동과 관련한 전문가와 시민이 참여하는 사회적 토론을 통해 마련되었다. 독일 노동부는 2015년 4월 22일, 300명 이상의 전문가가 참석한 회의에서 '노동 녹서 4.0'을 발표하고 사회적 대화를 제안했다.

녹서에서는 6가지 핵심적인 질문을 던졌다. 첫째, 디지털화에도 불구하고 미래에도 거의 모든 인간이 직장을 가지게 될 것인가?

둘째, '디지털 플랫폼'과 같은 새로운 사업모델들이 미래의 노동에 어떻게 영향을 미칠 것인가?

셋째, 데이터의 축적과 사용이 점점 중요한 이슈가 되어가는 상황에서 노동자의 개인 정보 보호는 어떻게 이루어질 수 있을 것인가?

넷째, 미래의 세계에서 인간과 기계가 함께 협업하게 될 경우 인간 노동을 보조하고 역량을 강화시키도록 하기 위해서 어떠한 방식으로 기계들을 활용하여야 할 것인가?

다섯째, 미래의 직업세계는 보다 탄력적인 방향으로 변화될 것이다. 그러나 시간적, 공간적인 차원에서의 유연성이 노동자들을 위하여 어떠한 구체적인 방식으로 가능해질 수 있을 것인가?

여섯째, 더 이상 고전적인 기업의 시스템에는 상응하지 않을 것으로 전망되는 미래의 최첨단 기업들은 사회보장이라고 하는 차원에서 어떠한 형태로 새롭게 구성되어야 할 것인가?(여시재 요약 · 번역, 「노동 4.0 백서」, p.17)

녹서는 2만 7천 부가 인쇄되어 전국에 배포되었고, 노동부 웹사이트에서는 1만 1천 번 다운로드 되었다. 홈페이지와 SNS 계정 등을 통해 5,349개의 의견이 제시물로 작성되었고, 32개 극장에서 '미래 영화 페스티벌'이라는 표제하에 4차 산업혁명 시대의 노동문제와 관련된 7편의 영화를 상영하고 관람객들의 의견을 수렴하였다.

또한 200명 이상의 전문가(노동조합 및 사용자 단체 대표, 연구자, 각 분야의 전문가)들은 7회에 걸친 주제별 토론을 진행했다. 이런 과정을 거쳐, 2016년 11월 29일 노동 백서 4.0이 발간되었다.(이승현, 「독일의 4차 산업혁명에 대한 정책적 대

응 : 인더스트리 4.0과 노동 4.0의 전개 상황」, 국제노동브리핑, 2020년 1월호, 한국노동연구원)

노동 4.0이 광범위한 사회적 토론을 통해 결정되었다면, 시나리오 기법을 활용한 미래 예측으로 중요한 정책 방향을 결정하기도 한다. 세계경제포럼 2017 보고서는 미래의 일자리 전망과 관련하여 네 가지 시나리오를 제시했다.

첫째, '로봇에 의한 일자리 대체'이다. 이는 대다수 일자리가 로봇으로 대체되고, 일부 높은 기술의 보유자만이 변화에 적응한다는 것이다.

둘째, '민첩한 적응자들'이다. 노동자들을 재교육시키고 고급 기술을 가르쳐 기준 진보에 필요한 인력으로 만든다는 것이다.

셋째, '양극화된 사회'이다. 자동화된 기술 습득에 뒤 쳐진 노동자들이 저임금의 저숙련 노동으로 내몰리며 사회가 양극화된다는 것이다.

넷째, '독립적인 일자리 혁명'이다. 노동자들이 재교육 등을 통해 기술 발전을 따라가며, 플랫폼의 도움으로 독특한 기술을 효율적으로 제공할 수 있게 되면서 점점 더 독립적인 노동자가 된다는 것이다.(이명호, 『노동 4.0』, 북저널리즘, 2019, p.91~92)

이러한 시나리오 기법은 미래의 다양한 가능성을 보여주면서, 위험을 줄이고 긍정적 방향으로 나아가기 위해 노력할 지점을 제시한다. 사실, 시나리오를 만드는 과정 자체가 공동의 학습 과정, 혹은 인식의 공유과정이라고 할 수 있다.

시나리오 기법은 핀란드 2014 국가 교육과정 개정(2016년부터 적용) 과정에서 시도된 '학습미래 2030((Future of learning 2030) 프로젝트'에도 도입되었다. 그 프로젝트에서는 전문가 델파이를 통해 다섯 가지의 시나리오를 제시했다.(국가교육회의, 「핀란드 교육과정, 어떻게 만들어지는가? : 2014 개정의 과정과 절차」, 2021, p.45~46)

학습미래 2030의 다섯 가지 시나리오

통합된 유럽을 향해가기 (Towards an Integrating Europe)	세계화 모형 혹은 하이퍼 자본주의 모형으로 이해하면 될 것이다. 개인주의가 심화되고 자본주의적 경쟁의 승패에 의한 빈부 격차도 확대되겠지만, 대부분의 사회구성원이 자본주의가 가져오는 생산력의 증대와 화려함에 매혹될 것이다. 세계적 경쟁력을 갖춘 창의적 인재를 목표로 영어가 강조될 것이고, 효율성과 평가가 중요하게 받아들여질 것이다. 교사는 책무성의 압박으로 피로에 시달릴 것이고, 교사라는 직업의 매력은 상실될 것이다. 취학 연령은 낮아지고 학교는 효율성 차원에서 대규모로 통폐합될 것이다. 성적 향상을 위해 수업의 흥미를 높이는 '수업의 예능화'가 촉진되고 그 수단으로 증강현실이 활용되고 활동이 중시될 것이다. 교육체제는 EU의 통합적 틀로 수렴할 것이다
부가 미덕 (But the Goods Get Richer)	'통합된 유럽' 시나리오와 유사하나, 물질만능주의가 더 심화된 슈퍼-하이퍼 자본주의라고 보면 된다. 빈부격차가 극대화되고 극단주의자가 늘어난다. 경제적 효율성이 더욱 강하게 추구되고, 상당수 원격지에서 기본교육은 원격학습으로 대체된다. 대면학습은 사치재가 되고 교사의 질과 노동조건은 양극화될 것이다. 러시아와 스위스의 부유층이 엘리트 교사를 유인 흡수해갈 것이고, 일반 공교육은 은퇴자와 단기과정 수료자로 채워질 것이다. 학교가 보육 기능을 떠맡게 되어, 학교에 머무는 시간이 늘어나므로 교육과정은 흥미 위주 활동이 늘어날 것이다. 이는 많은 '집단별 하위문화'를 생산해 낼 것이다.
구걸하고 훔치고 빌리기 (Beg, Steal and Borrow)	글로벌 경제 붕괴 시나리오이다. 많은 지자체가 학교 운영을 포기하고 원격학습으로 대체함에 따라 많은 교사가 해고된다. 민간의 후원을 받아 등록금을 징수하는 소수의 학교만이 남게 되고, 몇몇은 국제적 학교기업을 통해 공급될 것이다. 학생 대부분은 홈스쿨링을 해야 하므로 부모들간의 네트워크가 확대될 것이다. 해고 교사들은 일부는 사립학교로 취업하고 일부는 스스로 학교 네트워크를 만들어 이들 간 경쟁이 벌어질 것이다. 학습이 완전히 시장화됨으로써 '재미없으면 안 된다'가 교사의 좌우명이 되고, 따라서 학급 내 비행 행위가 폭증할 것이다.
멀어지는 낙원 (Far from the World of Kavala)	치안이 불량하고 테러리즘이 판을 치는 극도의 위험 사회 시나리오다. 사회적 신뢰는 사라지며 무관용과 인종차별이 난무하고, 사람들은 자기밖에 믿지 못하는 각자도생을 추구한다. 그나마 안전을 제공할 수 있는 종교 학교가 늘어날 것이다. 역설적으로 교직은 사회안정성과 형평성의 증진자로 가치를 부여받는다.

태양과 함께 세상을 보다 (With the Sun, I Look at the World)	자본주의는 더욱 성숙하고 영어교육도 강조되겠지만, 경제적 효율성과 생산성뿐 아니라 인간중심 웰빙과 문화, 교육도 중요한 사회적 키워드가 된다. 교사 교육은 공통과정과 전문과정의 모듈 형태로 설계되어, 원하는 시점에 언제든지 경력을 바꿀 수 있게 되고 핀란드 전역에서 진정한 계속 교육이 구현될 것이다. 교사는 모자라지 않고 피로와 스트레스에도 시달리지 않으며, 교사들 간 전문분야 협업을 통해 수업이 실시될 것이다. 학생들은 소규모 학습 집단으로 조직될 것이며, 학부모 역시 중요한 조력자가 된다. 학습은 문제 혹은 현상에 기반한 프로젝트로 이루어진다.

시나리오는 대부분 부정적인 미래를 예견하고 있다. 이는 프로젝트가 진행되던 시점(2009~2014년)의 핀란드 경제 상황과 연관된 것으로 보인다. 핀란드는 2008년 국제금융위기 여파로 2009년 -8.7% 경제성장을 기록했다. 그 후 2010년 이후 반짝 회복하다가, 노키아의 몰락으로 다시 마이너스 성장으로 돌아섰다.

핀란드 연도별 경제성장률 추이(2008~2016)

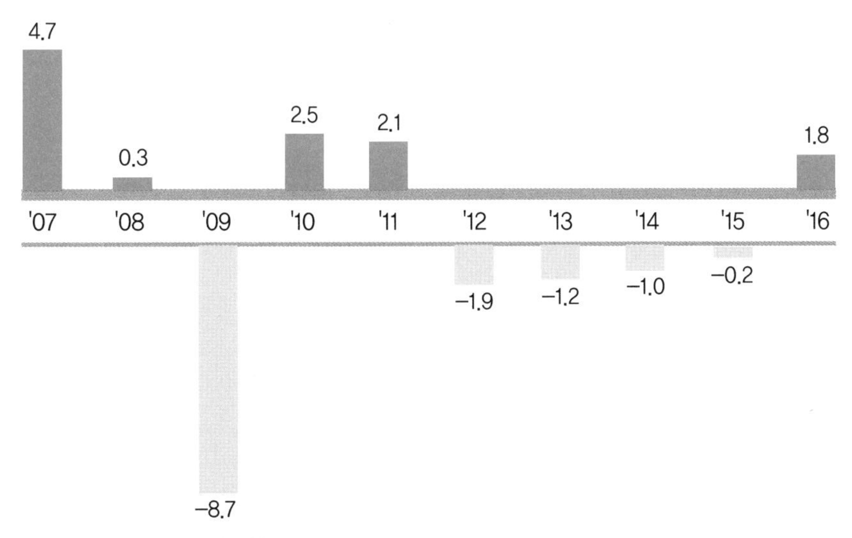

※ 자료 : 대외경제정책연구원, 2016

노키아는 한때 핀란드 수출의 20%를 차지하고, 핀란드가 거둬들이는 법인세의 23%를 납부하는 회사였다. 노키아의 몰락이 핀란드 사회에 미친 영향은 상상 이상이었을 것이다.

이러한 시나리오가 핀란드의 2014 개정 교육과정에 어떻게 작용했는지는 정확하게 알 수 없다. 그와 관련된 연구는 아직 부족하다. 다만, 몇 가지는 추론 가능하다.

심각한 경제 위기에도 불구하고 '더 나은 미래'를 향한 국가 · 사회적 노력은 지속되어야 한다는 것에 대한 사회적 합의가 가능했을 것이다. 즉, "경제적 효율성과 생산성뿐 아니라 인간중심 웰빙과 문화, 교육도 중요한 사회적 키워드가 된다"는 점에 핀란드 국민들은 공감하지 않았을까?

또한 '주제 중심 통합 교육과정', 혹은 '현상 기반 학습'이라고 알려진 2014 교육과정은 기존 교과의 장벽을 허물고 학습자가 관심을 가진 현상, 혹은 주제를 통합한 프로젝트식 수업을 강조한다. 기존 교과 중심 수업에 익숙한 교사들은 당연히 반대했다. 2010년 핀란드 방문 당시 그와 관련한 국가교육위원회의 고민을 들은 바 있다.

하지만 위 시나리오를 중심으로 토론하는 과정에서 "학습은 문제 혹은 현상에 기반한 프로젝트로 이루어진다."에 교사들도 동의하지 않았을까? 결국 시나리오 제시와 광범위한 토론을 통해 2014 개정 교육과정은 현실화된 것이다.

앞으로 국가교육위원회에서 국가 교육 비전을 논의한다고 할 때, 우리는 어떤 방법과 절차를 따를 것인가? 어떻게 글로벌 선도국가로 향하는 교육 비전을 수립하고 국민적 공감을 얻을 것인가?

좀더 구체적으로 말하면, 교육 비전을 수립하기 위한 '녹서'에 어떤 질문을 담을 것인가? 그리고 시나리오는 어떤 과정을 거쳐 작성할 것인가? 이런 문제에 대한 섬세한 준비가 필요한 것이다.

디지털 대전환을 가로막는 낡은 시스템

1 교육 분야 온라인 시스템의 문제

2020년 1월 1500억 원의 예산이 들어간 차세대 지방 교육 행 · 재정 통합 시스템 K-에듀파인이 개통하였다. 그런데 먹통 사태가 꽤 오래 지속되었다.("1500억 에듀파인, 개통 직후 서비스 중단이라니", 경향신문, 2020.1.13.) 학교 현장에서는 당장 직원들의 월급을 줄 수 없다고 난리가 났다.

교육부의 ICT 관련 사업은 국책 연구기관인 한국교육학술정보원(KERIS)이 담당한다. 물론 KERIS가 직접 시스템을 개발하지는 않는다. 공모, 혹은 입찰을 통해 사업자를 선정하고, 거기에 예산을 투입하는 방식으로 사업이 추진된다.

그런데 현행 소프트웨어진흥법에서는 교육부를 비롯한 공공기관의 소프트웨어 개발 사업에 대기업의 참여를 제한하고 있다. K-에듀파인 먹통 사태에 대해서 교육부 담당자는 KERIS에 원인을 묻고, KERIS 담당자는 실제 시스템을 개발한 업체(중소기업)에 따질 수밖에 없는 상황이었다.

그런데 업체 관계자는 개발자의 이직(移職)으로 불가피했다는 입장이었다. 최근 IT 개발자들의 인력난은 심각한 수준이다. 이른바 '네카라쿠배(네이버 · 카카오 · 라인 · 쿠팡 · 배달의민족)와 같이 급성장한 대기업이 개발자들을 '싹쓸이'하면서 중소기업의 인력난은 더욱 심해졌다. 결국 먹통 문제는 국내의 모 대기업 기술진에 의해 해결되었다.

곧이어 '코로나 19'로 인한 온라인 개학에서도 유사한 상황이 반복되었다. 교육부 담당자들은 전국의 학생 300만 명이 동시접속 가능하다는 입장을 반복했지만, '먹통'을 피하지 못했다.(2차 '온라인 개학' 코앞인데…EBS · e학습터 잇따른 '먹통', 이투데이, 2020.4.14.) 결국 에듀파인 불통 문제를 해결했던 대기업 기술진 등에 의해 EBS 온라인클래스 접속 문제가 해결되었다.

이 같은 문제는 교육 영역에서만 발생한 건 아니다. 2020년 마스크 앱과 백신 예약 앱 역시 서비스 초기 먹통 사태를 경험했다. 거의 같은 이유로 먹통이 되었고, 해결 과정도 유사했다.

물론 공공기관의 소프트웨어 개발에 대기업 참여를 제한한 소프트웨어진흥법의 긍정적 의미를 모르는 바는 아니다.(툭하면 '먹통' 코로나 백신 예약 시스템, 해법은 '대기업'?, 한겨레신문, 2021.8.24.) 하지만 2020년의 경험은 대기업 참여를 무조건 제한하는 것이 어떤 결과를 낳았는지 여실히 보여주고 있다.

마스크와 백신 예약은 일시적 먹통 사태로 마무리되었지만, 온라인 수업의 먹통은 '일시적 현상'에 머물지 않았다. 한국의 온라인 교육시스템이 제대로 작동하지 않으면서, 많은 학교와 학생들이 구글 클래스룸(Google Classroom) 등 외국 서비스로 이동했다.

이는 우리 학생들의 학습 경험과 데이터가 외국의 서버에 축적된다는 것을 의미한다. '데이터 주권' 문제가 발생할 수도 있는 것이다.

다행스럽게도 현재 개발 중인 K-에듀 통합플랫폼의 '정보시스템마스터플

랜(ISMP)' 사업에는 대기업 참여가 예외적으로 인정되었다.('K-에듀 통합플랫폼' ISMP 구축에 대기업도 참여 허용, 전자신문, 2022.1.4.) 교육부 등에서 백방으로 노력한 결과이다.

법령의 제약 외에도, 오래전에 구축된 낡은 시스템 때문에 문제가 발생하기도 한다. 현재 교육행정정보시스템(NEIS), K-에듀파인 등은 전국의 모든 학교에서 공통으로 사용하는 하나의 정보시스템이다. 그런데 17개 교육청이 하드웨어 및 소프트웨어를 각각 구축하고 그 서버를 운영하고 있다. 2022년 하반기 광교신도시로 이전하는 경기도 교육청은 18층으로 구성된 신청사의 3개 층이 그 서버 공간이라고 한다.

이는 2000년대 초반, NEIS 도입과정에서 교원단체의 반대와 개인정보보호라는 명분으로 데이터를 17개 교육청에 분산해 놓았던 결과이다. 하지만 클라우드와 블록체인 기술이 발달한 조건에서 이는 매우 불합리할 뿐 아니라 심각한 예산 낭비이다.

만약 클라우드 기반으로 17개 교육청의 서버를 하나로 통합한다면, 상당한 예산 절감이 가능할 것이다. 그리고 필요한 데이터를 추출하거나 정책연구에 활용하는 것도 훨씬 간편해질 것이다.

더 직접적으로는 2020년 1월의 K-에듀파인 먹통 사태도 없었을 것이다. 그 사태의 핵심 원인은 학교가 가장 많은 경기도의 트래픽을 잘못 계산해서 발생한 것이다. 타 지역은 트래픽의 여유가 있어 금방 해결되었다.

똑같은 상황이 2022년에도 발생했다. 2022년 3월 24일, 서울시교육청 주관의 '전국연합학력평가 온라인시스템'이 시험 시작과 동시에 먹통이 되었다. 평소에 서울시의 학교 관계자들이 접속하는 수준으로 네트워크 관리가 되던 서울시교육청 서버가 전국에서 접속한 수험생들로 인해 마비된 것이다.(학력평가 재택 응시자 급증 예상 뻔한데 접속 폭주로 1교시 시험부터 '먹통', 한국일보, 2022.3.35.) 만약 전국을 하나의 클라우드 서버로 통합했다면, 이런 불상사는 안 일어났을 것이다. 예고된 참사인 셈이다.

2 데이터 활용의 문제

한국은 개인 정보를 가장 많이 취합하는 국가이다. 어떻게 보면 정부가 가지고 있는 수많은 개인 정보에 최첨단의 IT 기술이 보태져서, 코로나 19 대응 모범 국가로 인정받을 수 있었다.

한국의 학교 또한 마찬가지이다. 학생들의 모든 정보를 취합하고, 그것을 교육행정정보시스템(NEIS)으로 관리한다. 그런데 그 많은 데이터들이 연구에 활용되는 경우는 극히 드물다. 단지, 상급학교 진학에 활용될 뿐이다.

한국에서 학교 효과를 측정하거나 지역별 · 계층별 교육 효과를 분석하는 종단연구가 거의 없는 것도 같은 이유이다. 물론 개인정보보호법의 영향을 받는다. 하지만 비실명으로 처리된 데이터를 활용할 수 있는 가능성을 모색해야 한다. 그래야 '증거기반정책'이 구현되고, 최적화된 정책을 구상할 수 있을 것이다.

'낡은 과거'와 '새로운 미래'를 구별하는 법

현실은 늘 과거와 현재, 미래가 뒤엉켜 있다. 무엇이 '낡은 과거'의 산물인지, 무엇이 '새로운 미래'를 향하는 맹아(萌芽)인지 구별하는 건 어렵다.

그럼에도 사회 진보를 갈망하는 입장에서는 끊임없이 그것을 구별하려고 노력해야 한다. 그리고 혹시 내 속에 '낡은 과거'의 흔적이 없는지 끊임없이 되돌아봐야 할 것이다. 어쩌면 그 '낡은 과거'의 흔적이 말끔하게 극복되지 않는 한, '새로운 미래'는 희미하게 보일 수도 있다.

2022년 이후 한국교육은 어떻게 될 것인가? 우리는 이 질문에 답하기에 앞서, '낡은 과거'와 '새로운 미래'를 구별하는 연습을 먼저 해야 한다. 그래야 이 '혼돈'의 시대를 정신 바짝 차리고 건너갈 수 있지 않을까?